스포츠 코치 · 선수 · 체육인을 위한

스포츠 철학과 윤리학

저자 김상용

SPORTS PHILOSOPHY AND ETHICS

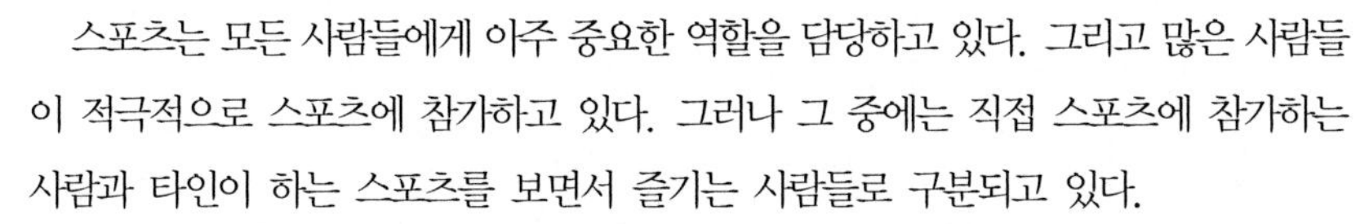

머 리 말

스포츠는 모든 사람들에게 아주 중요한 역할을 담당하고 있다. 그리고 많은 사람들이 적극적으로 스포츠에 참가하고 있다. 그러나 그 중에는 직접 스포츠에 참가하는 사람과 타인이 하는 스포츠를 보면서 즐기는 사람들로 구분되고 있다.

더욱이 근래에 와서는 사회체육이 전국으로 확산되어 곳곳마다 헬스와 체육관이 없는 곳이 없다. 예전에는 · 먹고 살기에 바빠 운동에는 신경을 쓸 여유가 없었으나 이제는 우리나라도 경제대국의 일원으로써 모든 사람들이 오래 사는 방법과 어떻게 하면 건강하게 살 수 있는가를 연구하기에 이르렀다. 또한 중요한 점은 스포츠가 언어, 사상, 문화에 영향을 주기 때문에 스포츠는 중요한 사회 활동인 동시에 교육, 경제, 사람들의 가치관에도 영향을 미친다. 그러므로 스포츠에서도 문제가 발생할 수 있다.

여기에 대해서 관련된 많은 사람들이 연구하여 왔으며, 체육계에 몸담고 있는 본인도 스포츠 철학을 공부하면서 관심을 가졌던 문제이다. 그렇지만, 개념적 문제나 윤리적 문제에서 스포츠 세계에 적합한 개념이나 생각을 어떻게 이해해야 할지가 문제이며, 스포츠에 관한 전반적인 문제, 즉 스포츠와 룰, 스포츠의 경쟁 형식, 윤리적인 문제 등 어려운 점이 적지 않았다. 스포츠 철학의 모든 문제는 그 자체의 정당성도 중요하지만, 무엇보다 광범위한 철학적인 문제에 대한 입문도 중요하다. 따라서 학생은 스포츠 철학 수업을 받으면서, 스포츠에 생겨나는 윤리적인 문제에 깊은 관심을 가져야 할 것이라고 생각한다.

본서는 공부하면서 궁금했던 점과 실제로 일어나는 스포츠의 문제에 대해서 간단하나마 다루어 보았다. 이 책을 엮으면서 기존의 나온 서적들의 많은 도움을 받았음에 감사드리며, 미비한 점은 다음에 또 보충할 것임을 약속드린다.

본서가 나오기까지 여러모로 애써 주신 모든 분들께 감사드린다.

1994.8
엮은이 씀.

목 차

01 서문

현대의 생활에 있어서 스포츠는 모든 사람들에게 중요한 역할을 담당하고 있다. 다시 말하면 스포츠 선수나 어느 특정인만을 위한 것이 아니고 모든 사람들이 언제, 어디서나 즐길 수 있는 것으로 변모하였고 사람들의 생활에 풍요로움과 활기를 불어넣기도 한다.

또한 많은 선수들이 선수로서 자기의 건강을 위해서나 적극적으로 스포츠에 참가하고 있는 한편, 많은 사람들은 관객, 팬, 평론가의 형태로 참가하고 있다.

스포츠에 열광인 사람, 스포츠에 무관심한 사람, 스포츠를 싫어하는 사람, 거기에 경쟁적인 경기에 대해 비판적인 사람이라도 스포츠로부터 상당한 영향을 받고 있다. 왜냐하면, 열광적인 팬과 관련되어 있으며, 더욱 중요한 점은 스포츠가 언어, 사상, 문화에 무한한 영향을 끼치기 때문이다.

따라서 스포츠는 중요한 사회 활동인 동시에 교육제도, 경제, 어쩌면 사람들의 가치관에도 영향을 미치기 때문에 스포츠에서는 광범위한 문제나 일부는 그 성격상 사실적인 문제나 실증적인 문제가 발생하고 있다.

사회과학자, 역사가, 의사, 작가들은 그러한 스포츠에 관련된 많은 문제를 계속 논의해 왔다. 예를 들면, 사회학자는 스포츠에 참가하는 것이 착가자의 가치관에 영향을 미치는지 아닌지에 주목해 왔으며, 심리학자는 경쟁적 경기의 성공이나 실패가 성격에 미치는 영향에 실증하려고 해 왔다. 그렇지만, 사실적이면서 설명적인 의문과 더불어 스포츠에는 철학적인 문제도 생겨났다. 다시 말하면 개념적 문제나 윤리적 문제이다. 개념적 문제란 스포츠 세계에 적합한 개념이나 생각을 어떻게 이해해야 할지의 문제이다. 스포츠란 무엇인가. 스포츠와 규칙은 어떻게 관련되어 있는가. 의도적으로 규칙을 위반하는 사람은 게임을 하게 되는가. 스포츠의 경쟁 형식은 다양한가. 자기와의 경쟁은 가능한가 등이다.

또한 윤리적인 문제는 스포츠에 관련하는 윤리적인 흥미에서 파생한다. 스포츠는 사회에서 인정되는 중요한 것과 일치해야 하는가. 승리나 경쟁을 지나치게 중시해야 하나, 대학 스포츠는 어디로 가는 것일까. 부정행위를 하면 왕좌를 박탈당함은 제쳐두고 왜 부정행위를 하지 말아야 할까. 경기능력 향상을 위한 스테로이드 사용은 어떠한 비윤리적인 이유가 있는가.

남녀가 공정하면서 공평하게 다루어져야 한다면, 스포츠에서는 어떻게 다루어질까. 일류 선수의 탁월함에 더욱 눈을 돌려야 할지, 아니면 참가 확대에 가치를 부여해야 하는지. 본서는 이러한 문제를 검토하고, 식자들이 체계를 세운 회답을 시도할 때에 원하는 모든 원칙을 시도하려고 한다.

먼저 스포츠 철학의 모든 문제는 그 자체의 정당성도 중요하지만, 무엇보다 광범위한 철학적인 문제에 대한 입문도 유익하다. 대개의 학생은 스포츠 지식을 가지고 철학 수업을 받고 있으며, 스포츠에서 생겨나는 윤리적인 문제에 깊은 관심을 표명하고 있다. 이러한 사전의 흥미는 철학적 탐구의 본질과 가치가 무엇인지를 학생들에게 생각하게 하는 추진력으로써 도움이 될 것이다.

무엇보다도 중요한 점은 스포츠 철학의 문제에는 흥미 깊은 본질이 있으며, 그것이 충분히 주의를 기울일만한 가치가 있는 것일까? 철학적 문제는 우리들의 분석 능력을 더욱 기본적인 전제에 대한 물음에도 눈을 돌리게 한다. 스포츠 이외에도 마찬가지이지만, 스포츠를 철학적으로 검토함으로써 발생하는 문제로 인해, 근본적인 정당화 원리를 시도하고, 그러한 것을 평가하여 결국, 엄밀한 비판적 탐구에 관련하지 않을 수 없어진다.

이 일은 스포츠를 철학적인 면과 윤리적인 면에서 검토하려고 할 때의 두 가지 중요한 측면을 보이고 있다.

첫째, 심리학, 사회학, 다른 철학적 학문 영역에서는 경험적인 문제를 다루고 있지만, 그것을 초월한 문제가 스포츠에는 일어난다는 점이다. 예를 들면, 실태 조사에서는 사람들이 이기는 것을 중요하다고 생각하고 있음이 분명하지만 이기는 것을 어떻게 생각해야 할지, 이기는 것을 진정한 경기의 제 1의 목표로 해야 할지는 알 수 없다.

둘째, 실마리가 되는 것은 다음과 같은 윤리가 스포츠 철학의 문제에 적용될 가능성을 시사하고 있다. 즉, 스포츠에 있어서 표면적으로는 모든 사람들이 참가하는 것에 의의가 있지, 이기는 것만이 중요하지 않다고 말을 하지만 진심으로는 꼭 이겨야 한다는 생각이 지배적이다. 이러한 면을 볼 때 윤리적으로 모순된 입장에 있음을 알 수 있다.

승리의 중요성 문제는 앞으로 우리가 계속 연구해 나가야 하고 철학적 탐구가 스포츠 이해에 공헌하는지도 계속 연구하여야 할 문제이다. 따라서 스포츠 윤리학에 대해서도 지금부터 적극적으로 연구해야겠다.

02 철학과 스포츠 철학

1. 철학이란 무엇인가?

철학은 사상의 근본원리를 탐구하는 학문으로서 과학에 근거하여 생활에 지침을 주고자 하는 학문이다. 철학은 과학적 근거에 입각하기 때문에 이론성을 지니고 있는 동시에 생활의 지침으로서의 실천성을 떠날 수가 없다.

스포츠를 이해하는 데 있어 용어가 중요하듯이, 철학도 마찬가지이다. 모든 학과의 본질은 일반 철학과 연구대상이 되는 특정 분야의 철학을 철저하게 고려함으로써 이해될 수 있다.

철학은 만족할만하고 의미 있는 방법으로 개인과 우주와의 관계를 평가하도록 시도하는 질의의 영역이다. 철학은 사람에게 삶과 죽음, 선과 악, 자유와 억압, 미와 추함의 문제들을 다루기 위해서 근거를 제공함으로써 그들 자신과 그들의 세계를 평가하게 한다.

아리스토텔레스는 철학이란 우주의 지식을 묶는 것이라고 말한 바 있다.

사전적인 정의로 보면 철학이란 진리에 대한 사랑, 그리고 현실과 인간의 본성, 행동에 대한 사실과 원리를 연구하는 과학이라고 하고 있다. 철학이 있음으로 해서 개인의 비판적인 사고와 경험의 재귀적인 평가를 통해 그들과 그 세계에 직면하는 문제들에 대한 해결책을 구할 수가 있다. 철학은 삶에 대한 설명과 인간의 생활을 이끌어가는 원리를 제공한다.

즉, 우리는 매일 어떠한 생활을 영위하고 있는가를 생각할 때 그 생활분야를 크게 나누어보면 자연적 생활, 인간적 생활, 사회적 생활의 세 영역으로 분류할 수 있다. 즉, 우리는 하나의 자연적 존재로서 물리적, 생리적, 심리적 생활을 영위하고 있으며, 나아가 사회적 존재로서의 경제적, 교육적, 정치적 생활을 영위하고 있을 뿐 아니라 하나의 인간으로서 종교적, 과학적, 논리적 생활을 영위하고 있으며, 나아가 사회적 존재로서의 경제적, 교육적, 정치적 생활을 영위하고 있기도 하다.

자연적 존재로서의 우리들의 생활은 하나의 자연현상이다. 그러므로 우리가 자연현상 자체의 본질을 규명해야 되고, 자연현상의 본질을 규명하기 위해서는 자연현상을 해석할 수 있는 우주관을 수립하여야 한다. 이 우주관을 수립하는 학문이 곧 자연철학이다. 그리고 인간적 존재로서의 우리들의 생활은 하나의 인간 현상이다. 그러므로 우리는 인간 현상 자체의 본질을 규명해야 되고 인간 현상의 본질을 규명하기 위해서는 인간 현상을 해석할 수 있는 인간관을 수립하여야 한다.

이 인간관을 수립하는 학문이 곧 인간 철학이다.

또한 사회적 존재로서의 우리들은 생활은 하나의 사회적 현상이다. 그러므로 우리들이 사회현상 자체의 본질을 규명해야 하고 사회현상의 본질을 구명하기 위해서는 사회현상을 해석할 수 있는 세계관을 수립하여야 한다.

이 세계관을 수립하는 학문이 곧 사회 철학이다.

결국 철학이란 우리들의 생활을 총체적으로 해석할 수 있는 근본적 원리를 찾고자 하는 노력의 과제라고 말할 수 있겠다.

철학자들의 관심을 반영하는 문제들은 다음과 같다.

➊ 이 세상에서 인간의 역할은 무엇인가?
➋ 우주의 근원과 본성은 무엇인가?
➌ 무엇이 선과 악, 그리고 옳고 그른 것인가9
➍ 진리란 무엇인가?
➎ 신은 존재하는가?
➏ 인간은 존재하기는 하지만 보이지 않는 요소인 영혼을 가지고 있는가?
➐ 사회에서 교육의 역할은 무엇인가?
➑ 마음과 행동 사이에 존재하는 것은 무엇인가?

철학에 대하여 좀 더 자세히 알려면 시대별로, 즉 고대 철학, 중세 철학, 근세 철학, 현대 철학 등의 시대별로 나누어서 다루어야 하지만 본서의 목적은 스포츠 철학적인 면을 중점으로 다루었기 에 시대별 사항은 간략하기로 하였다.

1) 철학의 구성요소

철학이 함유한 의미에 대해 좀 더 자세히 알기 위해서 철학의 구성요소를 살펴보자.

철학의 구성요소로는 형이상학, 인식론, 가치론, 윤리학, 논리학, 미학 등이 있다.

(1) 형이상학(Metaphysics)

가장 일반적인 철학의 분야는 "실제"란 무엇인가? 와 같은 질문에 대답하는 경우와 관련이 있다.

철학 체계 전체에서의 형이상학적 입장, 예를 들면 실용주의는 보통 논지를 구성하는 데 있어서 인식론, 논리학, 미학의 보다 더한층 내성을 위한 기반으로서 작용한다.

형이상학 중의 부차 영역은 존재의 일반적 특성에 관한 존재론에 있다.

존재론은 존재하는 일의 특성과 신이나 자연과 인간의 관계를 음미한다. 자기의 특성, 마음과 신체와의 관계, 인간의 자유와 필연성의 특성에 대한 것의 조사와 탐구에 관계한다.

스포츠에 관하여서는 형이상학과 존재론은 이원론과 구상화, 신체와 활동을 받아들이는 방법에 대한 개념의 영향 등 많은 문제를 음미한다. 더욱이 종교적인 문제를 포함하여 타인과 관계, 스포츠 경험에 의한 의미 있는 존재의 추구, 결정론적 필요성으로부터 자유의 탐구, 창조적으로 자기 결정적인 개인의 자유와 추구가 철학의 형이상학적/존재론적 분야 가운데에 포함한다.

형이상학적 관심은 스포츠의 특성과 표현, 조화, 자기나 타인과 교류의 매체로서 인간 운동과 그의 가능성에 대하여 조사·연구하는 일이다. 클레이맨은 다음과 같이 요약한다.

체육의 이론가에게는 항상 신체와 정신에 관한 특별한 문제를 제기한다. 정신적 활동과 신체적 활동으로 분리되어야 하는가. 신체와 같이 정신을 발달시키는 것은 체육교사의 책임이지만 신체와 정신에 추종하는 존재는 체육교사가 형이상학의 문제에 정통하는 일로서, 학문의 신념에 알맞은 보다 좋은 기반의 확립이 가능하게 되는 일은 명확하다.

또한 형이상학은 존재의 원리와 관련되어 있다. 이 형이상학은 다음과 같이 연루된 일련의 문제들에 대한 해답을 구하고자 한다.

❶ 존재의 의미란 무엇인가?

❷ 진실한 것은 무엇인가?

❸ 인간의 행동은 어떻게 지배되는가?
❹ 우주는 어떻게 그리고 왜 전개되었는가?
❺ 신의 본성은 무엇인가?

다음의 문제는 본성에 있어 형이상학적인 것이다.

❶ 스포츠 프로그램에서 학생들이 세계의 도전에 대응하기 위해 어떤 경험들이 도움이 되는가?
❷ Will Durant라는 철학자는 형이상학이란 인간과 우주에 관련 있는 모든 것의 실체를 연구라는 것이라고 말한 바 있다.

(2) 인식론(Epistemology)

인식론은 지식을 습득하는 방법과 습득되어질 수 있는 지식의 종류에 관여한다. 또한 지식의 특성을 연구하며 인식론은 지식의 기원, 권위(authority), 원리, 한계, 효력 등을 정의하고자 시도하는 포괄적인 학문이다.

여러 가지 인식방법은 귀납적, 연역적 논리, 경험, 직관 문제해결, 신의 계시 등을 포함한다. 지식의 획득, 자기의 인식의 획에 대하여 스포츠의 역할, 세계와 타자에 관한 인식의 발달에 사용되는 탐구방법을 음미한다.

스포츠에 관해서는 스포츠 경험에 의한 잠재력 능력의 학습, 학습의 방법, 스포츠로 인하여 기르는 자기학습의 종류, 플레이의 결과로부터 자기의 세계나 타자에 대하여 이해하면서 인식론은 관심을 제거한다. 인식론의 관심사는 직접경험, 관찰, 내성의 결과로서 획득된 지식에 있다.

지식의 특성에 대하여 이론은 스포츠가 지식획득의 매체로서 같은 운동기능을 학습하는 것을 보다 결과적으로 도와줄 수 있다. 또한 신체활동의 역할과 그 역할이 개인의 신체적, 정신적, 감정적, 사회적 발달에 끼치는 영향에 관한 지식과 관련된다. 학생들은 스포츠에 대한 진리를 찾고자 하며, 인식론은 무엇이 진리인가 하는 질문에 답변하고자 노력한다.

(3) 가치론(Axiology)

가치론은 어떠한 용도로 진리가 쓰여질 것인가를 결정하는데 도움을 준다. 가치론은 다음과 같은 것을 문제 삼는다.

무엇이 가치를 지니고 있는지에 관해 어떻게 결정할 것이며, 또 이 판단은 어떤 기준에 근거를 둔 것인가?

가치론은 사회의 목적과 가치에 관련되어 있으며, 사회에 의해 설정된 목적과 가치가 학교와 대학에서 쓰이는 교과과정의 근본이 되기 때문에 스포츠에 있어 가치론은 극히 중요하게 취급된다. 스포츠에 있어 다음과 같은 문제가 해결되어야 한다. 사회가 지니고 있는 가치는 어떻게 스포츠 프로그램에서 포용될 것인가?

미국사회는 모든 사람의 평등에 대해 대단한 가치를 두는데, 이것은 온갖 직업을 가진 학생들이 함께 운동하고 서로 다른 사람들을 위해 인내심을 길러 나가게 함으로써 예증될 수 있다.

희망사항이긴 하지만, 운동장에서 서로를 존중하도록 학습을 받는 학생들은 그러한 감정을 운동장 밖으로 까지 지니고 나오게 될 것이다.

(4) 윤리학(Ethics)

윤리학은 가치론의 영역에 속하는 것으로 가치론을 좀 더 개별화하고 인간화한 하부 영역이다. 윤리학은 도덕적 특성을 정의하는데 도움을 주며, 또 행동을 하는데 있어 개인적인 규약의 근거로서 역할을 한다.

즉, 가치의 일반적 특질은 생각하는 것 보다 넓은 가치론의 카테고리에 있어서 윤리학은 바름/틀림, 선/악, 도덕/반도덕 등 도덕적 행동에 다양한 판단과 관계가 있다. 윤리학은 도덕적 행동의 체계 규범이나 가능성을 연구한다. 윤리학은 무엇이 어떻다라는 현실적인 것은 없지만 어떤 것은 어떻게 해야 한다는 원칙의 확립을 정하고 있다.

윤리학은 각 개인이 달성하고자 노력해야 하는 행동의 최상기준은 무엇인가를 말하고 있다.

도덕적인 행동을 강화시키는 것은 스포츠의 중요한 역할이다. 스포츠에 있어서 다음과 같은 문제들이 해결되어야 한다.

개인이 바람직한 행동을 학습하도록, 경기와 스포츠가 어떻게 쓰여져서 도움을 줄 수 있는가?

스포츠를 통한 성격교육이 가능한가?

스포츠는 개인으로 하여금 그들의 진짜 본성과 성격을 나타내게 한다. 뛰어난 코치를 두고 있는 팀에서 경기하는 사람은, 얼마 가지 않아 욕설을 사용하는 것이 바람직하지 않다는 것을 깨닫게 될 것이다. 규칙에 따른 경기를 하고 항상 스포츠맨(혹은 스포츠우먼)처럼 행동하는 학생은 좀 더 쉽게 동료들의 존경을 받게 된다. 스포츠에서 형성된 관계와 그 행동으로부터 발전된 성격이 학교 밖에서 발생하는 행동적인 상황까지 이어짐이 바람직하다 하겠다.

(5) 논리학(Logic)

논리학은 사람들에게 삶을 영위하고 사고하는 데 대한 건전하고 지적인 방법을 제시한다. 논리학은 사고를 하는 데 있어 취해져야 할 단계들을 나타내며, 관념들을 정확한 사고로 이끄는 질서정연하고 체계적인 연속체로 나타내진다. 논리학은 관념들의 정확성이 평가되는 기준을 설정하는 데 도움을 준다.

논리학은 하나의 사실이나 관념과 다른 것과의 체계적인 관계이다. 논리학은 어떤 사고방식으로 진리를 알 수 있겠는가? 하는 문제를 제기한다. 스포츠 지도자들은 진리에 도달하는 데 있어 논리적인 사고과정을 사용해야 한다. 학생들이 "난 왜 축구를 해야 합니까?"와 같은 질문을 할 때, 체육 교수는 "프로그램에 있는 것이니까."라는 식으로 답변하면 안 된다. 교사는 분명하게 축구와 관련된 이점과 위험사항 등을 설명해 주어야 한다. 왜냐하면, 그때야 비로써 학생은 축구의 진정한 가치를 알게 되기 때문이다.

(6) 미학(Aesthetics)

가치론의 제2부차 영역에 있는 미학은 다양한 예술형식 가운데 있는 미의 형식과 특성에 대하여 관심을 가진다. 더욱이 미적 판단의 알맞은 기준을 확립하는 철학의 분야에 있다. 오스타워드는「예술의 형식, 내용, 주제, 다시 말하면 예술에 있어서 지성(숙고)과 정서(감정)의 역할, 미적경험과 즐거움의 특성, 예술의 도덕성, 사회적, 정치적, 교육적, 문화적 중요성, 창조의 과정과 예술작품(예술품)의 관계, 예술에 있어서의 기술과 표현(창조성)의 역할, 예술에 있어서 예술가, 연주자, 청중의 역할……」

이러한 것을 연구하는 것으로서 예술의 기능을 총합적으로 취급한다.

또한 미학이란 무용, 연극, 조각, 그림, 음악, 그리고 작문 등을 포함해서, 자연과 예술에 나타나는 아름다움에 대한 연구이며, 기준을 설정하는 것이다. 가치론에 비해 덜 과학적인 분야인 미학은 예술뿐만 아니라 예술가와 예술가가 창조한 것을 감상하는 것까지 관련된다. 자연에 대한 예술의 근접한 관계를 설정하려는 시도에서, 미학은 미(美)란 무엇인가? 라는 문제를 제기한다. 미학적인 감상은 예술의 위대한 작품을 바라본다거나 교향악

단의 연주에 귀를 기울이는 것과 마찬가지로 평균대 위에서 행해지는 체조 선수의 동작을 본다거나, 차는 공을 잡기 위해 축구선수가 높게 뛰어오르는 것, 혹은 line drive를 잡기 위해 야구선수가 뛰어드는 것을 본다거나 하는 것과 관련된다. 경기에서 볼 수 있는 신체운동은 때로 큰 즐거움을 가져다 주곤 한다.

이와 같이 형이상학, 인식론, 가치론, 윤리학, 논리학 그리고 미학 등으로 알려진 구성 성분 등은 철학의 양상을 나타낸다. 모든 특정분야에서 철학을 발전시키는데 있어, 사람들은 이들 각 분야에서 정보를 얻고자 할 것이다.

이러한 구성성분들은 건강, 스포츠, 여가선용, 혹은 무용과 같은 교육적인 노력 안에서 모든 특정 분야를 위한 철학을 공식화하는 데에 적용될 것이다.

철학은 실체에 대한포괄적인 이해를 낳게 하는데, 이것이 만약 교육이나 그외 다른 분야에 적용된다면, 그렇지 않은 경우에 부족하게 필 방향을 제시한다.

다음 부분은 교육적인 프로그램에 미치는 5개의 주요 철학의 영향을 다루게 된다. 학교 바깥에서 행해지는 스포츠 프로그램이 더 많이 진행될수록 이러한 철학들은 그 학교바깥에서의 프로그램에 그만큼 영향을 끼치게 될 것 같다.

2) 철학적 방법과 특성

철학적 방법은 어떤 혼란을 초래하는 것 같은 성질을 갖고 있다. 그 목적은 방향성을 제시하고 언어, 문제, 활동을 명하게 하는 데 있다. 또는 문제를 제기하고, 사색을 하고, 특정의 답을 끌어 일을 방해하기도 한다.

철학의 주요한 목적은 신념의 분류를 도와주는 것이 명확한데 있다. 이보다 신념으로부터 일어나는 행동은 바르고 일관성 있게 된다. 철학적 입장을 발전시키는 일은 어떤 일에 있어서 간단한 의견을 갖는 이상의 일이 있다.

철학자는 그들이 직면하는 문제를 어떻게 해결할 것인가, 지식을 얻기 위한 최초의 방법은 숙고였다. 아마 사상이나 지기감도 이 방법 속에서 커다란 역할이 되었으리라고 생각된다. 또 진리가 계시를 통해서 직접 이루어지는 것도 일반적으로 승인되어 있었다.

후자의 경우 선천성 원리(apriority principle)의 애용이라고 말할 수 있다. 이 원리는 독단적으로 가정되어 맹목적으로 사용되었다. 그 결과 문제에 대해서 깊은 사고의 배려도 없이 진리로서 승인된 원리를 적용함으로써 그 문제를 해결하였다. 연역적 논리(deductive logic)는 대체로 이러한 성질의 type에 적용되는 용어이다. 이와 같은 type의 추리가 현재에 있어서도 많이 통용되고 있는 실정이다. 아직도 많은 사람들이 그들의 철학적 방법을 결정하는 기준으로서 감정을 삽입하고 있다.

현대를 사는 좋은 전통 속에서의 일반적인 적용방법이란 정확한 분석과 수집된 자료를 종합하는 일을 포함한 숙고를 말한다. 밝혀진 사실 모두는 충분히 고려된 연후에서만이 결론이 날 수 있는 것이다.

현재 철학적인 생각 중에서 모순된 견해가 많이 있다. 어떤 사람은 철학이란 주제도 방법도 없이 다만 상식에 지나지 않는다고 생각한다. 그런가 하면 또 다른 학파에서는 plato가 생각했던 방법과 같이 철학이 합리적으로 처리하지 않으면 안 될 idea(관념) 속에서 진리를 발견하고 있다. 그리고 합리성의 idea는 또 다른 여러 양식에 의해서 설명되고 있다. 어느 그룹에서는 아이디어의 절대성을 구하나 다른 그룹에서는 이를 비난한다. 또 다른 학파는 철학의 기능을 각기 전문과학의 기초가 되는 참다운 개념의 통일이라고 주장한다. 제4치 그룹 생각은 이 질문에 대한 가장 좋은 회답이 될 수 있다. 왜냐하면 이들의 생각은 그 목표에 따라 과학의 발견이나 결론을 평가하여 그 목적이나 가치를 결정한다든지 활동이나 행위를 유도하기 한 기준의 공식화를 철학에 기대하고 있기 때문이다.

철학의 사명은 세계에 관한 논리적인 전망을 부여하는 일이다. 다만 한 가지 곤란하다고 생각되는 점은 어떤 사람의 견해가 타의 그것과 완전히 다르다고 하는 것이다. 어떤 사람은 지금까지 완성된 과거의 사항이나 선구자의 지혜를 주로 회고한다. 그래서 그들은 열심히 현상을 유지한다. 그러나 그 반대의 과격주의자들은 전통이나 이에 유사한 것들은 모두가 낡은 것으로 간주하여 장래에 대한 희망을 질식시키는 것이라는 견해를 나타내고 있다. 이와 같은 두 가지 견해 사이에서 많은 사람은 무엇인가의 형식에 따라 행복의 수단을 생각해 내고자 노력하고 있는 것이다.

3) 일반 철학들

해를 거듭하면서 5대 일반 철학들이 팽배해 왔으며, 또 교육적인 사고에 영향을 주어왔다. 이상주의, 현실주의, 실용주의, 자연주의, 실존주의 등이 일반철학에 속한다.

(1) 이상주의

이상주의는 다음과 같은 일반개념들을 다루는 철학의 한 분과이다.

심성은 그 사람 존재의 핵이다. 우주의 조직 중에서 보면 사람은 자연보다 더 중시된다. 가치는 독립적으로 개별적인 것으로서 존재하며, 영원한 것이다. 사람들을 사고와 영감으로 진리에 도달하게 된다.

이러한 이상주의의 일반 원리들이 교육적인 사고에 적용될 때, 다음과 같은 개념들을 낳게 된다.

❶ 교육은 개인의 개성을 발달시킨다. 지식과 심성의 발달은 중요하다.
❷ 교육은 그 자체 내에서 발생되는 과정이다. 교육과정은 이상(ideals)을 중심으로 되어 있다. 학생은 교사에 의해 유도되는 창의적인 존재이다.

이상주의의 이러한 일반 원리들이 스포츠 분야에 적용될 때, 다음과 같은 개념을 낳게 된다.

스포츠는 '육체적인'것 이상의 것에 관여한다. 힘과 체력단련 활동은 사람의 성격발달에 이바지한다. 스포츠는 이상을 중심으로 모여 있다. 교사는 학생들의 본보기가 되어야 하며, 교사는 그 프로그램의 효과에 대해 책임이 있다. 교육은 삶을 위한 것이다.

(2) 현실주의

현실주의는 다음과 같은 일반적인 개념들을 다루는 철학의 한 분과이다. 우주에서 발생하는 모든 물질적인 사건들은 자연법칙의 결과이다. 그 진리는 과학적인 방법을 통해 가장 잘 결정될 것이다. 마음과 몸은 가깝고도 조화로운 관계를 지니고 있다. 종교와 철학은 함께 공존할 수 있다.

현실주의의 일반 원리들이 교육적 사고에 적용될 때, 다음과 같은 개념들이 나오게 된다.

❶ 교육은 사람의 사고능력을 개발시키며, 교육은 삶을 위한 것이다.
❷ 교육은 객관적인 것이다. 교육적 인 과정은 체 계적인 형태로 진행된다. 교과과정은 과학적으로 적용되는 것이다. 교육에 있어서의 평가기술은 표준화되어야 한다.

이러한 현실주의의 일반 원리들이 스포츠 분야에 적용될 때 다음과 같은 개념들을 낳게 된다.

❶ 교육은 삶을 위한 것이다.
❷ 신체적인 체력단련은 굉장한 생산성을 낳는다.
❸ 프로그램들은 과학적인 지식에 근거를 두고 있다.
❹ 훈련은 학습하는 과정에 있어 중요한 부분으로 여겨진다. 또한 그들만의 경기 프로그램은 바람직한 사회활동으로 이끌 수 있다. 경기와 여가선용은 삶을 조정하는데 도움을 준다.

(3) 실용주의

실용주의는 다음과 같은 일반 개념을 다루는 철학의 한 분과이다. 인간의 경험은 실체의 개념에 대한 변화를 일으킨다. 성공이란 이론의 가치와 진리에 대한 유일한 표준이다. 각 개인들은 더 큰 사회의 구성요소의 부분이며, 그들의 행동은 그 사회를 반영한다.

실용주의의 일반개념들이 교육적인 사고에 적용될 때 다음과 같은 개념들이 도출된다.

❶ 개인은 경험을 통해 학습한다.
❷ 교육은 사회의 효율을 위해 존재하며, 교육은 아동을 중심으로 한다. 문제해결은 변화하는 세상에서 필수적이다.

이러한 실용주의의 일반원리들이 스포츠 분야에 적용될 때 다음과 같은 개념들을 낳게 된다.

❶ 활동이 변화될 때 좀 더 의미심장한 경험들이 나타나며, 활동은 자연에서 사회화하는 것이다.
❷ 프로그램은 학습자의 필요와 흥미에 의해 결정된다. 학습은 문제해결 방법을 통해 이루어진. 교사는 동기유발자이다. 표준화는 그 프로그램의 일부에 속하지 않는다.

(4) 자연주의

자연주의는 다음과 같은 일반적인 개념들을 다루게 되는 철학의 한 분과이다. 존재하는 모든 실체는 자연의 물리적 영역 안에서만 찾을 수 있다. 자연은 가치의 근원이다. 개인은 사회보다 더 중요하다.

자연주의의 이러한 일반적인 신념들이 교육적인 사고에 적용될 때 다음과 같은 개념들을 낳게 된다.

❶ 교육은 개인의 선천적인 욕구를 만족시켜야 하며, 교육은 각 아동의 개별적인 성장에 적용된다.
❷ 교육은 그 본성에 있어 단순히 정신적인 것이 아니다. 학생들은 그들 스스로를 교육한다.
❸ 교사는 자연의 법칙을 이해하고 있다. 교사는 교육적인 과정에서 안내자가 된다.

이러한 자연주의의 일반원리들이 스포츠 분야에 적용되면, 다음과 같은 개념들이 나오게 된다.

❶ 신체적인 활동은 그 본성에 있어 단순히 '신체적인'것 이상의 것이다. 학습은 자아활동(self-activity)을 통해 이루어진다.
❷ 놀이(Play)는 중요한 교육과정이다. 개인 간의 극심한 경쟁적인 활동은 바람직하지 않다. 스포츠는 건강한 개인과 관련된다.

(5) 실존주의

실존주의는 다음과 같은 일반개념들을 다루는 철학의 한 분과이다. 인간의 존재만이 진정한 실체이다. 개인은 그들 자신의 가치체계를 결정해야 한다. 개인은 사회보다 더 중요하다.

이러한 실존주의의 일반 원리가 교육적인 사고에 적용될 때 다음과 같은 개념들을 낳게 된다.

❶ 개인들은 그들의 내재된 자아를 발견한다. 교육은 개인적인 과정이며, 교과과정은 개인을 중심으로 이루어진다.
❷ 교사는 자극을 주는 사람으로서 행동하며, 교육은 책임을 가르치는 것이다.

이러한 실존주의의 일반원리가 스포츠 분야에 적용될 때 다음과 같은 개념들이 도출된다. 선택의 자유가 존재한다. 활동은 변화되어야 한다. 놀이(play)는 창조성을 발달시킨다. 학생들은 '자기 자신들을 알아야 한다.' 교사는 상담자이다.

4) 전통적·현대적 교육철학

앞에서 보면, 어떤 철학들은 다른 것들보다 더 전통적인 경향이 있다는 것이 명백할 것이다. 많은 철학적 사고가 이제는 더 이상 일반 혹은 스포츠 프로그램에 적용될 수 없게 되었다. 대부분 오늘날의 학교들은 John Dewey가 옹호했던 것에 근거를 많이 두고 있는 현대적 교육철학을 따르고 있다.

오늘날의 교육은 사람들의 각기 다른 요구를 지니고 있다는 것을 알게 되어 개인에게 중점을 두고 있다. 개별화된 학습은 지진아, 감정이상자, 혹은 지체부자유자 등을 위한 프로그램을 포함하는, 모두를 위한 학습이다. 학생들은 때로 다양한 직업상의 영역에서 그들이 공부하고 훈련받고 싶어하는 과목을 자유로이 선택한다. 교육자들은 또 학문적인 특출함뿐만 아니라, 화법·대등관계·가치 그리고 사회적 영향 등을 증진시키는 것까지도 관계한다.

[현대적 교육 철학에 의해 이행되는 학교 프로그램간의 비교표]

1. 현대적

- 아동 중심
- 묵인된 교실 분위기
- 학생의 관심과 필요에 근거해서 사회의 수요에 관계된다.
- 교사는 안내자로서 아동에 따라 계획한다.
- 신체적, 감정적, 사회적 필요를 보충하고 정신적인 수요를 충족시키는 등, 아동의 완전한 발달에 중점을 둔다.
- 창조적인 표현·사회화·문제해결·실험 등을 할 수 있는 기회를 제공해 자기 지시적인 학문이 된다.
- 학교와 지역사회의 근접한 관계와 부모님의 참여
- 자기 훈련
- 폭넓은 교과 과정
- 건강한 환경 학교 환경
- 학생 개인에게 적요된다.
- 교실은 새로운 이념들을 실험하는 실험실이다.

2. 전통적

- 교사중심
- 딱딱한 교실 분위기
- 사실, 지식, 제목에 근거하고, 사회적 변화나 수요에 관계한다.
- 교사는 엄한 선생일 뿐이다.
- 지적인 발달에 중점을 둔다.
- 공식적 훈련, 기억화, 강의, 질문과 답변 그리고 시험으로 이루어진다.
- 가정과 지역사회로부터 고립된 학교
- 외부의 권위에 의한 훈련
- 엄격한 학교 환경
- 학생 전체에게 적용된다.
- 교실은 변화에 둔감하다.

5) 인본주의적인 철학

인본주의는 비인간화에 대한 반발로써 또 인간은 개인적이며 더 큰 단체의 부분으로서 라기 보다는 개인적으로 다루어져야 한다는 신념으로써 정의될 수 있다. 인본주의 철학은 개인으로 하여금 재능의 개발과 완전한 실현을 하게 한다. 인본주의는 우리 주위에서 일어나고 있는 모든 것에 대해 완전히 개입해서 참가하도록 고무시킨다.

인본주의적인 교사는 학생들로 하여금 자아실현과 자아완성을 하도록 용기를 북돋아주어야 한다. 이 철학이 전달될 수 있는 몇 가지 방법은 다음과 같다.

❶ 개방되고 솔직한 감정을 표현하는 것.
❷ 인간성과 개인에 대해 가치를 부여하는 것.
❸ 자신을 받아들이고 또 남들도 있는 그대로 받아들이는 것.
❹ 혁신적 인 교수방법을 즉각 수용하는 것.
❺ 창의적이고 독립적이 되며, 또 그렇게 되도록 학생들을 고무시키는 것.
❻ 다른 사람들과 효율적으로 일하며, 경험과 사람 대 사람의 상호관계를 증진시키는 것.

최근에는 교육 프로그램이 각 학생의 수요를 반영하여 인본주의적인 방법을 채택하게 되었다.

6) 스포츠에 대한 현대적 인본주의 관점

오늘날 스포츠 프로그램은 현대 교육 프로그램과 마찬가지로, 인본주의적 철학을 더 많이 반영한다. 전통적인 교육 프로그램과 마찬가지로 지난해 스포츠 프로그램들은 매우 교사 중심적이었고, 그 본성에 있어 공식적이었다. 만약 당신이 당신의 부모나 조부모에게 그들의 스포츠경험에 대해 물어본다면, 그 경험들은 분명히 오늘날 일어나고 있는 것들과 다를 것이다.

스포츠 프로그램이 공식적인 연습과 미용체조법을 통해 얻어진 체력단련을 강조하고, 많지 않은 활동에 중점을 두며, 가끔씩 행진과 그외 다른 교련 등이 포함되어 있었다는 것을 말해 줄 것이다. 학생들은 공식적인 선에서 움직이고 또 많은 수의 규율을 철저하게 따르도록 요구되어졌다.

오늘날 집단의 프로그램들은 좀 더 인본주의적인 접근법을 반영한다. 교과과정들은 더욱 학생중심이 되었다. 교사들이 스포츠 프로그램의 어느 유형이 모든 개 인물에게 알맞지 않다는 것을 깨닫게 됨에 따라, 프로그램들은 더욱 개인화된다. 개인들의 감정, 필요, 야망, 목적, 능력, 그리고 제한 등은 프로그램을 만들어 내는데 고려되어야 한다.

교사는 기술을 학습하고 바람직한 수준의 체력단련을 해야 할 필요성을 강조하는 동안, 교사는 또 활동을 왜 하는지에 관한 것을 학생들에게 교육해야할 필요성을 깨닫게 된다. 초기의 교과과정은 이후의 근본이 될 기술을 쌓아가는 반면 창조성과 탐구를 강조한다. 고학년 학생들은 여러 가지 팀, 개인 스포츠에 노출된다(접할 기회를 갖는다).

더욱이 스포츠 프로그램은 지체부자유학생에게 중요한 역할을 하게 된다. 각지체부자유 학생은 개인화된 교육과 스포츠계획을 가지고 있다. 몇몇 학생은 다른 사람들이 특수한 교사, 시설, 그리고 프로그램을 필요로 하는 반면에 정규적인 스포츠 교실에 들어갈 수도 있다.

학교 밖에서 행해지는 교수 프로그램은 또 인본주의적인 접근법을 반영한다. 예를 들어, 법인조직체의 체력단련 프로그램은 원칙적으로 개인적인 참석자들(어떤 면에서 보면 이들은 학생 혹은 개인 중심적이다)의 수요를 충족시키기 위해 만들어 진다. 개인의 신체적 체력단련과 기술을 향상시키는 것 이외에도, 많은 강조점이 교육에 근거를 두고 있다. 개인들은 훈련 지도자와 프로그램 감독자들로 부터 정보와 안내를 받아, 그들 삶의 유형에 관해 현명한 선택을 할 수 있게 된다.

인본주의적 철학은 교육과 스포츠 프로그램에 현저한 영향을 끼쳐왔다. 개인적인 차이를 고려하고, 인간의 존엄성에 가치를 두는 것이 인본주의적인 프로그램의 두 가지 표징이다.

7) 철학에의 절충적인 접근법

철학에의 아주 평범한 접근법의 하나는 절충적인 접근법이다. 교육과 스포츠 실행에 영향을 주는 주된 철학들은 앞에서 언급(言及)되었다. 많은 사람들을 특정철학과 관련된 모든 주의를 신봉하는데 어려움을 느낀다. 그래서 그들이 신봉할 수 있는 철학을 발전시키고자 하는 노력의 일환(一環)으로, 그들은 여러 철학파들로부터 다양한 개념과 원리를 합쳐 아주 양립 할 수 있는 신념들을 이루었다. 다양한 철 학파들로 부터 신념들을 합하는 것을 절충주의라 한다. 이러한 신념들의 혼합체는 어떤(특정) 철학파와도 유사하지 않은 반면, 한꺼번에 심사숙고해서 맞추게 되면 개인을 위한 건전한 철학이 된다.

2. 스포츠 철학

스포츠가 올바르게 이해되지 못하는 경우도 있지만, 스포츠는 국민 생활에 중요한 역할을 담당하고 있다. 대부분의 사람은 어렸을 때에 스포츠 체험을 한다. 어렸을 적의 경험에 의해 많은 사람은 생활의 활력을 위해 참가자나 관객이 된다. 그렇지만, 처음의 스포츠 체험에 오싹해 하며, 그 이후까지 악성 전염병이나 되는 듯 스포츠를 꺼하는 사람도 있다. 스포츠를 싫어하는 사람은 동료나 부모 앞에서 실패하거나 무신경한 체육 교사가 수치스럽다는 생각을 하게 한 것이 원인일 것이다. 여자는 남자만큼 스포츠 참가를 권장 받지 못했을지도 모르나 그 중에는 스포츠를 특별히 싫어하지 않는다고 생각하는 사람도 있다.

그래도 많은 사람은 관객으로서 만도 생활의 활력을 위한 스포츠와 약간의 관계를 가지고 있다. 스포츠에 대한 강한 관심은 그 정도에 비해 쉽게 측정할 수 없으나 선수나 팬이 어떠한 형태로든 스포츠에 시간을 소비하거나 노력하는 것으로서 판단하면, 사람은 스포츠에 대한 관여를 가장 중요하면서 의미 있는 활동의 하나로 인정하고 있다고 할 수 있겠다.

이 상황은 우리나라만의 특징은 아니다. 스포츠에 대한 강한 관심은 실천적으로는 세계적인 현상이다. 구소련에서는 아이스하키, 유럽, 남미, 아프리카에서는 축구라는 차이가 있으나 스포츠는 세계 속의 모든 국가에서 중요한 역할을 담당하고 있다. 고대 그리스인, 로마인, 우리나라 국민들도 스포츠에 가치를 두고 있다. 실제로 스포츠 참가나 플레이와 관련 활동은 인간 사회의 특징으로 되고 있다.

일부 사람들에게는 스포츠가 재미없는 것으로 생각하는 풍조가 있다고는 하나, 그러한 견해가 정당하다고는 할 수 없다. 스포츠에 대해 다양한 문화배경을 가진 많은 사람들이 호의적인 반응을 보이고 있지만, 스포츠란 무엇인지를 곰곰이 생각해 보는 것은 매우 가치가 있을 것이다. 스포츠를 깊이 생각해 보면 스포츠 고유의 흥미 깊은 문제도 있지만, 스포츠는 그것을 초월한 문제도 있다.

예를 들면, 경기에서 경쟁의 가치를 생각하거나 은 대회에서 지나치게 승리를 강조하는 것은 시장 경제란 스포츠 이외 영역의 경쟁 윤리에서도 스포트를 받게 된다. 이와 마찬가지로 스포츠에 있어서 페어플레이의 본질을 탐구하는 것은 보다 광범위한 사회 환경에서의 페미니스에 대한 이해를 높이는데 도움이 될 것이다. 실제로 '페어플레이 한다'라는 기본적인 가치의 대다수는 경기적 경쟁과 관련하여 종종 무시되고 있다. 그러므로 스포츠 가치의 탐구는 그것 자체로 흥미가 깊을 뿐만 아니라, 일반적인 사상과의 관련도 마찬가지라고 할 수 있겠다.

그렇다면, 스포츠를 숙고할 때에 철학은 어떠한 공헌을 할까. 우리나라의 스포츠가 엄한 도덕적인 면에서 부각되고 있음은 잘 알고 있는 사실이다. 예를 들면, 선수들의 스카웃, 스캔들, 선수 금전공세 등이 있다. 또한 유명한 대학에서는 조직까지 몽땅 학생 선수를 제물로 삼아서, 전해지는 바에 의하면 그러한 대학의 선수는 일반 학생과 같이 공부하거나 정상적인 학교생활을 할 수 없다라는 비난이 있다.

일부 선수의 경기력 향상을 위한 아나보릭·스테로이드 사용은 일반적으로는 부정으로 간주되고 있다.

벤 존슨은 1988년 올림픽에서 그러한 종류의 경기력 향상을 위해 약물을 사용한 것이 발각되어 금메달을 박탈당했다. 그러나 스테로이드의 사용은 다이어트나 특수한 용구를 이용하여 얻는 경기력 향상과 윤리적으로 차이가 있는가. 현대 사회에서는 승리나 경쟁이 지나치게 강조되고 있는가. 스포츠 참여(involvement)는 도덕적으로 옹호할 수 없는 태도, 즉 어떠한 희생을 지불하더라도 이긴다는 태도를 생각하게 되는 것인가.

이러한 의문은 스포츠에 관계하는 도덕적 가치에 대해서 그 기본 문제를 제기하고 있다. 이들은 사람들이 스포츠를 어떻게 생각하고 있는지, 혹은 어떠한 가치를 실제 가지고 있을까 라기 보다도 오히려, 사람들이 무엇을 생각해야 하는가에 의문이 있다. 이러한 의문에는 옹호할 수 있는 평가기준을 확인하여 그것을 스포츠에 적용하는 것이 필요하다. 윤리적으로 옹호할 수 있는 기준을 만들고 그것에 비판이나 검토를 가하고 또한 구체적인 문제에 그 기준을 적용하는 것이 스포츠 철학의 주요 임무의 일부이다.

1) 스포츠 철학의 본질

스포츠 철학에 관심을 가지고 있는 사람들에게, 「스포츠 철학이란 무엇인가」라고 물어보면, 아무도 만족한 해답을 말하지 못할 것이다. 이것은 스포츠 철학을 상당히 깊이 생각하고 연구한 다음에야 비로소 답할 수 있는 문제가 있기 때문이다.

그러나 스포츠 철학이란 「스포츠적 현상에 관해서 연구하는 것이다.」라는 정도는 대개의 사람들이 알고 있을 것이다. 즉, 스포츠 철학이란 무엇인가라고 하는 문제에 관해서 연구하는 학문이라고 하는 정도의 지식이야 상당한 사람들이 알고 있다. 그렇지만 이 정도의 해답으로써 한편 알고 있는 듯한 느낌도 들지마는 매우 막연한 지식이라 하지 않을 수 없다. 왜냐하면, 〈스포츠적 현상〉이란 무엇인가 라든가, 〈연구한다〉는 것은 어떻게 하는 것인가 하고 새롭게 생각해 보면 좀처럼 적절한 설명이 될 수 없다.

여기에서 철학의 본질부터 알아보자.

철학의 본질에 대하여 오해가 유포되고 있다. 국내선 여객기에 탑승한 철학자가 옆 좌석의 사람에게 '직업은'이라는 질문을 받았다. 그는 어떠한 대화에서나 철학자라고 일축해 버리는데, 어리숙하게 '철학자예요'라고 대답했다. 옆 사람은 확실히 놀라며 잠깐 잠자코 있다가 그리고 그를 향하여 '그렇습니까. 그렇다면 당신의 격언은'이라고 물었다고 한다.

철학자란 확실히, 현명한 격언을 만드는 사람이라는 이미지가 있다. '철학(philosophy)'라는 단어는 그리스어의 '애지(愛智, love of wisdom)'에 어원이 있기 때문이다. 그러나 지혜(wisdom)는 반드시 간단히 암기할 수 있는 짧은 격언으로 요약될 필요는 없다. 고대 그리스의 철학자인 소크라테스는 철학적 탐구의 다른 모델을 제공하고 있다.

기원전 5세기에 생존했던 소크라테스는 체계적인 저서는 남기지 못했지만, 그의 영향을 가장 많이 받은 제자플라톤의 저서나 다른 자료를 통해 그의 생활 태도나 사상을 엿볼 수 있다. 생각을 터놓을 훌륭한 지도자를 찾고 있던 젊은 소크라테스는 그리스에서 가장 현자를 찾으려고 했다. 그리고 전해지는 바에 의하면, 그는 당시의 종교상의 제사(祭司, 제사 맡아보는 신관), 델포이의 신탁(神託)에서 누가 가장 현자인지를 물었다고 한다. 소크라테스는 '어떻게 내가 현자인가'라고, 의심스러워했다. 왜냐 하면, 생각을 터놓을 만한 현자를 찾았다고 하는 것은 정말 자신이 무지했기 때문이다.

그러나 소크라테스에 대한 플라톤의 설명에서 신탁의 고함을 생각하면, 신탁이 무엇을 말하려고 했는지는 명백하다. 예를 들면, 소크라테스는 플라톤의 초기의 대화편인 유티프로(Euthyphro) 속에서 당시 각계의 중요인물에게 자비나 지식의 본질 문제에 대한 의문을 던지고 있다. 질문을 받은 사람들은 그 계통의 전문가라고 칭하더라도 소크라테스의 논리 분석 앞에서는 답할 수 없었다.

전문가들은 알고 있다고 자인하는 것이 실은 무엇보다도 알지 못할 뿐만 아니라, 그것을 비판적 검토로 드러내지 않고 인정하고 있었던 것이다.

아마, 소크라테스를 그리스 최고의 현자라 한 신탁의 의도는 소크라테스만이 진취적으로 자신의 신조나 원리를 비판적으로 보았기 때문이었다.

소크라테스는 실제 알지 못하는 것을 알려고 했을 뿐만 아니라 진취적으로 공부하려고 하고, 일반적인 의견을 안이하게 생각하지 않고, 그것을 문제시 삼았다. 이 소크라테스의 예에서 철학의 역할은 스스로의 신념을 검토하고, 신념의 근저에 있는 모든 원리를 명확하게 하고, 그것을 비판적으로 검토하는 것이다. 예를 들면 과학의 영역에 있어서 철학의 역할은 생물학, 화학, 물리학에서의 경험적인 가설을 계통으로 세우거나 검증하므로 과학과 대립되는 것은 아니다. 오히려 철학자는 과학이 객관적 지식을 제공하는 것에서 그 의미를 찾으려고 하는 모든 세계의 지식이 본질적으로 과학적이라는 주장을 검증하려고 할 것이다.

이처럼 철학을 생각하면, 스포츠 철학의 과제는 스포츠계를 지배한다고 생각하고 있는 모든 원리를 명확하게 하고, 체계를 세우고 평가하게 될 것이다. 이러한 과제에는 '스포츠'나 '게임'과 같은 용어의 개념분석, 스포츠의 탁월성이란 무엇인가에 대한 탐구, '진정한 선수는 승리를 유일한 관심사로 해야 하나'라는 모든 원리의 윤리적 평가, 또한 구체적인 문제에 대한 윤리적 분석의 적용, 예를 들면 아나보릭·스테로이드와 같은 경기력 향상 약물 섭취의 찬반론이라는 문제가 있다.

2) 스포츠 철학의 의미

스포츠 철학은 일반 철학에 대한 특수 철학이며, 자기만의 영역을 보유하고 있다고 말할 수 있다. 즉 스포츠란 인체를 매개체로 하여 인간형성을 목적으로 하는 특수성을 가지고 있기 때문이다. 그러나 스포츠의 현상이라고 하더라도 그것이 인간형성인 까닭에 일반적 인생철학에서 자연현상이기 때문에 일반 철학과 전혀 무관한 것은 아니다. 사실 인간형성은 그것이 무엇이든 간에 그 배경을 인생철학에 두지 않는 한 철학본연의 성격은 없어지고 마는 것이다.

철학은 개별적인 문제보다는 모든 현상을 전체적으로 종합해서 그 보편적인 것을 통찰하고 추정하는 것이 될 것이다. 이와 같은 작용이야말로 진정한 철학의 기능이다. 따라서 스포츠 철학의 경우 역시 스포츠의 본질을 스포츠 전체에 관한 문제를 종합적으로 하여 스포츠의 현실과 이념과의 통일성을 추구해 나가는 역할을 하는 것이다.

이러한 면에서 살펴보면 스포츠 활동은 스포츠 철학이 가리키는 원리에 의해서 좌우되는 것이며, 동시에 스포츠 철학은 인생철학이 말하는 원리에 의해서 좌우되며 인생철학은 궁극적으로 일반철학이 말하는 원리에 의해서 크게 좌우되는 것이 될 것이다. 따라서 스포츠가 그 원리적 구성이나 실천적 과정에 있어서 크게 영향을 받는 것은 스포츠의 근본원리를 무엇에 의존하느냐에 따라서 스포츠 활동의 성취가 결정되며, 인생의 행과 불행도 좌우되는 것이라고 말할 수 있다.

우리들의 스포츠에 관한 활동은 그것이 학구적 활동이나 방법 또한 기술에 있어서 그 우열을 말하기에 앞서 어떠한 인생관, 세계관, 생명관에 기초를 두고 스포츠의 이념이나 스포츠의 활동이 실천되어야 하는가를 결정하여야 할 것이다.

3) 스포츠 철학의 기능

체육의 전체적·통일적인 파악 및 체육의 전체를 지적으로 파악하는 것이 정말 가능한 것일까. 체육의 세계관적 문제를 철학적인 문제로서 제언하는 경우, 어떤 형식으로써 그 문제를 제기해야 할 것인가. 그 세계관적 문제를 해결할 수 있는 것은 여러 가지 과학이 아닌가. 이러한 의문은 그자체가 이미 체육철학의 문제인 것이고 이러한 의문에 답하는 것은 이미 스포츠 철학을 말한 것이다. 스포츠 철학의 기능을 이렇게 생각할 때 참으로 곤란해서 어디서부터 착수해야 할 것인지 알지 못하는 위기에 빠진다.

실제로 단지 자기 한 사람의 힘만으로 그들 문제를 생각하려고 하는 것은 무리이다. 다시 말하면 그러한 작업을 우리들은 전혀 새로운 자기 혼자만의 힘으로 시작하려고 할 수는 없다. 그곳에서 몇 천 년 전부터 계속되는 축적되어온 스포츠 철학적인 소산이나, 그 식견에 눈을 돌리는 것으로부터 오래 전부터 인정되고 그 성과는 점진적으로 풍부해지고 있다. 체육의 연구에도 "phiIosophy"라고 하는 표제를 가진 문헌이나 스포츠 철학적 연구가 많아졌다.

4) 체육철학과 체육과학

체육철학과 체육과학적인 관계에 있어서 체육을 어떻게 하면 체육답게 할 것인가를 위해서 어떻게 해야 할 것인가 하는 문제와 체육철학의 가장 근본적인 문제인 체육실기, 또한 이론인 운동생리, 체육관리학, 체육사, 체육원리에 이르기까지 체육학을 형성하고 있는 모든 학문적인 문제를 알기 위해서 생긴 것이 체육철학이다.

따라서 체육은 운동문화라고 말하고 있으며 체육이 운동문화 또는 신체문화인 이상, 인간이 인간답게 존재하기 위해서 필요한 기본적 활동이라고 하지 않을 수 없다. 이것에 의해서 체육이 광의의 학문으로서의 성질을 가지고 있음을 알 수 있고, 그 체육이 광의의 학문을 수 있게 하는 것이 스포츠 철학의 작업이다. 학문은 인간이 인간답게 행복하게 살기 위한 지혜를 탐구하는 것을 목적으로 하고 있었으나, 체육이라 불리는 것은 그런 경우 표면화되어 있지 않았다.

그렇지만 플라톤이나 아리스토텔레스 등의 그리스 철학자들을 비롯하여, 철학사상에 등장하는 사상가들은 체육이라는 것이 있어야 할 모습을, 우리들에게 간접적으로 전하고 있는 것이 많다. 즉, 인생이나 학문, 인격이나 자아 등에 관해서 말할 때 대부분 스포츠적인 것이 비유적인 소재로써 사용되고 있다. 이러한 사실이야말로 체육철학에 관심을 가진 사람이 보면 어느 것이나 광의의 학문으로서의 성격을 가진 것의 근거인 것이다.

3. 스포츠 철학의 형태

「체력을 높이는 방법을 아는 것은 과학으로도 되지만, 어디까지 높일 것인가라는 것이 되면 그것은 『철학』이 된다. 체육학은 과학의 영역까지에만 통용되는 것이므로, 그로부터 앞의 철학은 다음의 단계가 된다. 따라서 철학에 대신해 줄 것을 요청하게 된다.」라고 猪飼道夫는 고차원 단계에서 철학의 필요성을 인정하고 있다.

베이컨(1561~1626)의 말을 인용하자면 「무엇이 자기를 위한 것이고 무엇이 해가 되는지에 관해서는 물리학의 규칙을 초월한 지혜가 있다」고 말한다.

또한 스포츠에 있어서 자연과학성을 특히 중시하는 사람들은 스포츠 철학이라고 하는 언어에도 의문을 제기하고, 목적론적 스포츠해석이라고 배타의 태도를 취하는 경우가 있다. 그러나 스포츠의 과학성을 주장하는 사람들에게 철학은 불필요한 것일까. 프랑스의 생리학자인 그로드 베르나르(1813-1878)는 자연과학에 있어 학설이 창립되기에는 관찰→구상→실험→학설의 4단계를 거치지 않으면 안 된다고 말하고, 관찰과 실험에서는 학자의 대상에 관한 정신적 태도에 차이가 있음을 지적하였다. 그리고 과학자의 관찰이나 실험에 있어서는 예술가적 섬세한 감각을 필요로 하고, 구상이나 학설에는 철학적인 강력한 사고력이 요구된다고 기술하고 있다. 이것은 스포츠에 있어서도 Physique의 근저(根柢)에 있는 metaphysique이 명확해지지 않으면 안 된다는 것을 내포하고 있다.

또 그는 관찰이나 실험의 정의를 검토해서, 그곳에 감성이 작용하고, 구상이나 학설에 있어서는 지성이 능동적으로 작용한다는 것을 지적하고 있다. 베르나르는 학자에게 다음과 같은 철학의 필요성을 강조하고 있다「나는 실험학자로서는 철학체계를 피하고 있다. 그러나 그것 때문에 철학적 · 정신까지도 배제할 수는 없다. 이 철학적 · 정신적 도처에 있으면서 어떠한 체계에도 속하지 않고, 다만 일체의 과학뿐만 아니라 또 일체의 인지를 지배하지 않으면 안 되는 성질의 것이다. 실제로 또한 과학적 견지에서 보더라도, 철학이라고 하는 것은 미지의 사상을 인식하려고 하는 인간이성의 영원한 동경을 나타내고 있다. 그러기 때문에 철학자는 항상 異說粉粉설 한 문제나 과학의 고상한 부분, 상급의 한계 등에 관계하고 있다. 학자에게 있어서는 이것(철학)을 도외시해서는 안 된다」라고, 그리고 이 설명은 狙餇의 체력을 어디까지 높일 것인가는 철학의 영역이라고 하는 견해와도 공통성이 있는 것으로 생각된다. 확실히 스포츠에는 과학의 영역을 초월한 철학적 세계가 있는 것이라고 생각한다.

스포츠를 철학에 의해서 투시해 보이는 열렬한 지식욕이야말로 우리들 모두에게 요구되는 관심사이다. 그러함에도 불구하고 실제로 좀처럼 친해

지기 어려운 학문이다. 우리나라의 체육학회 등에서도 스포츠 철학이라고 하는 말인 오르내리면서도 아직 이렇다하고 정리된 것을 얻지 못하였고, 현재 스포츠 철학 학회가 생겨 본격적으로 스포츠 철학에 대해서 연구하고 탐구를 시도하고 있는 실정이다.

대학에서의 전문적 과정에서 나타나는 가장 의미 있는 결과 중의 하나는 스포츠에 대한 철학을 발전시키는 것이 될 것이다. 스포츠 지도자로서 어떤 직업을 선택하던 간에, 즉 교육이나 학교바깥에서 가르치는 일이나, 혹은 체력단련에 관련된 직업이든 간에 스포츠에 대한 철학을 지니고 있는 것이 중요하다.

철학은 방향을 제시한다. 즉 철학은 전문직에 대한 준비를 하는 동안 습득한 지식과 기술을 가장 효과적인 방법으로 사용할 수 있게끔 해준다. 철학은 신념과 가치를 발달시키고 확실히 하게 하는데, 이것은 개인의 행동에 대한 기초역할을 한다. 철학이란 진리와 현실에 도달하려는 노력에서 취해진 중요한 시험, 추리, 그리고 사고 등의 과정을 일컫는다. 철학은 의사결정을 보조한다. 즉 도덕과 가치는 전문가적인 입장뿐만 아니라 일상생활에서도 우리의 행동을 이끌어 나가게 된다.

4. 스포츠 철학의 필요성

오늘날의 변화하는 사회에서, 건전한 스포츠에 대한 철학은 그 직업이 살아남기 위해 필요하다. 스포츠 지도자들은 그들 자신들에게 다음과 같은 중요한 질문들을 물어 봐야 한다.

❶ 오늘날의 사회에서 가치 있는 것은 무엇인가?
❷ 오늘날의 젊은이와 어른들에게 적절한 것은 무엇인가?
❸ 스포츠에 대한 철학은 여러 가지 역할을 할 수 있다.

스포츠 철학은 스포츠의 가치를 활성화시킨다. 철학은 사람들이 진리, 현실 그리고 가치 등을 찾게 하는 과정이다. 철학을 통해서 스포츠 지도자는 스포츠에의 의미, 본성, 중요성, 가치의 원천 등을 연구할 수 있다. 철학은 스포츠 지도자로 하여금 스포츠의 목적과 목표, 원리 그리고 내용을 결정하도록 하며, 공식적 비공식적으로 계속되는 인간의 교육에 있어 스포츠가 가치 있는 역할을 하고 있는가를 결정하는 논리적 수단을 제공한다.

스포츠 철학은 직업적인 실행의 향상을 가져온다. 만약 직업적인 실행이 영감이나 감정적인 환상에 근거를 두고 있다면, 그들은 항상 건전하지 못하다.

그러나 만약 직업적 실행이 옳게 정의된 철학에 근거를 두고 있다면, 그들은 훨씬 더 올바른 것이 된다. 만약 스포츠 지도자들이 이성적, 논리적, 체계적인 방법으로 그들의 철학을 발달시켰고, 또 인간이 지니고 있는 최상의 흥미를 표현한다면, 이것은 올바른 것이 된다.

스포츠 철학은 직업적인 교육에 있어 필수적인 것이다. 스포츠 지도자라고 일컬어지는 사람들은 조심스럽게 그들의 철학을 발전시켜야 한다. 그렇게 함으로써 직업에 대한 공통적인 기준을 가질 수 있고, 크게는 대중을 위한 그들 분야에서의 노력에 대한 의미와 가치를 적당하게 말할 수 있으며, 좀 더 그럴듯한 직업적인 업적을 성취하고자 하는 동기를 부여받을 수 있으며, 스포츠 프로그램과 그 실행을 보다 잘 평가할 수 있게 된다.

스포츠 철학은 전문가를 이끌어 준다. 지식인으로서 역할하기 위해서는 삶의 철학이 그 사람의 행동을 이끌기에 필요하다. 어떠한 프로그램이 만들어지기 전에 무엇이 타당한 것인가에 대한 지식이 필요하다. 철학은 전문가들로 하여금 프로그램에 참석하는 사람들에게 무슨 변화가 일어날지를 결정하게 도와준다.

스포츠 철학은 직업과 개인 프로그램을 위한 방향을 제시한다. 오늘날의 많은 스포츠 프로그램은 질서와 방향제시가 부족하다. 우리의 목적인 프로그램의 목표가 우리의 철학에 반영되어 있다. 또한 예를 들어 스포츠는 사람들이 함께 하는 것이기 때문에 사람들의 관계를 돈독히 만든다는 가정을 스포츠 지도자자 했을 때, 그 가정들은 논리와 그외 다른 철학적 신조를 포용하는 재귀적인 교육 사고의 체계에 근거를 두고 있어야 한다. 스포츠에 대한 철학은 이 체계를 제공할 것이다.

스포츠에 대한 철학은 사회로 하여금 스포츠의 그 중요성을 더하게 한다는 것을 알게 해준다. 오늘날처럼 변화하는 사회 속에서 사람들은 스포츠가 인간의 행위, 삶의 특성, 그리고 생산성 등과 같은 문제에 대해 어떻게 작용할 수 있을지 알고자 한다. 스포츠 철학을 잘 이해하면 사회 안에서 중요한 그들의 가치를 알아 프로그램들이 이러한 수요를 충족할 수 있도록 하는데 도움을 줄 수 있다.

스포츠에 대한 철학은 전문직에 종사하는 요원들을 가깝게 하는데 도움을 준다. 스포츠 지도자 중에서 많은 수가오늘날 그들의 영역에서 일어나고 있는 일들에 대해 불만을 품고 있다. 스포츠에 대한 철학은 스포츠 지도자들로 하여금 그들이 어떻게 인류와 4회에 봉사할 수 있는지 결정하게 하고, 또 전문직에 종사하는 사람들에게 그러한 공헌을 하는데 있어 함께 일할 기회를 제공한다.

스포츠 철학은 스포츠와 일반교육사이의 관계를 알게 한다. 스포츠 철학은 전문가들로 하여금 스포츠의 목적이 일반교육의 목적과 밀접하게 관련되어 있다는 사실을 설명할 수 있게 한다. 스포츠를 정의하는데 있어 신체와 신체를 통한 교육의 중요성이 강조되었다. 기초 목표를 나타내는 스포츠 철학은 스포츠직이 일반교육의 목표와 관련된 목표를 가지고 있다는 증거를 내보이게 된다.

스포츠 지도자들은 이성적, 논리적, 그리고 체계적인 방법으로 그들의 교육 철학을 발전시키기 위해, 그리고 모든 사람들의 최선의 흥미를 나타낼 수 있게 되기 위해 노력해야 한다. 이런 사실은 과학적인 사실들이 소집되어야 하고 또 인류에게 중요하고 필수적인 것으로서 스포츠의 가치를 보조하는 응용된 이론으로 역할을 해야 한다.

스포츠 철학은 모든 스포츠 지도자들에게 필수적인 것이다. 전통적으로 학교와 대학의 스포츠 프로그램에 적용되는 철학이 강조되어 왔다. 그러나 그 관계는 학교 바깥에서 행해지는 프로그램에 대해서는 명확하다. 예를 들어, 스포츠의 중요성은 이제 기업체의 피고용인, 노인들, 젊은이들, 그리고 일반적으로 대중을 포함하는 모든 국민들에게 강조되고 있다. 이러한 단체들을 위해 지도자, 경영자, 그리고 교육자들로서 일하는 스포츠 교육자들은 또한 건전한 스포츠철학을 발전시키는 것에 관심을 가지고 있어야 한다. 학교와 대학에서 행해지는 프로그램에 적용되는 대부분의 철학관념들은 교육적인 영역바깥에 있는 프로그램에도 적용될 만한 것들이다. 학교와 학교바깥에서 행해지는 스포츠 철학은 그 접근법에 있어 인본적인 것이 되어야 하고, 참가자의 필요를 충족시켜야 하며, 건전하고 과학적인 근거를 지녀야 하고, 인간의 행위에 있어 신체활동의 역할을 이해해야 하고, 또 그 참가자들을 위해 삶의 특질을 강화해야 한다.

학교 내에서 혹은 학교 바깥에서나 미래의 종사자들에게 있어, 프로그램에 참가하는 사람들의 교육적, 신체적 교육경험을 이끌어 가는 체력과 철학을 알고 있는 것이 중요하다. 이러한 지식은 참가자들의 수요를 충족시키기 위해 더 나은 프로그램을 계획하는 것을 용이하게 해줄 것이다.

5. 스포츠에 대한 자신의 철학

스포츠에 관한 자신의 철학은 무엇인가?

철학의 개발은 힘든 일이긴 하지만, 스포츠 교육자가 되고자 하는 자신의 목표로 향해 나아갈 때 필요한 일이다. 자신의 직업적인 야망에 상관없이, 자신의 활동과 노력을 이끌어갈 철학을 가지고 있는 것이 중요하다. 대학에서 전문가가 되기 위해 준비하는 동안, 수업 중에 자신의 철학을 개발하고 신념에 관해 논리적이고 분석적으로 생각하도록 격려된다. 다음의 지침들은 스포츠에 대한 철학을 결정하고, 정의하고 사상을 표현하려 할 때 도움을 주기 위한 것들이다.

(1) 스포츠와 스포츠에 대한 과거 경험들을 회상하라. 이 분야에서 가장 특이한 경험들은 무엇인가?
가장 가슴 아팠던 일은 무엇인가?
웬일일까?
자신을 위한 역할의 본보기로서 여겨졌고 또 분야에 종사하도록 까지 자극을 주었던, 일과 특히 존경하던 스포츠 지도자가 있는가?
만약 그렇다면 그들의 철학은 무엇이었는가?

(2) 여러 가지 다른 철학들에 관해 읽어보라. 당신의 신념과 양립하는 이론들은 무엇인가?

당신의 신념들과 상충되는 이론들은 무엇인가?

(3) 스포츠 지도자의 철학을 살펴보라. 그 분야에서 지도자의 철학을 결정하라. 그런 다음, 그들의 신념들과 당신의 신념들이 모순되는 점은 무엇이고, 모순되지 않는 것은 무엇인지 결정하라.

(4) 자신이 직업적인 준비를 하는 동안 다양한 선생들과 그들의 철학에 관해 이야기함으로써 자신이 철학에 대해 배우는 기회를 만들어라.
그들의 교수에 있어 명확한 신념들은 무엇인가?
그들의 평가에 있어 그들의 신념들은 어떻게 반영되는가?
자신이 직업적인 준비를 하는 동안 경험을 자세히 살펴보라.
왜 일들이 그렇게 되는지 물어보라. 일들이 어떻게 변화될 수 있을지 생각해 보라.
자신이 하고자 하는 분야에서 일하는 사람과 이야기해서 그들의 행동을 이끌어가는 신념들을 판단해보라.

(5) 자신의 철학을 표현하라. 자신의 준비기간 동안 분명히 철학에 대해 쓰고 또 토론하도록 요청되어질 것이다. 자신의 생각을 명확히 하고 또 신념을 좀 더 자세히 살펴보기 위해서는 표현하는 기회를 충분히 이용한다. 자신의 보고서들을 모아 두어서 다시 검토할 수도 또 교육기간동안에 어떻게 철학이 전개되는지 살펴보고 싶어 할 수도 있다.

개인의 철학을 개발하는 것은 어려운 일이며 또 몇몇은 끝없는 과정이라고 이야기하기도 한다. 철학은 자신이 더 많이 학습할수록, 다른 직업가와 접촉하면서, 또 전공을 능동적으로 수행할 기회를 만들어 그들의 삶에 있어 다양한 경험들을 받아들이고, 그들을 반영시켜 그들로부터 배우며, 또 계속되는 변화와 성장의 과정으로서 자신의 삶을 살펴보자.

【참고 · 인용문헌】

1. 체육과 스포츠의 기초, 이상연, 도서출판 금광, 1989.
2. 오진구, 체육철학, 보경출판사, 1987.
3. 이래엽, 체육의 철학적 기초, 형설출판사, 1992.
4. Carolyn E. Thomas, Sport in a Philosophic Context, 1983.
5. U.S. Department of Health, Education, and welfare: Healthy people: the surgeon general's report on health promotion and disease prevention, Washington, DC, 1979, U.S. Government Printing Office.
6. U.S. Department of Heal and Human Service Promoting health/preventing d, Education, and welfare: Healt disease: objectives for the nation, Washington, DC, 1980, U.S. Government Printing Office.
7. National Commission on Excellence in Education: A nation at risk: the imperative for reform. A report to the nation and the Secretary of Education, U.S. Department of Education, Washington, DC, 1983 U.S. Government Printing Office.

03 스포츠 윤리학

1. 스포츠 윤리학의 과제

(1) 스포츠의 힘의 제어

스포츠의 영향이 커지면, 그 힘을 제어하고 유효하게 사용했으면 하는 것이 인간이다. 그와 같은 지식을 입수했으면 한다. 그래서 스포츠를 연구하는 다양한 학문이 생겨났다. 예를 들면, 스포츠 생리학이나 스포츠 역학이다. 트레이닝에 필요한 지식을 입수하기 위해 연구된다. 그 외, 다양한 지식을 요구하는 바램에서 스포츠 과학들이 생겨났다. 이러한 과학 그룹에는 일상과 비일상의 구별은 없다. 스포츠에 관여하는 사람들의 도덕에 대해 연구하는 스포츠 윤리학이라는 것도 그 중의 하나이다.

윤리학은 글자 그대로 윤리를 연구하는 학문이다. 그래서 "윤리"란 어떠한 의미를 가지는지를 확실히 했으면 한다. 윤리란 인륜의 도로, 실체 도덕의 규범이 되는 원리를 의미한다. 그러면, 윤리학이란 도덕규범의 원리를 연구하는 것으로 된다. 예를 들면, 이것은 착하고 저것은 나쁘다라는 판단을 할 경우, 그 이유나 근거는 무엇이고 그러한 것이 잘못되지 않았는가, 늘 옳다고 할 수 있는가, 지식으로서 만인이 공유해도 좋은 것인가, 등을 문제로 삼는다.

(2) 윤리학이란

윤리학이라는 명칭은 메이지 시대, 서양 철학 소개자인 井上哲次郎이 ethics의 역어로 사용하기 시작했다. '도덕의 기원, 발달, 본질, 규범에 대해 연구하는 학문지고, 철학의 3대 부분의 하나가 된다. 영어의 'ethos', 'ethhic' 및 'ethics'에 대하여 개관해 보자. 우선, 'ehos'인데, 그 중심적인 의미는 "(어떤 문화의 근본적인)특질, 정신; (어떤 사회, 집단의 신념, 습관, 풍습 등을 형성하는) 기풍, 심정; (한민족 한시대극) 풍조나 주조"와 같이, 세 가지 요소들로 구성되어 있다. 즉 하나는 ( )내 전반에 들어 있는 '문화, 사회, 집단, 민족, 시대'라는 요소들이고,

둘째는 (　　) 후반의 '근본적인 신념, 습관, 풍습 등을 형성한다.'라는 한정이고, 그리고 또 하나는 '특질, 정신, 기풍, 심정, 풍조, 주조'이다. 즉, ① 어떠한 공통되는 연결을 가진 사람들이 있고, ② 동일의 신념, 습관, 풍습 등의 형성력을 가진다. 그 근본적인 원인으로서 ③ 공통된 특질, 정신, 기풍, 심정, 풍조, 주조이다. 그러므로 그리스 고전 예술에서 형성된 파토스(cf. 페이소스 슬픈 감정(哀感)에 대한 에토스(cf. 에토스 관습)의 구별이 고려되지 않으면 안 된다. 파토스도 인간이 공유하는 것이지만, 일시적으로 생겨나는 감정의 측면을 의미하는데 대해 에토스는 오히려 도덕적 품격(아리스토텔레스)이고, 사회적인 심적 태도로서 윤리적 규범의 의미를 가진다. M. 웰버는 에토스를 사회 과학적 개념으로 했다.

문화인류학에서는 각 문화에 독자적인 관습의 총합 태도를 말한다. 그것은 각 문화에서의 관습의 양태, 수량, 상호의존 관계에 따르고, 문화는 인의 집단이 주어진 상황에 순응하기 위한 수단이기 때문에, 문화의 에토스는 인간 집단이 역사 전체를 통해 순응하지 않으면 안 되는 특정의 상황 연쇄에서 유래한다고 할 수 있다. 이리하여 어쨌든 에토스는 합리와 비합리의 이원 종합 개념이다.

사회 과학이나 문화인류학의 개념에서는 집단 공통의 역사적인 상황 연쇄에 원인이 있고, 그래서 사람들이 살아가려는 노력에서 나온 순응의 원리로 에토스는 파악된다. 말하자면 삶의 엣센스이자, 상황에 어떻게 대처해야 할지 심적 태도의 술어이다.

페어플레이 등은 이러한 의미에서 에토스이다. 게임 상황에 직면하여 페어하게 대처해야 한다는 심적인 태도를 스포츠 집단이 요청하는 것으로, 도덕적 품격과도 통한다. 일시적인 파토스로 흐르는 것이 아니고, 또한 냉정한 타산에 맞춰 승리를 나의 것으로 하려는 것도 아니다. 이러한 의미에서 페어플레이는 '합리와 비합리의 이원 종합적 개념이다'라고, 할 수 있을 것이다. 이 단어는 일상생활에도 비일상 생활에도 함께 사용되어지는데, 특히 비일상에 기원이 있음을 중시해야 할 것이다. 왜냐하면, 일상생활에서는 페어하다는 것을 명확하게 규정할 수 있는 경우가 적어, 결국은 합법적이다는 법률적 규제에 의존하지 않을 수 없으므로 그것은 개인이나 각 민족에서의 자치나 자유와도 관련되어 있기 때문이다.

'ethic'은

❶ 특정의 문화, 집단의 가치체계, 윤리이고, 그리스도교(the Christian ethic)의 윤리나 부족 윤리(the thbal ethic)와 같이 사용되어진다.

❷ 개인의 윤리, 도덕으로도 사용되어진다.

'ethics'는

❶ 윤리, 도덕 원리의 체계

❷ 특정 계급, 집단, 문화 등에 인정되는 행위의 규범, 집단 도덕의 medical ethics – 의도

❸ 개인의 윤리, 도덕

❹ 윤리학, 도덕학으로 네 가지 용법이 구별되어져 있다.

에토스와의 관련에서 생각하면, 'ethic'과 'ethics'에서의 개인 도덕의 의미는 집단 도덕에서 파생하여 다양한 행위의 발생, 개원으로 개인에게 전용되고, 또한 체계라는 것도 많은 사람들에게 이해되어 받아들여지는 종합성을 가지는 것에서 파생되어 왔다고 생각되어진다. 간략하게 말하면 '모두 지켜야 할 것'으로, 그 타당성을 묻는 것이 윤리학이다.

'모두 정한 것', '모두 지킨다'라고 할 때의 모두는 누구인가. 게임을 구체적으로 스포츠를 전개한 것, 일회 일회 독립되어 구체적인 것으로 추상적인 개념인 스포츠와 구별한다면, 게임의 룰은 구체적인 당사자에게 의해 일회 일회 동의되는 것이 필요하다. 즉, 일회 일회에 대하여 '모두'가 있고, 그래서 '결정'하고, '지킬'것이 동의되지 않으면 안 된다. 물론, 보통은 이와 같은 절차를 생략하고, 암흑 내에 그 스포츠 룰을 지킬 것이 전제가 되지만, 이 생략은 문제이다. 누차 타인에 의해 정해진 룰을 지키는 것이 당연하다는 의식에서 게임이 시작되어 버린다. 그것을 '정식' 룰이라고 생각할 수 있다. '정식' 룰은 세계를 지배하는 지도자에 의해 결정되고, 각국에 전달되는 방식에 의해 세계선수권 등을 개최할 수 있지만, 어떠한 이유에 있어서 '정식'이라는 것이 정당화되어질지가 문제일 것이다.

로컬 룰이나 당사자 사이의 룰이라는 것도 정당한 권리로 존재할 수 있는가. 정당한 이유에 있어서 존재할 수 있다는 뜻이다. 즉, 세계선수권 시합이나 올림픽 게임에 있어서도 당사자 사이의 룰임에는 변화가 없다. 각 지역 대표자가 모여 합의함으로써, 그 대회의 룰이 결정되고 있다. 역사적으로 쌓여온 지혜를 빌어, 부분 수정이 가해져 해당 대회 룰이 결정된다. 이처럼 역사적으로 성립된 룰을 당사자가 존중하여, 참조하는 것은 매우 권장되어지는 것이며, 편리하지만, 그것은 게임 당사자에게 적절한 룰이어야 할 것이라는 원칙 아래에 높여지는 수단적인 자리 메김이 적당할 것이다.

요컨대, 당사자 사이의 룰의 합의에 있어서 게임이 성립되는 것이며, 법률과는 근본적으로 다르다. 왜냐하면, 법률은 연이어 계속 일상생활을 규제하는 것이지, 1회에 한하여 유효한 것은 아니기 때문이다. 이런 반면 게임은 1회에 한한 것으로, 시작과 종료가 명료하게 구별되어지고 있어, 일상생활에서는 일탈(逸脫)로 평가되는 행위도 승인되는 일시적 규제이기 때문이다. 이러한 의미에서 게임은 일상적 시간의 공백지대이며, 법률도 그것을 승인하고 있다. 그러므로 상대를 구타하거나, 치거나, 몸을 부딪치거나, 속이거나, 위협하건, 방해하거나, 던져 날리는 것이 인정되어진다.

일회 일회가 당사자 간의 합의에 있어서 성립되는 것에 대한 인식은 스포츠나 체육 관계자에 있어서도 인식이 희박하다고 생각된다. 그러나 실제 스포츠 룰은 당사자의 결정에 위임하고 있다. 예를 들면, 골프에서의 매치 플레이와 스토로크 플레이와 같이 또는, 발리 볼의 네트 높이처럼 동일 스포츠 종목에서도 룰이 몇 종류 더 있어 선택할 수 있다. 이것은 진정 룰은 당사자가 결정해야 함을 의미하고 있으며, 존중되고 해석해야 할 것이다. 이와 같은 '정식' 룰이란 무엇을 의미하는가라는 의론도 인간관계의 결정에 관계하는 것으로, 스포츠 윤리학적 연구 과제의 일례가 될 것이다.

(3) 스포츠 윤리학의 요구하는 지식

그런데, 도대체 스포츠 윤리학이 요구하는 도덕 지식은 어떠한 지식인가, 좀 더 깊이 탐구해 보면 좋겠다.

스포츠를 예를 들자면, 아마추어 금전 거래 금지라는 문제가 옛부터 존재했는데(종목에 따라서는 지금도 있다), 그 근거는 무엇이고, 그것은 정당한가라는 것이 문제가 된다. '아마추어는 스포츠에서 금전을 벌어서는 안 된다'라는 근거가 붕괴되고 있는 원인은, '너는 아마추어이기 때문에 금전을 받아서는 안 된다.'라는 아마추어의 정의에 기인한, 이유는 간단하게 말하면, 순환론법으로, 만인에게 이해, 공유할 수 있는 원리는 아니었다고 할 수 있을 것이다. 이처럼 직감적으로 양해하고 깊이 그 원리를 탐구하지 못하는 많은 문제가 스포츠계의 도덕에 대해 존재하고 있으므로 스포츠 윤리학의 연구가 세계 각국, 특히 경제적으로 풍부하고, 스포츠가 거대한 규모에 이르러 국민 생활의 도덕에 영향을 주기 시작한 나라에서 시작되었다.

도대체 인륜(人倫)이란 중국 고전인 맹자에서 나온 단어로 부모와 자식(親子), 임금과 신하(君臣), 지아비와 아내(夫妻), 어른과 아이(長幼), 친구(朋友) 사이에는 스스로 질서 관계가 있고, 그것에 따라 행동하는 것이 인간의 도이다. 라는 문맥에서 사용되어진 의미였다. 일반적으로 사람으로서의 도(道)를 인륜이라 한다. 따라서 윤리학이란 사람과 사람의 도덕적인 질서 관계를 연구하는 학문이라는 측면이 있다.

스포츠를 예를 들자면, 선배와 후배, OB와 현역, 지도자와 피지도자, 정선수와 후보 선수, 자기편과 대전 상대, 동료나 친구와의 관계, 고용자와 선수, 임원과 선수, 남성과 여성, 혹은 인종과 다른 인종, 국가와 대표경기자, 과학자와 선수, 국제적 스포츠 조직과 스포츠 참가자, 또한 스포츠 집단과 세계 사람들, 어느 사이에 질서 관계가 있으므로, 이러한 다양한 인간관계를 둘러싼 질서가 연구 대상으로 될 것이다. 예를 들면 도핑 문제는 선수, 의사, 약사, 코치, 기업, 국가, 국제연맹 임원 등의 관계자를 에워싼 복잡한 문제로, 그곳에 질서를 바라는 데는 현상을 사회적 또는 역사적으로 관찰하는 것만으로는 충분하지 않고, 질서 관계를 발굴하여, 원리적인 검토를 하지 않으면 안 된다. 그리고 또한 과학자와 다른 사람들과의 관계에까지 문제는 미치고 있으며, 과학자의 윤리 문제와 이어진다.

이처럼, 스포츠에 대해 전심을 다해 연구하는 것이 스포츠 윤리학이다.

스포츠는 인간에 따라 행해지기 때문에, 스포츠에 관계하는 사람으로서도, 쉽게 말하면, 스포츠 도덕의 원리를 연구하는 것이 스포츠 윤리학이 된다.

스포츠 도덕을 포함하여 도대체 도덕이나 인간관계의 질서는 어떻게 성립되는 것일까. 법률의 경우는 제정자가 있고, 법률로 되고, 국가 권력이 밑받침되어 실행으로 옮겨진다. 도덕은 법률과 접하지만, 국가 강제력의 밑받침이 있는 법률과는 달리, 사람들의 양심이나 세론 또한 습관을 기초로 하여 성립된다. 이러한 것에서 도덕은 그것을 보호 육성하는 특정 사회의 견해와 특수 사정을 반영하여, 그것과 밀접하게 관계하고 있다고 할 수 있을 것이다. 예를 들면, 크게 구분하면 서양 사회와 동양 사회에서의 도덕에는 차이가 있으며, 각자 속하는 나라 사이에도 차이가 보인다. 또한 같은 나라라도 지역에 따라 차이가 있으며, 또한 문화 영역에 따라서도 도덕에 차가 생기는 것이다. 자라난 시대의 정신에 따라서도 차이가 나타나며, 세대 간의 감각의 차이를 느낄 수 있다. 이처럼 살펴보면, 도덕은 상대적인 것으로 적용 범위에 한계가 있음을 알 수 있고, 그래서 국제적인 현대에 있어서 인류에 보편적인 도덕률을 바랄 필요가 생겨난다. 여기에 개별과 보편이라는, 철학적인 문제가 관계를 가진다고 할 수 있을 것이다. 보편적인 윤리는 얼마나 성립될까.

도덕 원리가 있다고 하면, 그것은 개개인의 현실에 다양한 판단을 내리는 일관된 체계를 갖추는 것일 것이다. 즉, 원리가 복수이고, 그들이 서로 모순되지 않고 일관된 판단 기반을 구성한다는 것이다. 유교의 윤리는 공자의 사상 체계를 기반으로 일상의 다양한 문제에 대해 판단 근거로 삼고 있으며, 그리스도교의 사상도 판단 근거가 될 것이다.

석가나 마호메트의 사상도 그와 같은 기능을 가지고 있을 것이다. 원리 사이에 서로 모순되는 관계가 있다고 보더라도 우선순위가 있을 경우, 교통 정리가 가능한 것이다. 이러한 의미에서 윤리는 종교와 관계가 깊지만, 학문이고자 하는 의도로써, 윤리학이 성립된 것이며, 총체적인 종교적 윤리체계도 그 근거를 물음으로써 윤리학의 연구 대상으로 된다. 스포츠맨쉽도 일종의 행위지침이기 때문에, 그것을 종교와 같이 파악하므로, 이것도 윤리학적인 연구대상이 될 수 있는 것이다. 쿠베르텡이나 브랜디지에게 있어서 스포츠는 종교와 같은 것이었으며, 그들은 교조적이었다. 그들의 공적과 비극의 해명을 윤리학적인 측면에서 하는 것도 가능할 것이다.

스포츠계는 우선, 인간들로 구성된다. 그리고 그들은 역할과 권한을 소유한다. 선수, 심판, 관객, 임원 등이다. 그리고 또한 그들은 스포츠 문화를 소유하고 있다. 스포츠 문화는 제가치이고, 스포츠의 정신, 이론, 영상, 룰, 선전가치, 스포츠의 기능, 과정, 운영, 조직 방식, 행위 가치, 스포츠 시설, 용구, 산업, 경제, 상품 가치 등으로 구성되어 있다.

이들은 국민과 같은 혹은 지구 시민과 같은 인류의 땅 위에서 다양한 인간의 역할과 권리 위에서 그리고 민족 문화 위에서, 따라서 정신문화, 행동문화, 지구환경 위에서 의도적으로 존재를 부각시켰다고 할 수 있다. 그리고 또한 각각의 요소가 역사적인 과거를 가지고, 미래에의 투영을 가지고 시간의 흐름과 함께 자리를 잡았다.

스포츠계와 다른 세계와의 관계에 대해서도 윤리학적인 문제가 생기고 있는 것이 현대의 새로운 경향이다. 스포츠의 대중화와 함께, 스포츠가 다른 생활 분야 또는 인간의 생존 그 자체를 위협한다는 문제가 생기고 있음을 잘 알고 있는 것이다. 골프장 설치와 농약의 그릇된 사용으로 인한 생태계의 파괴, 수많은 사람이 입산하거나, 바다로 갔을 때의 환경 문제 등이 지적되고 있다. 이러한 것은 스포츠 시설이 자연을 소비함으로써 성립되고 있음을 보이고 있다.

이와 같이 자연과 인간이 어떠한 관계를 가져야 할지를 검토하는 것은 스포츠맨 윤리의 문제인 것이다. 여기에도 새로운 페어플레이의 개념 확장이 필요할 것이다. 스포츠는 우선 소비로 인식되지 않으면 안 되며, 소비의 윤리가 필요하다.

스포츠의 선전 가치와 스포츠 정신의 오염 문제도 또한 생기고 있다. 스포츠가 가진 이미지는 정치나 기업의 선전 가치를 가지는 것은 사실이지만, 그 선전 가치에의 지나친 집착이 스포츠맨의 인격에 파멸적인 효과를 미친다. 인간적인 성장을 희생하고 선전의 도구와 그 자신을 결정함으로써 자기 파괴가 생긴다.

(4) 외관상의 스포츠맨과 진정한 스포츠맨

스포츠 윤리학을 문제 삼는 것은 실은 스포츠란 무엇인가에 대해 새로이 질문을 던지는 것이다. 스포츠 생리학이나 스포츠 심리학이라면 이러한 것은 생기지 않는다. 주어진 현상으로서의 스포츠를 객관적으로 파악하면 해결된 연구 방법을 가지고 있기 때문이다.

스포츠란 무엇인가를 문제 삼지 알아도 좋을지. 이것에 대해 스포츠 윤리학은 부여된 스포츠를 다루는 것만으로는 해답을 찾지 못할 영역과 방법을 가지고 있다. 왜냐하면, 그것은 철학의 영역에 속하기 때문으로, 단순히 주어진 현상을 액면 그대로 받아들이고, 그곳에 예측력을 덧붙이는 것은 아니기 때문이다.

윤리나 도덕은 개개인의 자발성에 관계하는 것이다. 명령되고 행해지는 것은 아니다. 그러므로 각자가 스포츠란 무엇을 어떻게 파악하고 있는가가 문제가 된다.

스포츠 룰에 준하여, 스포츠의 신체적 기능을 발휘하여, 게임에서 승리를 거두는 일이 있다면, 스포츠맨의 충분한 자격이 있다고 할 수 있을까. 이들은 로봇이라도 대용할 수 있는 것으로, 인격을 반드시 필요로 하지 않는다.

따라서 스포츠맨이 필요한 자격이라고 해도 충분한 자격이라는 뜻은 아니라고 생각된다. 이제까지의 스포츠 윤리학 관계 연구자 내에서 예를 들면, 플레이라는 이상적인 게임을 상정함으로써 올바른 스포츠 행위를 도출한다고 했다. 여기서 한발 나아가면, 문제는 이상을 윤리의 발판으로 삼는 것이 아니라 이상을 각자가 내면화할지 어떨지, 즉 게임을 그와 같이 깊이 이해할지 어떨지에 달려 있음을 헤아릴 수 있다. 요컨대, 외관상의 실천과 진정한 실천의 차는 그와 같은 이상을 내면화하여 그 지배에 달려 있는지 아닌지에 따라 생긴다고 생각된다. 따라서 진정한 스포츠맨은 스포츠란 무엇인가에 대해 이해되어짐으로써 실천이 이루어지고 있다는 것으로 될 것이다.

이와 같이 생각하면 어린이는 스포츠를 할 수는 있지만, 아직 진정한 스포츠맨으로는 되지 못하는 존재이며, 따라서 스포츠에 대한 교육을 필요로 하고 있다. 또한 진정한 스포츠맨은 성숙된 인간에게서 밖에 실현되지 못하는 존재라고 할 수 있을 것이다.

이상에서, 고도의 기능을 가진 경기자라도 진정한 스포츠맨은 아니다, 라는 것이 가능하다. 또한 높은 교양을 가지고 있더라도 스포츠를 실천할 수 있는 것은 아니지만, 스포츠에 대한 이해도 없는 사람도 진정한 스포츠맨이라고는 할 수 없다. 더 자세히 말하자면, 현대에 있어서 스포츠를 이해하지 못하고 실천도 하지 않고 높은 교양을 소유하고 있다고는 할 수 없을 것이다.

정치 실천에 대한 藤澤令夫는 "〈고르기아스〉에서 '현대에서의 실천정치가'와 대치 '진정한 실천정치가 = 진정한 철학자'라는 의미가 이데아론에 의해 밑받침되기에 이르렀을 때, 정말로 그것에 의해 여기에서 시작하여 플라톤의 독자 '관상' 개념과 그 '실천'과의 관계의 존재 방식이 명확한 형태로 제시되게 된다."라고, 진술하고, 또한 플라톤의 동굴의 비유를 사용하여 이론을 설명하고 있다. 이데아계를 비추는 빛의 세계에서 인식을 얻어 그림자의 세계로 돌아온 진정한 정치가(소크라테스)와 그 그림자의 세계에서 그림자를 상대로 하는 현세의 정치가와 대비한다. 이것을 전개한다면, 진정한 스포츠맨은 스포츠 장에서 진정한 정치가가 된다고 생각된다. 또는, 철학자라고 바꿔 말할 수 있을 것이다.

藤澤令夫는 상기한 의론의 전제로 플라톤의 인간 분류 '知를 추구하는 사람', '승리(명예)를 추구하는 사람', '이득을 추구하는 사람'으로 헤라클레테스나 아리스토텔레스, 피타고라스 '명예도 이득도 추구하는 것이 아니라, 열심히 관망하는 사람들', '경기에 출전하여 상을 타려고 하는 사람들', '제례 시장에서 상매행위를 해서 금을 벌려고 하는 사람들' 각각 세 유형을 대비하여, '지를 추구하는 사람'과 '명예도 이익도 추구하는 것이 아니라 열심히 관망하는 사람들'의 차이에 주목하여 관상에서의 실천적인 의미, 다시 말하면 이론과 실천이라는 이분법의 결점을 지적하고 있지만, 스포츠 윤리학의 입장에서 전개하면, 현대에 있어서 스포츠의 문제는 나머지 두 사람의 결합, 즉, '승리(명예)를 추구하는 사람'과 '이득을 추구하는 사람'의 관계를 심화하여, '지를 추구하는 사람'이 스포츠 과학이라는 이름 하에서 승리와 이득에 봉사하는 한, 양방의 사람들에게 수용되어짐으로써 발생하는 것을 생각한다.

스포츠 과학에 있어서는 스포츠 현상이 전제가 되어, 현상을 초월한 실재를 관망하는 것이 아니기 때문에, 스포츠 윤리학적인 입장에서 본다면, 진정한 의미에서 의지를 추구하는 사람이 아니라 '편중된 지를 추구하는 사람'이라고 생각된다. 또는, 스포츠 과학의 이름하에, 실은 다른 대상을 연구하여 다른 지(知), 예를 들면 천체에 대한 지를 얻고 있으며, 그것이 스포츠 승리에 도움이 되는 경우가 있을 지도 모른다. '지를 얻어 실천하는 것'이라는 시사는 진정한 스포츠맨의 개념을 추구할 것을 우리들에게 가르친다. 특히 대학에서의 스포츠맨 교육이 스포츠 문화의 질을 결정하여 세계의 교양 수준에 많은 영향을 줄 것이다.

(5) 스포츠의 힘

오늘날, 스포츠는 세계의 많은 나라고 확산되어 사람들에게 알려지고 있는 중이다. 일부의 사람들은 실제로 스포츠를 행하고, 이것을 다수의 사람들이 그것을 구경하고 있다. 스포츠에 직접적으로는 무관계한 사람들도 스포츠를 싫어하는 사람들도 있을 것이다. 그러나 스포츠의 영향을 받은 복장이나 구두나 음료, 유명한 스포츠맨을 모델로 한 상품 선전 등에 의해 간접적으로 영향을 미치고 있는 많은 사람들이 있다.

또한, 정부가 스포츠 정책을 다소나마 가지고 있는 나라에서는, 세금의 용도와 관계하여 국민 전체에 스포츠가 영향을 준다고 해도 좋을 것이다.

국제적으로 유명한 선수를 배출하기 위해 많은 액수의 예산이 일부 선수에게 투입되고, 그것이 국민을 위해 사용해야 할 예산을 삭감시키고 있는 일도 종종 보고된다. 또한 지역에 '국가적 혹은 국제적인 스포츠 대회를 유치함으로써 많은 액수의 투자가 이루어지고, 지역 경제를 활성화시키고, 도로 상황이 개선되고, 또는 자연 환경을 바꾸는 경우도 있다. 요컨대, 다양한 형태로 변용하여 유통할 수 있는 금전을 통해서 또한, 국제 경제의 구성을 통해, 간접적으로 스포츠는 전 세계 사람들의 생활과 인생에 영향을 강하게 미치고 있다.

특히, 의무교육제도가 있고, 그것에서 체육이 행해져, 스포츠를 교재로 이용하고 있는 나라에서는 스포츠는 국민의 중견층에 광범하면서 직접 영향을 미친다. 이리하여, 사람들의 삶과 스포츠는 결부되어 있다.

스포츠는 생활필수품과 같이, 어느 나라의 누구에게나 남녀노소 모두에게 그것은 무엇이고, 무엇을 하고 있는가를 이해할 수 있고, 그것을 대표하는 스포츠맨이나 우먼이 아름다운 신체를 가지고 등장하여 사람들을 매혹하고, 불특정 다수의 사람들에 대한 대표성을 가진다는 점에 있어서 독특한 정치, 경제 가치를 가진 인간의 영위이다.

인간을 끌어당기고, 매혹하고, 이성을 잃게 하는 힘이 크고, 그러므로 어떤 의미에서는 위험한 것이다. 예를 들면 히틀러의 베를린 올림픽의 기록영화와 같이 미와 잔혹이 결부되는 일이 있다.

(6) 일상과 비일상의 구별과 인간의 권리

도대체 출제에 있어서 신, 술, 춤(소리 춤인 음악도 포함하여) 스포츠는 신의 비정신성(즉, 인간의 이성이나 정신성을 신에게 봉납해 버리는 것)과 술, 춤, 스포츠의 비신체성(도취나 리듬이나 경쟁 속으로 신체를 봉납해 버리는 것)으로 일상의 심신을 대부분 자극시키는 것, 즉 인간의 비일상적 존재만을 남긴다고 하는 문화 장치로서의 축제를 통해, 사람들의 이성 정지와 도치 장치로 기능해 왔음을 상기할 수 있다.

일상의 정신도 신체도 살아가기 위해 통일되지 않는 자신의 외에 존재하는 것과 적합시키는 움직임이 강화되었다. 인간관계는 복잡하며, 또한 타인에 의해 지배되지 않으면 안 된다. 생산을 위해서는 실패를 두려워하는 주의를 계속 기울이지 않으면 안 된다. 생각하더라도 문제는 생각처럼 해결되지 않지만, 계속 생각하지 않으면 안 된다.

인간이 자연의 위협으로 또는 사회 속에서 살아간다는 것은 그와 같은 것이다. 그러므로 정신이 고통과 함께 의식되어 그것이 일상의 정신으로 된다. 물론, 정신의 대면인 신체의 움직임도 이러한 마음의 움직임에 적응하여 통일되지 않는 근심 많은 움직임이 된다.

때로는 단조롭고 리듬감 없는 노동에 종사하고, 신체를 가학시키고, 노력하여, 극도로 긴장하여, 피로가 떠나질 않고, 요컨대, 끊임없이 스트레스를 받아 압력이 강요되어지고 있다. 그러므로 신체는 고통과 함께 의식되어 그것이 일상의 신체가 된다.

윤리학도 이와 같은 일상 세계에 관계하는 윤리학으로 발전해 왔기 때문에, 비일상의 윤리학이라는 것이 어떠한 것을 의미하는지에 대한음미가 필요할 것이다. 그것은 정당한 절차와 장의 구성없이 돌연히 비일상을 일상으로 돌려버리는 행위에 대해 억제를 가하는 도덕심을 다루는 윤리학으로 될 것이다. 다시 말하면, 놀이에는 놀이의 도덕이 있고, 그것을 지킬 수 없으면 흥미도 재미도 없는 것으로 그 연구가 비일상의 윤리학이다고 필자는 생각하고 있다.

일상의 윤리학에서는 반대로 그에 걸맞는 절차 없이 돌연히 일상을 비일상으로 바꾸는 것에 대해 도덕심이 적용되어, 그것이 윤리학의 연구 대상으로 되고 있다. 일상의 세계와 비일상의 세계와의 사이에는 어떠한 절차가 있어 경계를 짓고 있다. 그 전형은 경기 개회식과 폐회식일 것이다. 그것은 간단한 인사를 하는 것으로도 또는 피리를 부는 것으로 대체하는 경우도 있다. 그러나 그때 모두 의복을 바꾸고, 경기장 속에 들어간다.

경기장에 들어가는 것도 개회식의 중요한 일부를 이루고 있다. 그리고 의복을 바꾸어 입고 경기장에서 나오는 것, 귀로에 서는 것이 일상의 세계로 돌아가는 것이다. 이 일상과 비일상의 두 가지 세계를 왕복하는 것이 인간의 권리로 존재하는 것처럼 생각된다. 또는, 이 두 가지의 세계를 구별할 수 있을 때, 그 사람은 교양이 있는 사람이고 있다고 할 수 있는 의미를 그곳에서 발견할 수 있다.

이 두 가지 세계의 구별을 혼란시키거나, 한쪽의 세계를 다른 쪽의 세계로 몰아가는 것, 또는 양쪽 세계 사이의 왕복을 불가능하게 하는 것은 인간의 권리를 침해하는 것이 될 것이다. 예를 들면, 사람과 사람이 글러브를 맞춘다. 이것으로 의식을 대체하고 복싱이라는 비일상 상태에 들어간다. 이것을 하지 않고 잠자기 치게 되면 그것은 복싱이 아니다.

씨름에도 오랜 자세 취하기가 있어 나름대로 의식을 초양해 간다. 기를 모으고 일어선다. 그곳에 공정함이 성립된다.

이와 같은 인간의 의식 전환을 존중하기 위한 여러 가지 행위의 제도는 문화이다. 자세나 스타트의 맞추기는 단순히 결과의 평등을 보증하는 장치는 아니다. 의식을 동질성을 보증하기 위한 장치이다. 기분의 일치와 동작의 일치가 비일상 세계를 구성하는 중요한 요인이다. 그곳에 미도 느껴진다.

한 쪽의 세계를 다른 쪽의 세계로 몰입한다는 것은 예를 들면, 생계를 유지하기 위해 또는 보다 많은 금전 수입을 늘리기 위해 경기를 하는 동안에 부정행위를 하는 것이다. 우선 자신의 수입이 줄 우려가 있는 선수에게 괴아(怪我)를 지게 하여, 경기장에서 몰아내는 방법이 채택되어진다면, 그것은 일상을 비일상으로 몰아넣는 것일 것이다. 또는 사회적으로 유명하거나, 광고 수입이나 출장 수당을 더 많이 받기 위해, 도핑을 사용하고, 일상적인 동시에서 만든 신체를 경기장으로 몰아넣는 것이 이것에 해당된다. 또한, 추가의 선전을 위해 스포츠를 룰이 없는 전쟁으로 파악하고, 다양한 모략을 조정하는 것도 일상을 비일상으로 몰아넣는 것일 것이다. 프로, 회사, 대학, 고교의 팀이 그 집단의 일상 세계에 있어서 명성이나 이익을 추구하여 부정한 권고를 하는 것도 마찬가지이다. 이들은 스포츠 동작은 밖으로 보여지지만, 동기나, 의식은 밖에서 볼 수 없으므로 속이려는 생각이 드는 것이다.

이와 같은 의미에서 동기나 의식의 측면애서 일상을 비일상으로 몰아놓는다.

한편, 비일상을 일상으로 몰아넣는다는 문제도 있다. 예를 들면, 발생적으로 본래 칠상의 세계를 위해 개발된 격투기계통의 스포츠 기능은 비일상 세계에서 쉽게 일상 세계로 복귀할 수 있다. 말하자면 실용성이 있어, 컷하거나 하면 곧 손이나 발이 나오게 된다. 경찰이나 군대 훈련에도 이용되어지지만, 그들은 이러한 실용 기능을 일상화하는 자격과 적용의 경우가 명확히 규정되어 있다. 그 찬도췌서 비일상과 일상의 혼란은 살아남지 못하게 된다고 할 수 있겠다. 이것은 단순히 격투기계통의 기능자에게만 적합한 것은 아니다.

비일상 세계에서 단련되어진 신체는 잠재적으로 언제나 일상 세계에서의 폭력 발휘에 이용할 수 있기 때문에 몸을 조심하는 것이 필요하다. 또한, 비일상 세계에서 스타인 것과, 일상세계에서 능력이 있는 것은 별개의 것인데, 그 구별을 자각하지 못하는 사례가 있다. 그리하여 일상 세계에 비일상 세계를 몰입함으로써, 파국을 초래하게 된다.

이와 같은 것은 스포츠 선수의 훈련이 적절성이 결여되어 있다는 청소년꾁 인권 침해를 의심하게 되는 것이다. 이와 같이 살펴보면, 일상과 비일상의 두 가지 세계를 왕복할 수 있는 것이, 인권의 중요한 부분을 이룬다는 생각에 이른다. 예를 들면 경기에 있어서 괴아를 하게 되어, 경기 세계에서 떠나지 않을 수 없게 된다면, 일상과 비일상의 두 가지 세계를 왕복할 수 없게 된다. 무리한 훈련으로 인해 무릎이나 어깨를 부상당하고, 또는 허리가 아프고, 비일상으로 복귀할 수 없어져, 또한 스포츠 장애에 걸려 일상에도 장해를 가져오게 되면, 그러한 훈련은 부도덕하다고 하지 않을 수 없을 것이다. 또는, 지나친 노동 시간이나 무기력증에 빠짐으로써, 비일상 세계에

들어갈 수 없다는 것도 큰 문제일 것이다. 우리나라의 노동 시간이 길다는 것으로 해서 유럽과의 무역 문제에서도 문제가 된 일이 종종 있는 것도, 여

기서 말하는 일상과 비일상의 두 가지 세계를 왕복할 수 있는 것이 인권이다, 라는 인식이 결여되어 있는 우리나라의 국민성을 지적하고 있다고도 보여진다. 이와 같은 것에서도 세계 규모에서 전개되는 비일상의 윤리학으로서의 스포츠 윤리학이 개척될 것이 기대된다.

2. 승패 및 경쟁과 스포츠의 윤리

스포츠에서는 승패를 다투는 종목이 많다. 그리고 모든 스포츠 정의를 보더라도 승패(경쟁)를 스포츠의 본질적인 특징으로 보는 일이 많다. 그리고 이 승패라는 것이 승자로 어떠한 이익을 낳는다. 이익은 때로는 명성이거나 때로는 금전이고, 때로는 사회적 지위이다. 이처럼 승패를 빼고 스포츠 윤리를 얘기하기란 가능하지 않다고 생각된다.

그런데, 스포츠는 원래 승패 또는 경쟁이 본질일까. 승패를 다투다는 것은 스포츠 이외의 영역에 있어서도 널리 보여지는 현상이다, 기업 간 경쟁, 학교 간 경쟁, 연구자간의 경쟁 등이 있고, 어떠한 방식으로 승패가 결정되는 것이다. 이와 같은 의미에서 승패는 스포츠만이 점유하는 것이 아님을 알 수 있다. 그러면 그것은 스포츠만의 본질이 아니게 된다.

스포츠에서의 승패는 때로는 목적이 된다. 그러나 본래의 스포츠 목적인지 어떤지는 의문이다. 스포츠에서의 목적은 예를 들면, 축구에서는 골에 공을 넣는 것이며, 체조 경기에서는 난이도가 높은 기술을 결점 없이 연기하는 것으로, 또한 골프에서는 최소 타수로 홀 인하는 것이다. 그곳에 스포츠 행위 목적이 있다. 유도, 씨름, 검도, 복싱 등은 상대를 치고, 던지고, 넘어뜨리는 등에 행위 목적이 있다. 이것이 지표가 되어 승패 결정을 이룬다. 말하자면 승패 결정의 방법으로 스포츠의 행위 목적이 자리잡게 된다.

이것을 주객의 전도라고 생각한다. 즉, 스포츠는 어떠한 신체적인 퍼포먼스를 탁월화하는 것에서 그 본질이 있으므로, 승패나 경쟁은 그 장식이고 각색이라고 생각된다. 그것은 물체에 색채가 되어져 있을 때, 그 물체의 본질은 보이지 않는 것과 마찬가지이다.

색채는 이차적인 특징에 지나지 않는다. 스포츠 본질은 신체적인 퍼포먼스이므로 결코 승패에 있는 것은 아니다.

그렇다면, 승패를 이해해야 할까. 이것에 대해 생각하면, 우선 상대적이라는 특징이 있다. 사람과 비교하는 것이 승패이다.

둘째, 그것은 결정 수단으로 퍼포먼스를 필요로 한다. 말하자면, 승패는 퍼포먼스에서 독립되어 있지 않고, 퍼포먼스에 의해 지배되고 있다. 이와 같은 의미에서 승패 없는 경쟁의 형식은 이차적이다. 그것은 결코 본질이라고는 할 수 없다.

이처럼 생각해 보면, 승패는 인간의 심리에 기초를 두고 있음을 알 수 있다. 사람의 심리는 사람과 사람과의 관계에 있어서 상대적으로 능가하고 비교하는, 그리고 자기가 우수한 사람으로 인정받았으면 하는 요구를 가지고 있다. 그리고 다른 사람도 그것에 의해 자신 주변의 사회를 정리하여 순위를 지워 파악하게 된다. 이처럼 승패는 사람의 마음을 흥분시키고, 그것으로 향하게 한다.

즉, 승패에 집착하는 방향으로 사람을 꾀는 힘을 가지고 있다. 이러한 의미에서 스포츠 그 자체와 스포츠를 동기 짓는 것을 구별한다면, 승패는 스포츠를 재미있게 하는 사회 장치이다. 이처럼 승패의 유혹은 인간의 성질에 깊이 뿌리박고 있으므로, 그것에 의해 스포츠가 지배되는 일은 흔히 있을 수 있다.

그러나 최근의 스포츠 포착법을 보면, 경쟁이 반드시 본질이 아님을 알아

차리자. 오히려 그것은 스포츠의 퍼포먼스가 정면으로 나타나고 있는 중이며, 승패를 초월하는 승패 바깥측 막이를 부수어 스포츠 그것이 클로즈업되고 있는 중이며, 그 본질을 스포츠가 표현하고 있다고 해도 과언이 아니다.

예를 들면, 산에 오르는 것은 퍼포먼스이지, 결코 경쟁이거나 정복하는 것이 아니다. 무엇을 신체를 이용하여 수행하는 전심전력을 이용하여 수행하는 것에 인간의 만족이 있고, 스포츠의 본질이 나타나 있다. 또는 스키장의 많은 사람들이 그러하듯이 미끄러져 내려오는 퍼포먼스를 추구하지, 결코 승패를 다투거나 정복을 추구하는 것은 아니다. 그래서 충분히 스포츠임을 알 수 있다. 그것은 신체적 퍼포먼스라는 스포츠 본래의 목적이 순수하게 나타나고 있다고 할 수 있을 것이다.

그외 바다의 다양한 스포츠에도 이와 같은 것이 나타나 있다. 승패는 반드시 필요하지 않고, 신체적 퍼포먼스 세계가 대중들 대다수의 지지를 얻어 드러난다고 할 수 있을 것이다.

승패를 중요시하고 그것에 구애되는 것은 쇼(Show)로 또한 구경으로 꾸며진 것으로 보아도 좋을 것이다. 승패의 흥미에 따라 눈이 아찔해지고, 눈부신 색채로 인해 유혹되고, 스포츠 본질을 잘못 보는 것은 위험하다. 사람들을 그릇된 방향으로 인도하는 것이다. 이 구별은 스포츠 윤리학에 있어서도 중요한 관점이 아닌가 하고, 생각한다.

옛날, 승부사는 승패를 초월한다고 일컬어져 왔다. 즉, 승패에 구애되면 승부에 진다. 그러한 모순을 알아차렸던 것이다. 우승하기 위해서는 일전일전에 집중하지 않으면 안 되므로 승패는 어디까지나 그 결과에 지나지 않는다. 이 승패의 이차성을 잊음으로써 스포츠가 왜곡되어진다. 이와 같은 것은 사회의 다양한 영역에도 적용된다.

예를 들면 회사의 목적은 어떠한 생산품을 만들고, 상품을 팔고, 사람들에게 생활의 편의를 도모하는데 있지만 결코 다른 회사와의 승패에 목표가 있는 것은 아니다. 어떤 특정 상대를 선택하여 그것과의 승패에 구애된다면 혼란이 생겨 기업의 사회적 존재 이유를 잃게 될 것이다.

이처럼 살펴보면, 현대 사회에 있어서는 충분히 승패 또는 경쟁의 본질을 간파하는 것이 중요하다. 스포츠를 통해 이 구별을 분명히 가르쳐 두는 것은 사회인으로의 준비로도 되는 것이다. 스포츠는 인간적인 직접적인 퍼포먼스라는 본질과 장식으로서의 승패와의 구별에 있어서 중요한 시점을 현대 사회에 제공하고 있다.

3. 스포츠 윤리학의 연구방법론

최근, 스포츠는 교육, 문화, 정치 경제, 매스 미디어 등과 밀접한 관계를 맺게 되어, 우리들의 생활영역 속에서 점점 중요한 역할을 맡게 되고 있다. 그것에 호응하듯이 스포츠에서의 윤리적 문제 상황은 양적, 질적으로 크게 변모하고 있다. 역사적으로 보면, 본래 비일상 생활공간에서 행해 온 스포츠가 일상생활 속으로 되돌아오고 있는 현재, 다양한 문제를 분출하고 있다.

예를 들면, 발각 여하를 막론하고 룰 위반을 하고 유리하게 시합을 전개하려고 하는 행위의 문제, 대부분의 시합과는 무관하게 폭동을 일으키는 프리건의 문제, 또한, 스포츠의 외적 달성을 위해 과학 기술을 구사하여 행해지는 각종 도핑(약물 도핑, 혈액 도핑, 중절 도핑)의 문제에서 보이듯이 스포츠에서의 윤리적 문제 상황은 경기장내, 경기장외를 막론하고 이제까지 존재한 문제와 병행하여 새로이 가치 판단 기준을 요청하는 문제를 일으키고 있다.

이러한 문제 상황에 따라 스포츠윤리의 연구는 본격화되었다고 할 수 있다. 그 중심적 역할을 담당한 것이 1972년에 설립한 국제 스포츠 철학회(the Philosophic Society for the Study of Sport, 약칭 PSSS)이고, 그 연구 성과는 그 기관지(the Journal of the Philosophy of Sport 약칭 JPS)를 통해 공표되고 있다. 그러나 현상 분석의 결과를 선취하여 얘기하면, 모간(W. Morgan)이나 마이어(K. Meier)가 지적하듯이 스포츠 철학이라는 연구 영역 자체의 역사가 짧은 것, 특히 스포츠 윤리 연구는 목전의 문제 상황에 대증적(大症的)으로 제언하려는 가론이 두드러져, 명확한 윤리학의 방법론에 의거한 구체적인 이론이라기보다도 오히려 일반윤리학의 성과를 의식하고 있는 정도라고 할 수 있다. 그리고 이 경향은 1970년대 이후의 스포츠 윤리 연구가 본격화하고 있는 중이라도, JPS뿐만 아니라, Quest 등의 다른 체육 스포츠 전문지의 여러 논문에도 공통되어 있다. 확실히, 이 경향이 스포츠 철학 연구의 후발성이나 일반 윤리학 그것에 내재하는 논쟁 상황에 기인하는 이유에서 발생한 것이든, 최근의 여러 연구에서도 그 일부를 제외하고, 마찬가지로 대증적(大症的) 제언이 선행하여, 명확한 방법론상의 근거가 결여된 연구를 지켜본다.

그러므로 스포츠 윤리 연구는 스포츠 행위의 선. 악, 공정. 부정을 직접적으로 다루는 영역인 이상, 어떤 행위에 대한 윤리적 판단의 원칙이나 근거가 설정되지 않았거나, 주관적 도의적 판단에 의해 일정한 견해가 계속 제출된다면, 그러한 연구 성과의 논리적 타당성은 위약하며, 나아가서는 명확한 방법론을 갖춘 '학문'으로서의 스포츠 윤리체계는 확립되지 않았다고 생각된다.

본서에서는 이상과 같은 문제의식에 서서, 스포츠를 윤리적 혹은 윤리학적으로 다룬 문제 동향을 개관하고, 일반 윤리학의 방법론 논쟁 상황을 더

듬으면서, 스포츠 윤리학에서의 연구방법론에 대한 검토를 목적으로 한다.

구체적 절차로는 우선,1970년대 이후의 스포츠 윤리 연구를 정리하여 그 동향을 탐구함과 동시에 어디에 연구상의 문제점이 있었는지를 명확히 한다. 그리고 스포츠 윤리학의 모태인 일반윤리학의 상황, 특히 방법론에 초점을 맞춰 일반 윤리학의 상황을 참고로 명확한 연구방법론을 구비한 스포츠 윤리학적 연구를 검토해 가도록 한다.

이와 같은 목적에서 행해진 선행 연구는 섭렵된 한도에서는 볼 수 없었지만, 본문 문장의 스포츠 윤리학의 방법론을 검토할 때의 전단계인 연구 동향에 대해서는 클레슈머(S. Krechmar), 마이어의 연구가 거듭된다.

마이어는 '스포츠 윤리의 윤리학적 연구'를 개관하여 금후의 연구 과제를 끌어내는 것이 목적으로 되어 1970년대까지의 연구를 기술적 윤리학, 규범적 윤리학, 메타윤리학이라는 일반윤리학의 방법론 별로 분류하여, 메타 윤리학적 연구가 금후 진행되어 간다고 결론 짓고 있다. 이 결론에 대한 타당성은 별도로 하고, 스포츠 윤리의 연구가윤리학적 방법론을 적용하는 경향이 있다는 지적은 본 연구의 동기가 되는 시점을 제공하고 있다. 그러나 이 논문에서는 분석대상을 1970년대까지의 논문이므로 그 이후의 동향에 대해서는 검토해야 할 것이며 본 연구는 이 과제를 맡고 있다고 생각된다.

클레슈머는 스포츠를 윤리적 관점에서 검토할 때에 스포츠에서의 논쟁윤리에 대한 기술적, 형이상학적 이해가 부족하기 때문에 윤리학 일반의 문제로 환원되어 버려, 스포츠 윤리학 독자의 연구로서의 색채가 희박하다고 말하고, 또한 도덕 외의 가치(nonmoral value)에 대한 분석이 불충분하기 때문에 달성해야할 선이나 회피해야할 악, 해가 묘사되지 않았다고도 지적된다. 이 연구에서는 스포츠 개념의 명확화의 중요성이 시사되지만, 본연구의 직접적인 관심사는 아니며, 후자의 도덕외의 가치문제 지적에서는 후술하는 일반윤리학에서의 방법론상의 논쟁 문제와도 관련되기 때문에 다른 원고에서 논하는 것이 적절하다고 판단된다.

또한, 마이어 논문에서는 가치관과 스포츠에 관한 여러 논문이 개관되어 있다. 그곳에서는 1984년의 국제 스포츠 철학회 학회 대회와 같은 해인 올림픽 과학회의에서의 발표 논문이 주로 분석되어 있다. 그러나 분석이라고 해도 소개할 정도로 내용이 깊이 검토되지는 못했다.

이상의 간단한 연구 동향에 대한 선행 연구 분석에서 본 논문의 기본적 시야, 즉, 방법론에 주목한 것은 눈에 띄지 않았다. 비교적 유사한 연구도 분석 대상이 1970년대 이전으로 그 의미에서 본 연구에서 주로 다루는 1970년대 이후의 검토는 의의 있다고 할 수 있다. 또한, 일반윤리학에서의 방법론에 대한 주목은 금후의 스포츠 윤리학 연구에 중요한 실마리나 과제가 보여질 가능성도 있다. 이상의 여러 가지 점에서 본연구의 의의가 인정되어진다고 할 수 있을 것이다.

4. 스포츠 윤리의 연구 동향

이 항에서는 종래의 스포츠 윤리의 연구동향을 사회 정세와 연결하여 논술한다.

1) 인격 도야 기능의 연구와 규범적 연구

스포츠의 윤리학적 연구가 본격화되는 1970년대 이후의 연구는 그 주제에 따라 주로 두 가지로 크게 나눌 수 있다.

하나는 스포츠가 인격 도야의 기능을 가지는가, 아닌가라는 주제로 대표되는 연구이고, 또 하나는 현실 스포츠의 윤리적 일탈 상황에 대한 제언을 포함한 규범적 연구이다.

전자의 인격 도야 기능의 연구에는 찬반양론이 있다. 종전부터의 '스포츠는 윤리적 가치를 촉진한다.'라는 긍정적 견해가 있는 반면, 스포츠는 바람직한 인격 형성에 기여하기보다도 오히려 '승리추구가 스포츠맨십이나 페어플레이 정신을 수락시킨다.'라는 부정적 견해도 있는데, 그러한 견해는 지금 역시 논쟁 중이다.

긍정적 견해에서는 공정, 정의, 불굴의 정신, 겸허함 등의 미덕을 기른다는 견해를 대표하면, 기르고 원한다는 바람이 뒤섞여 주장되는 경우가 많아, 비판적인 윤리를 반영하고 있는 것을 거듭하고 있다. 이 찬반 논쟁은 주로 스포츠사의 연구 성과 등을 전제로 그 문제의 성질상, 스포츠 사회학이나 스포츠 심리학의 영역에 있어서 다루어지고 있다. 그러나 그런 한편, 이 찬반 논쟁과는 다른 제3의 입장이라고도 할 수 있는 견해가 나오고 있다. 그것은 록(L. Locke)으로 대표되는 '스포츠의 무가치론'이라고 할 수 있는 견해이다. 그것에 의하면, 스포츠가 특정 목적에 봉사할 필요는 없으며, 특히 도덕적으로 인간을 함양시키거나 교훈할 필요 등이 전혀 없다고 얘기되어 스포츠 윤리의 연구 자체도 그다지 가치가 없는 무용지물인 것으로 파악되어지고 있다.

이처럼 스포츠에서의 인격 도야 기능을 둘러싼 논쟁은 찬반론만이 아니라 명제 그 자체의 회의론도 있고, 논의가 복잡하게 뒤섞여 결론에 도달하고 있다고는 하기 어려운 상황이다.

한편, 후자의 규범적 연구에서는 스포츠에서의 윤리적 일탈 현상을 목적으로 하고, 그러한 것을 어떻게 윤리적으로 평가를 내릴까를 주제로 하고 있다. 당연히, 이러한 종류의 연구의 성격상, 스포츠 철학의 영역에서 다루어지고 있다. 그래서 주된 관심 영역에는 이하와 같은 것을 들 수 있다.

❶ 스포츠에서 폭력의 문제
❷ 애틀레티즘(athleticism)의 문제
❸ 경기력 향상을 위한 각종 도핑의 문제
❹ 대학 스포츠의 문제
❺ 스포츠에서의 기회 균등의 문제
❻ 스포츠에서의 남녀평등의 문제

이러한 관심 영역은 서로 관련되어 있다고 할 수 있고, 구체적 논점으로 깊이 파고들면 형상에서의 스포츠가 포착하는 윤리적 일탈 상황을 드러내게 된다.

❶의 문제는 여러 가지인데, 프리거니즘의 문제, 풋볼, 복싱, 아이스하키 등의 구체적 접촉을 동반하는 스포츠 종목의 윤리적 평가의 문제, 시합 중에 의도적으로 대전 상대에게 상처를 입히는 행위의 문제까지 포함된다. 또한, 인간 대 동물, 동물 대 동물의 볼거리 적인 활동에 대한 윤리적 회의도 있다. 이러한 문제에 대해서는 부권적 보호주의(Paternalism)나 해악회피원칙(Harm Principle)을 적용하여 이론이 전개되고 있다.

❷는 스포츠의 본질 특성인 '경쟁'에 관련된 윤리적 문제가 주로 언급된다. 그곳에는 승리의 왜곡된 고집, 룰의 악용이나 룰의 확대 해석, 예를 들면 시합시간의 연장, 속임수 등의 문제가 포함된다. 이와 같은 문제에 대해서는 '스포츠의 본질'을 어떻게 해석해야 할지가 의논의 중심이 된다.

❸은 주로 약물 도핑의 문제이다. 여기서는 일정한 윤리적 원칙의 설정을 자유론이나 공정론을 원용함으로써, 각종 도핑의 윤리적 평가를 내리거나, 그러한 것과 병행하여 규정의 설정 이유인 선수 사이의 불평등성에 대한 의문이 의론되고 있다.

❹는 대학 스포츠의 상품화 문제에 초점을 맞추고 있다. 선수의 부정입학, 부정한 경기장학금(athletic scholarship)의 지급, 학업 부진 은폐, 스카웃을 위한 부정금 문제가 논해지고 있다.

❺는 스포츠에서의 권리(인권)문제에 그 초점을 맞추어, 정규 선수와 비정규 선수의 권리 문제나 흑인 선수의 인권 문제를 다루고 있다.

❻은 잘 알고 있듯이 스포츠에서의 남녀차별의 철폐를 표방한 타이틀 IX(1972년) 제정이 계기가 되고 있다. 그때까지 남녀 중심인 신체 접촉 스포츠에 여성이 참가하는 것이나 스포츠에 있어서 성차별 철폐의 문제를 다루고 있다.

이러한 관심의 영역은 정말, 스포츠에서 행위의 주체로 인간의 당위에 직접 관계하는 문제인 만큼, 그 규범적 연구의 색채를 더욱 강화하고 있다고 생각되어 진다.

2) 규범문제에 대한 환심의 증대

윤리학 이론에 의거한 스포츠 윤리학적 연구는 한편에서는 스포츠의 윤리적 일탈 현상의 급증과 동시에, 한편에서는 그것에 또한 미국 사회의 1960년대의 특수한 사회 배경의 영향을 받아 착수되었다고 생각된다. 1960년대의 미국 사회는 교착 상태의 베트남 전쟁에 대한 반전 운동이 활발하여 아랍 이민족에 의한 케네디 대통령의 살해, 킹 목사의 암살을 계기로 한 흑인 폭동, 멕시코 올림픽에서 흑인 선수에 의한 인종 차별 상황의 고발, 전미로 확산된 학생 운동, 그 후에 계속되는 워터게이트 사건으로 대표되는 일련의 정치 불신, 그리고 히피, 프리섹스, 마리화나가 패션의 일부가 되어간다.

이와 같은 1960년대의 사회 정세의 불안정은 당연히, 사람들에게 윤리적 연구의 필요성을 통감시키게 된다. 그것은, 1970년대가 되면서, 일련의 윤리에 관한 책자가 읽을거리가 전에 없을 정도의 공간 러쉬를 맞이하거나, 뉴욕 타임즈가 지적하듯이, 많은 학생이 윤리학 수업에 이상적인 흥미를 보여 수강자 수가 급증한 사실은 그것을 얘기하고 있다. 이와 같은 시대의 실제적인 요구 속에서 윤리학 자체도 1930년 이후 주류였던 분석 철학을 기반으로 한 메타 윤리학에서 그 성과를 흡수하면서 규범 윤리학으로도 그 확대 현상이 옮겨지게 된다. 그러나 이러한 미국의 사회 정세에서 규범적 연구의 요청과는 별도로, 한편에서는 거의 같은 시각에 출현해 오는 종래까지와 양상을 달리한 스포츠에서의 윤리적 일탈 상황은 1970년대 중반부터 하나의 사회 문제로 미국 국내에 여론을 일으켜 가는 것이다.

이러한 상황 하에서 스포츠의 윤리학적 연구는 잠시 본격화되어 왔다고 생각된다. 그러므로 스포츠의 윤리적 문제 상황에 대해 윤리학 체계에 의존한 포괄적인 연구가 이루어지기 위해서는 스포츠 철학, 윤리학의 역사가 얕은 것과 더불어 스포츠 윤리학의 '학문'으로서의 의식이 희박했기 때문에, 그것이 결과적으로 방법론적 불비, 부족과 연결되고 유감스럽게 주관적인 제언의 영역을 나온 것이 아니었을까 라고 말한다. 이와 같은 경향은 그 후에도 반영되어 윤리학의 의무론, 자유론, 정의론, 공정론을 도의적으로 채용해 왔지만, 1970년대 이후에 있어서도 적지 않게 발견되게 된다. 이러한 모든 점에 대해서 다음에서 상세히 논술한다.

5. 스포츠 윤리의 연구방법론상의 문제점

앞에서 지적했듯이, 스포츠의 윤리학적 연구에는 윤리적 원칙을 도출할 때의 방법론에 부족이 있고 이것은 주로 스포츠의 윤리학적 연구의 역사적

미숙성에 그 한 원인이 있었다. 여기에는 스포츠 윤리학적 연구의 방법론상의 문제를 더욱 상세히 검토해 가기 전에, 사전에 방법론의 부족에 대하여 구체적으로 확실히 해두는 것이 문제의 명확화에 기여할 것이다.

1) 방법론의 불비 부족에 따르는 결론의 불확정성

스포츠에서의 윤리적 문제 상황과 그러한 것에 대한 견해는 다양하다. 예를 들면, 약물 도핑에 대한 견해를 선행 연구 속에서 다루자면, 다음이 있다.

【약물 도핑에 대한 견해】

■ 약물 도핑 금지의 찬성의견

- 약물 사용은 유해한 부작용이라는 점에서 바람직하지 않다.
- 약물 사용에 의해 경기력을 향상시키는 것은 스포츠의 본질인 기회의 평등과 공평 원칙의 침해로 금지되어야 할 것이다.
- 약물 사용은 교육적 중요성을 포함해야 하는 스포츠 활동에 있어서, 인정할 수 없는 것이다.

■ 약물 도핑 금지 규정에 대한 회의

- 약물 사용은 다이어트나 다른 일상적인 트레이닝과 마찬가지이다.
- 약물 사용으로 인해 효과를 거두기 위해서는 상당한 하드 트레이닝을 필요로 하므로, 그것에 의해 생기는 결과는 경기자의 노력 성과로 승인 될 필요가 있다.
- 약물 사용은 고도로 세련된 슈즈의 사용이나 장대높이뛰기의 폴 사용과 같은 예로, 일제히 금지되어야 할 것이다.

- 약물 사용 금지는 경기자의 자기 결정이나 책임의 기본 원칙에서 개인 선택 권리의 침해이다.

이상과 같은 약물 도핑에 대한 찬성, 회의의 의견은 어디까지나 그 일부이고, 외에도 몇 가지 견해를 제출할 수 있을 것이다. 그러나 스포츠에서의 어떤 행위의 적법성을 판정할 때에는 어떤 윤리적 원칙을 기준으로 견해가 얘기되어져야 할 것이다. 다시 말하면, 그러한 견해는 어떤 윤리적 이유를 동반한 윤리적 판단을 의미하는 것이 아니면 안 될 것이다. 1970년대 이후와 그 이전의 스포츠 윤리(학)적 연구를 가로막는 차이는 상술한 의미에서의 일정한 윤리적 원칙에 준한 윤리적 판단이 제출되는지 아닌지에 있다.

그러나 1970년대 이후의 연구에 있어서도 다른 새로운 문제가 생긴다. 상술한 약물 도핑의 예를 빌어 말하면 다음과 같이 된다.

약물 도핑 문제에 대해 생각되는 원칙, 예를 들면 의학적 원칙, 평등 원칙, 교육적 원칙, 자유 선택 원칙 중, 단수, 복수를 막론하고 어떤 원칙을 적용할까. 또한 복수를 적용할 경우, 원칙간의 우선성(Priority)에 따라, 윤리적 판단 내용이나 윤리적 평가를 바꿀 가능성이 있다. 구체적으로 말하면 복수의 해당 원칙 중, 의학적 원칙을 우선시 하여 약물 도핑에 윤리적 평가를 내릴 경우, 만일 부작용이 없는 약물이라면 그 사용을 부정할 이유는 없어지며, 금지 약물 이외는 그 사용이 자유롭게 된다. 그러므로 다른 원칙, 즉 '최고의 퍼포먼스 추구'라는, 원칙을 우선시한다면 약물 도핑 금지 규정의 시비가 연절될 가능성도 생긴다.

확실히 1970년대 이후 연구의 대다수는 일정한 윤리적 원칙에 준한 판단이 제출되고 있다. 그러나 원칙간의 우선성의 문제, 다시 말하면, 어떤 윤리적 평가를 내릴 때에 어떤 원칙을 우선시하는가에 대한 음미와 검증을 갖추지 못했을 경우가 많고 또한 원칙의 우선성이 언급되어 있는 경우라고, 적용되어야 할 윤리적 원칙 자체의 윤리적 정당성의 음미와 검증이 부족하다.

이와 같은 현상, 즉, 원칙간의 우선성 음미나 검증의 불비, 부족이 스포츠 윤리학적 연구 문제라고도 할 수 있으며, 필자들이 특히 강조하고 싶은 점이다. 사이몬(R. Simon)이 '현대 스포츠의 윤리적 문제 상황이 필연적으로 스포츠에 대한 일정한 윤리적 평가 기준을 요청한다.'라고, 지적하듯이, 적어도 방법론적으로 부족이 있다는 문제의식 위에서는 스포츠의 윤리학적 연구를 진행할 때에 빠뜨릴 수 없다고 할 수 있을 것이다.

여기까지의 방법론적 부족에 관한 고찰을 간단하게 말한다면, 다음과 같다. 즉, 스포츠에서의 어떠한 행위가 허락되고(무엇은 옳은 행위이고), 허락되지 않은지(무엇이 부정한 행위인가), 그리고 행위의 적법성을 판정하는 기준이 되는 윤리적 원칙이 무엇이고, 또한 그 원칙이 어떠한 윤리학론에 의해 어떻게 윤리적 정당성이 보증되는가가 된다.

2) 일반윤리학에서의 방법론상의 논쟁

상기에서 시도한 고찰은 지금까지 유보해온 일반윤리학에서의 방법론의 논쟁으로 우리들의 관심을 유도하게 된다. 다음에 그러한 것에 대해서 간결하게 다룬다.

유럽의 윤리학에서는 어떤 행위에 적용해야 할 원칙을 확정하는 방법론은 다양하지만 견해를 바꾸면, 어떤 행위에 대한 윤리적 판단을 동일한 원리에 의해 설명하기 위해서는 어떠한 윤리적 원칙을 채택할지가 논쟁거리라고도 할 수 있는 이 행위의 윤리적 원칙을 에워싼 방법론상의 논쟁은 행위에서의 선악, 정사(正邪)를 어떻게 파악하는지에 따라서, 그 입장을 한다. 현재, 그러한 방법론은 크게 나누면 다음 네 가지로 생각된다.

❶ 의무론(deontology)적 견해

윤리적 원칙이 구체적 행위의 결과고 독립되어, 선천적으로 보편타당성을 가지고 결정되어, 선한 행위를 하는 것이 의무라고 생각되는 입장.

▸예 : 칸트(I. Kant)의 의무론(定言命法, 直覺主義)

❷ 문화적 상대주의(cultural relativism)의 견해

윤리적 원칙은 역사적 상대적인 것으로, 그것은 기술적 경험적 탐구에 따라 결정되어진다고 생각하는 입장.

▸예 :상대주의

❸ 목적론(teleology)적 견해

윤리적 원칙이 구체적인 행위의 결과보다 선천적으로 기초지워져, 쾌락, 행복 등의 윤리적 가치 이외의 가치를 어느 정도 표현하는가에 따라 결정된다고 생각하는 입장.

▸예 :공리주의, 프래그머티즘

❹ 메타윤리학(metaethics)적 견해

윤리학의 직접 목적은 선(善), 정(正), 의무 등의 윤리적 명제에서 해답을 주면서 윤리적 원칙을 확정하는 것이 아니라, 단순히 어원분석에 의해 윤리적 용어의 의미와 상호 관계를 탐구하는 의미론이라고 하는 입장.

▸예 :정서주의, 일상언어학파

일반 윤리학에서의 방법론상의 제론은 역사적으로는 윤리적 원칙이 선천적으로 결정된다고 하는 의무론과, 그것이 어디까지나 선천적으로 밖에 확정되지 않는다고 하는 목적론의 논쟁이 있어, 그 하나의 타개책으로 메타윤리학적 견해가 등장한다. 메타 윤리학은 1930년대 이후의 분석 철학 연구동향에 크게 자극을 받은 논리실증주의(logical positivism)를 배경으로 하고 있다.

의무론, 목적론으로도 윤리적 원칙을 설정하는 기본적 입장은 전혀 다르지만, 양자 모두 공통적으로 윤리적 원칙을 설정하기 위한 윤리적 판단이 적어도 어떠한 의미에서 객관성을 유지하고, 인식으로 성립되는(인식설,

congnitivism)으로 생각하는데 대해, 메타윤리학적 견해는 윤리적 판단이 인식되어서는 성립되지 않는(비인의설, noncognitivism)과의 입장을 택하는 것이 크게 가로막는다. 따라서 연구 내용 그 자체도 전자 두 사람이 규범적 연구인데 비해 후자인 메타윤리학적 연구는 규범적 연구라기보다도 오히려 인공언어나 일상언어를 사용한 논리학적 의미론의 색채가 강하다고 생각된다.

스포츠 윤리학에 있어서 각각의 학파는 그 입장 논거의 정당성을 주장하려고 한다. 예를 들면, 직각주의, 메타윤리학, 최종적으로는 상대주의에 한하지 않고 접근하지 않을 수 없거나, 또는 프래그머티즘의 입장에 선 루이스(C. L. Lewis)가 시도했듯이 최종적으로는 사실판단에서 가치판단의 도출을 체념하고, '이성'을 직각적으로 윤리적 원칙으로 조정함으로써 윤리적 문제를 해명하는 방향으로 향하게 된다. 이 경우는 극히 칸트적인 의미에서의 의무론에 가깝다고 할 수 있다. 또한, 메타 윤리학적 연구와 같이 규범적 연구를 방임하고, 오로지 도덕언어의 분석을 하게 된다. 이처럼 현재의 윤리학 학파는 각각의 방법론이 정당성을 주장한다고 한다면, 이른바 순환논증에 빠진다. 이와 같은 현상에서 일정한 정착을 보이기란 어려운 상황이라고 생각된다.

6. 스포츠 윤리학의 연구방법론

1) 윤리학에서 시사되는 연구방법론

이상과 같은 일반윤리학의 방법론을 에워싼 논쟁 상황은 당연하지만, 스포츠 윤리학적 연구의 방법론에도 직접 영향을 주고 있다. 그러므로 적어도 상술한 일반 윤리학의 방법론의 논쟁 상황을 감안하다면, 스포츠 윤리학적 연구의 방법론도 이하의 어느 쪽의 입장을 취하지 않을 수 없게 된다.

❶ 윤리학의 방법론상의 논쟁 상황과의 관계가 아니라, 종래까지의 '스포츠맨쉽'이나, '페어플레이 정신'이라는 도덕적 원칙을 전제로 하여 문제 상황의 해결을 시도하려고 하는 입장.
❷ 윤리학의 방법론상의 논쟁 상황과는 관계없고, 앞에서 본 '스포츠 무가치관'을 진행하여, 인간 존재와 스포츠의 상황 관계에서 윤리를 현상의 특성 공통성 이외의 요소들은 버리고 연구하는 입장.
❸ 윤리학의 방법론상의 논쟁 상황과는 관계없이 도의적으로 어떤 하나의 윤리학 학파에 입각하여 윤리적 원칙을 설정하여 연구하는 입장.
❹ 윤리학의 방법론상의 논쟁 상황과는 관계없이, 1970년대 이후 스포츠의 윤리학적 연구에서 많이 보여지는 것처럼 도의적으로 스스로의 연구 가설에 적합한 윤리적 원칙을 인출하여 연구하는 입장.
❺ 윤리학의 방법론상의 논쟁 상황을 숙지한 다음에 사전에 어떤 일정한 견해에 설 것을 명확히 하고, 그것에 따라 윤리적 원칙을 설정하여 연구하는 입장.
❻ 윤리학의 방법론상의 논쟁 상황을 숙지한 다음에, 각각의 방법론의 유효성과 한계를 명확히 하고, 각각의 방법론의 논리적 정합성을 무시하지 않는 범위에서 응용 영역으로서의 스포츠에 적합한 윤리적 원칙을 설정하여, 그것에 준하여 연구하는 입장.

적어도 스포츠 윤리의 연구를 '학문'으로 지향하려고 한다면, ❺내지 ❻의 입장에서 연구를 추진하는 것이 필요하다고 생각된다. 그러므로 광범위하게 전술한 스포츠의 인격 도야를 둘러싼 일련의 연구도 스포츠윤리의 연구에 포함되지만, 엄격한 의미에서는 스포츠의 메타 윤리학적 연구와 규범 윤리학적 연구가 주된 연구가 될 것이다.

04 스포츠 규칙의 윤리학

"도덕, 윤리, 모랄은 사회에서의 사람과 사람사이의 관계를 결정하는 것의 규범, 원리, 규칙의 총체와 다름없다. 그러나 그것은 국가의 강제력을 동반하는 법률과는 달리 사람들의 양심이나 사회 세론 또는 습관을 기초로 하는 것이다. 윤리학은 이와 같은 규범, 윤리, 규칙에 대한 학문으로 옛날부터 그것은 윤리학, 미학 등과 병행하여 넓은 의미의 철학에 기본적인 부분으로 간주되어 왔다."

이것은 철학사전 '윤리학'항의 첫머리 문장이다. 좀 더 알기 쉬운 표현을 빌자면, 국어사전에는 윤리 란 '행동 규범으로서의 도덕관이나 선악의 기준'으로 또한 윤리학이나 '도덕이란 무엇인가, 선악의 기준을 어떻게 추구해야 할까 등을 통해 사회적 존재로서의 존재 방식을 연구하는 학문'으로도 나와 있다.

이상에서 윤리학에는 도덕과 선악이라는 두 가지 요소가 크게 관여하고 있음을 알 수 있다. 그러므로 '규칙의 윤리학'에서는 두 가지 관점 즉 규칙과 도덕과의 관계, 규칙과 선악과의 관계에서 검토해 보았으면 한다.

1. 규칙과 도덕

1) 윤리와 도덕

윤리와 도덕, 이러한 두 가지 단어는 흔히 같이 사용되지만 엄밀하게는 동의어가 아니다. 윤리에 대해서는 앞에서 소개하지만 도덕을 역시 국어사전에서 조사해 보면 그곳에는 '사회생활의 질서를 유지하기 위해 한 사람 한 사람이 지켜야 하는 행위의 기준'이다. 철학사전에서는 도덕을 크게 두 가지 측면으로 나누고 있다.

하나는 도덕을 사회현상 내지 사실로 본 경우이다. 이 경우 도덕은 어떤 시대에 어떤 그룹에 의해 승인되는 행위의 준칙 전체이다. 따라서 습관이나 풍속과 가장 밀접한 관계를 가진다. 도덕은 시대와 함께 변천하여 민족, 지역에 따라 다르다. 또한 이 연관에 있어서 도덕은 외적 강제를 동반하고, 법이나 인륜적 관습과 접촉한다.

또 하나는 도덕을 개인의 의식이나 의지에 적용하는 내적 규범으로 보는 경우이다. 이 경우 도덕은 무조건 보편적으로 타당하다고 보여지는 행위의 준칙 전체이다. 이 측면에 있어서 도덕은 종교적인 형식과 밀접하게 관계한다. 선악의 판단 기준이 되는 행동으로 내모는 주체적 동기로서의 도덕은 종교적으로 배양되고 또는 각 사람의 인생 편력에 있어서 신념으로 정착된 에토스에 기초하고 있다.

욤파르트와 金澤은 윤리와 도덕의 차이점을 네 가지로 말하고 있다. 이를 요약하면 아래와 같다.

❶ 일상 회화에 사용되어질 때에 도덕은 좋은 생활을 보낸다는 의미를 기지고 있다. 이것에 대해 윤리(학)는 학문을 보이는 것이다.

❷ 윤리학이란 이성만에 의해 선악을 탐구하려고 하는 것인데 대해 도덕에는 계시라든가 전통과 같은 것도 포함된다.
❸ 법철학자 사이에서는 도덕과 윤리를 구별하는데 실질적인 면과 주관적인 면으로 나누는 견해가 있다. 즉, 인간은 무엇을 이루는 것일까, 무엇을 해서는 안 되는가라는 도덕의 내용을 윤리의 문제로 하여(실질면) 그 내용에 대한 인간의 태도, 마음가짐, 심정, 동기 등을 도덕의 문제로 하고 있다(주관면).
❹ 윤리란 법과 도덕의 종합이다.

본서에서는 도덕 또는 윤리에 대한 그러한 일반적인 선택 방법, 생각을 소개하고, 그러한 것에 내포되는 범위에서 선택해 가는 것을 나타냈으면 한다. 또한 윤리와 도덕을 전혀 같은 것이 아니라 다른 의미를 가진 것으로 선택해 간다. 특히 도덕에 관해서는 여기까지 소개한 해석을 토대로 의론을 진행했으면 한다.

2) 스포츠 규칙의 구조

그런데 규칙의 윤리학을 검토한 다음에 우선 스포츠 규칙이란 무엇인가를 이해해 두지 않으면 안 될 것이다. 특히 스포츠 규칙의 핵심을 다루기 위해 구조와 기능에 대하여 검토해 보았으면 한다. 그러므로 스포츠 사회학의 문헌에서 공부했으면 하는데 여기에 두 가지 흥미 깊은 문헌을 소개하겠다.

하나는 '스포츠 규범 사회학'이고 또 하나는 '스포츠와 규칙의 사회학'이다. 전자가 먼저 출판된 것이고, 후자는 전자를 비판하는 형태로 의논을 진행시키고 있다. 양문헌의 내용 모두 매우 흥미 깊지만 지면 사정으로 부분적인 소개에 그치고 독자에게는 후일 조목조목 확실히 숙독했으면 하는 바람이다.

그리고 규칙의 구조인데 전자의 내용을 정리하면 다음과 같다.

규칙 전체는 두 가지 측면으로 나뉘어져 있다. 즉 형식적 측면과 도덕적, 윤리적 측면 두 가지이다. 형식적 측면이란 명시적 스포츠 규칙을 구성요소로 하고 어떠한 하위적 요소로 시간, 공간, 용구, 게임 전개, 심판, 기타를 들 수 있다. 이것은 성문화된 스포츠 규칙으로 이른바 규칙 집으로 문장화된 경기규칙을 가리키는 것이다. 한편, 도덕적, 윤리적 측면이란 스포츠 정신 및 묵시적 스포츠 규칙을 구성 요소로 하고 있다. 묵시적 스포츠 규칙이란 스포츠 정신이 사회적으로 체계화된 것을 말하는 듯하지만, 성문화된 것도 아니고, 정식으로 공표된 것도 아니다. 그외의 특성으로 윤리적, 도덕적 술어가 사용되는 성격에 있어서 사회적인 법률로 입법화되지 않은 그것은 의무를 지우는, 물리적 제제를 동반하지 않는 것 등을 들 수 있다.

이런 반면 후자는 규칙의 구조를 네 가지 요소로 구성하고 있다. 조리적 행위 규범, 형법적 행위 규범, 행정법적 행위 규범, 조직규범 네 가지이다.

역시 이러한 관계는 그림 1과 같이 나타내어진다.

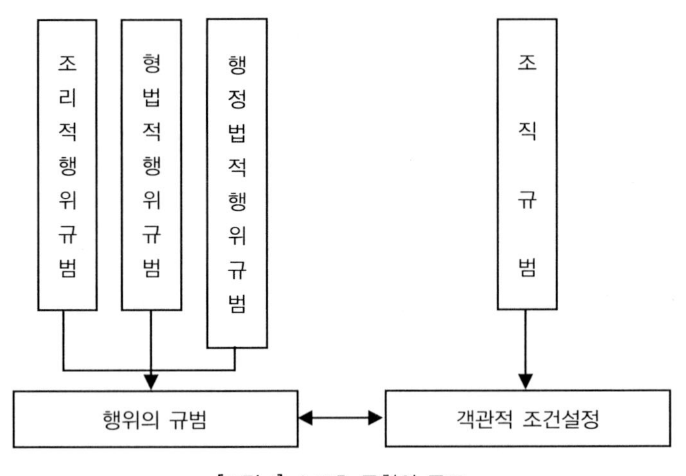

[그림 1] 스포츠 규칙의 구조

조리적 행위 규범이란, 규칙의 단어를 이용하여 구체적인 형태로 몰아가기는 어렵지만, 각 선수가 스포츠의 장에서 준수해야 할 것으로 관계자가 인정한, 암암리의 행위 규범을 가리키고 있다. 예를 들면, 스포츠맨쉽이나 페어플레이가 있고, 또한 상대를 존중하는 정신이 있다. 이것은 앞의 스포츠 정신을 상정한다면 좋다고 한다. 다만, 후자의 경우, 반드시 이것은 묵시적으로 하지 말고, 성문화 할 수 있는 것으로 하고 있다. 공포가 있는 행위의 실행을 책임을 담보로 하여 금지하는 규범이다. 다만, 이때, 어떠한 실질적 해(害) 발생이 있다고 간주할지는 다시 말하면 각 경기자가 받아들이고 인정해야 할 피해의 한도를 어떻게 결정할지는 스포츠 종목에 따라 동일하지는 않다.

행정법적 행위 규범의 특징은 그것이 규정하는 내용에 관하여 예를 들면 과학적 법칙이나 윤리 규범 등에서 유추할 것을 일반적으로 사람에게 허락하지 않는 점이다. 예를 들면, 농구에서의 바이올레이션 관계의 규칙, 배구에서의 터치 넷이나 펜싱 센터 라인 등이다.

저자의 정의는 다음과 같다. 그것은 예비 검속을 가능하게 하는 '치안유지법(治安維持法)'적인 성격을 본질적으로 갖추어 스포츠 관계자가 개개의 스포츠에 관해 그대로 방치하면 해당 스포츠의 '흥미'가 파괴되면 이미 판단하여 선언한 행위의 실행자에 대해 획일적이고 강행적으로 벌을 준다. 다만, 해당 행위는 상대 선수에게 실질적인 해를 초래하는 행위가 아니라, '흥미 보장'이라는 해당 스포츠의 존립에 관한 전체적 이익의 견지에서 주관적으로 정한 기술적이면서 형식적 인 명령에 위반하는 행위를 말한다.

최후의 조직 규범이란 행위 규범뿐만 아니라 재판규범으로서의 성격도 가져오지 않는다. 즉 선수 측의 위반은 있을 수 없다. 이러한 종류의 규칙은 선수에게 어떻게 해야 할까하는 지시를 일체 내리지 않는다. 예를 들면, 득점을 기록하는 법 등이 그것에 해당한다. 조직 규범이란 승패나 우열을 결정한 다음에 직접 필요하다고 생각되는 경기 조건의 설정 방식 및 일정 사태 발생에 이은 사후 조치 선택법에 관해, 일정한 정좌를 처리는 규칙을 말한다. 게임에 결말을 짖는데 불가결한 이 규범은 정말 그것 때문에 심판을 포함한 관계자의 주관이나 재량을 초월한 것으로, 말하자면 자동적 혹은 기계적으로 그 적용이 이루어진다.

그런데, 규칙 구조에 많이 할애한 이유는 규칙 자체 중에서도 도덕적 요소가 있음을 이해를 구하기 때문이었다. 즉, '스포츠 규범 사회학'에서 보이는 도덕적, 윤리적 측면, '스포츠와 규칙의 사회학'에서 말하는 조건적 규범, 형법적 규범은 그것을 보이는데 충분할 것이다. 다만, 전자의 지적에는 묵시적이기 때문에 의문이 남는다. 따라서 그것에 대해서는 후에 얘기한다.

그렇다면 다음에 규칙에 있어서 도덕화 기능에 대한 상세하게 검토해 보자.

3) 스포츠 규칙에서의 도덕화 기능

규칙에서의 기능을 어떻게 파악할지에 대해서는 다양한 견해가 있다.

규칙 구조에서 소개한 앞의 두 문헌에 의해서도 그것은 명백하다. 간단히 소개하면 '스포츠 규범의 사회학'에서는 우선 기본적 규칙의 기능으로

(1) 평등, 기회의 균등, 안정의 보장,
(2) 질서 유지를 수행하고 있다. 또한 이 다른 규칙의 각 구성요소의 기능으로, ① 공간·시간, ② 용구, ③ 게임의 전개를 거듭하여, 또한 게임의 부차적 기능도 수행하고 있다.

'스포츠와 규칙의 사회학제서는 크게 ① 법적안정성의 확보, ② 정의의 실현, ③ 흥미 보장을 수행하고 있다. 그러나 양자 모두 도덕화 기능에 대해

서는 약간 핀트가 어긋난다. 후자가 의식적으로 규칙의 기능으로 윤리적, 도덕적 측면을 정리 단계에서 언급하지 않은 것이 아쉽다. 결코 인정하지 않는다는 것은 아니지만, 다른 것과 비교하여 중요시하지 않는다. 특히 규칙의 최종적 기능을 '흥미'에 있음이 깊이 관계하고 있을 것이다.

전자의 제안은 기본적으로 이해할 수 없는 부분이 있다. 그것은 후자가 전자를 비판하는 점에서도 있지만, 묵시적 스포츠에 규칙의 선택법에 문제가 있다.

후자의 지적에도 있듯이 윤리적, 도덕적 규칙은 확실히 성문화된 것 속에 있는 것이 아닐까. 그리고 이것은 스포츠 규칙에 한한 것이 아니라 일반법에 있어서도 그러하다.

법의 주요 목적은 결코 인간을 도덕화하는 것은 아니다 정의를 지키는 것, 사회 질서를 지키는 것이 중요한 것일 것이다. 그러나 법이 도덕화 기능을 가지고 있음은 부정할 수 없지 않을까. 예를 들면 다음과 같은 예가 있다.

"공의 질서 또는 선량한 품속에 반하는 사항이나 목적으로 하는 법률 행위는 무효임", "정치 도덕의 법칙은 보편적인 것이고, 이 법칙에 종사하는 것은 자국의 주권을 유지하고, 타국과 대등관계에 서려고 하는 각국의 책무이라고 믿는다."등이다. 이러한 것은 확실히 도덕에 관한 규정이고, 도덕화 기능을 가진 것이다.

다음에 스포츠 규칙에 대해서 생각해 보자. 앞에서 지적했듯이 도덕적 성격의 규정은 올림픽 헌장이나 국제 스포츠 연맹 헌장을 비롯하여 각종 경기 규칙 속에도 문명화되어 있다.

예를 들면 올림픽 헌장 제 4장 제 26조 1항에서는 경기자에 대하여 "국제 올림픽 위원회의 법칙, 규정을 수호하고 따름과 동시에 국제 올림픽 위원회에 의해 승인된 자신이 속한 국제 경기연맹의 규칙, 규정을 수호하고, 따를 것"을 외치고 있다. 또한, 일본 체육협회 스포츠 헌장의 제 2조에는 '경기규칙은 무엇보다 스스로가 속한 단체의 법칙을 준수하고, 페어플레이로 시종일관 하는'것, '늘 상대를 존중하면서, 자기의 최선을 다한다'는 것이 언급되어 있다. 이러한 것도 분명히 경기자에 대한 도덕화의 기능을 가지고 있는 것이 아닐까.

또한 각 경기 규칙의 내용을 살펴보자. 농구를 예로 하면, 농구에서는 규칙 위반을 크게 두 가지(바이올레이션과 파울)로 나누고 있다. 바이올레이션이란 플레이어의 규칙 위반으로, 몇 회 범해도 기록되지 않을 뿐만 아니라 이것으로 인해 실격처리 되지는 않는다. 트레벌링이나 더블 드리블 등이 그것에 해당한다.

파울이란 기록되는 규칙 위반으로, 플레이어 파울은 범한 회수(5회)에 의해 실격으로 된다. 플레이어 파울에는 퍼스널 파울과 테크니컬 파울이 있다. 퍼스털 파울에는 홀딩, 하킹, 푸싱 등이 상당한다. 또한 플레이어 이외의 파울은 테크니컬 파울로, 이 파울도 실격되고(코치 등)벤치에서 퇴장 당하게 된다. 그런데 여기서 문제 삼았으면 하는 것은 테크니컬 파울이다. 테크니컬 파울의 원칙과 그 정신에 대하여 규칙 심판 회답집에서 인용하면 다음과 같이 된다.

"규칙이 바라는 것은 농구 경기가 인간의 체력, 기능, 인간다움을 최고로 발휘할 수 있도록 하는 것에 있다. 이와 같은 규칙의 정신을 구체화하기 위한 공통의 근본적 법칙이 테크니컬 파울이다. 이 본래의 규칙 정신을 실제의 게임에서 발휘하기 위해서는 심판, 관중, 지도자는 무엇보다, 규칙의 정신 실행자로서 플레이어의 협력이 필요하다. 따라서 게임에 있어서 양팀은 스포츠맨쉽과 페어플레이 정신에 기초하여 전력을 다하지 않으면 안 된다. 그래서 이러한 정신을 현저하게 오염시키고, 또는 되풀이하여 범하는 팀에 대해서는 테크니컬 파울을 과하여 징벌하지 않으면 안 된다."

테크니컬 파울은 플레이어 이외의 사람, 즉 코치, 어시스턴트 코치, 교대요원, 팀 관계자 등에도 적용되지만, 전부가 전부 도덕적인 것이라고는 할 수 없는 면도 있다. 예를 들면 "심판의 허락을 받아 부상자를 간호하는 경우 외, 코트 내에 들어올 수는 없다."라는, 것이 있다. 이것은 챠지드 타임아웃일 때, 선수와 애기하기 위해 코트에는 들어갈 수 없는 것을 가리킨다. 코트에 들어가서 선수와 이야기 하는 것이 결코 스포츠맨쉽에 반한다고는 할 수 없다. 테크니컬 파올 중에는 이러한 면이 몇 가지 있을 것이다. 다만, 이러한 플레이어 이외의 사람의 대상 행위뿐만 아니라, 플레이어 자신의 대상 행위에 있어서도 심판은 경고로 그만두는 일이 있다. 그것은 어떠한 행위가 고의가 아니라, 무심코 했기 때문으로 역시 게임에 한 게임 운영의 절차라는 조건 하이다. 즉, 도덕적인가, 비도덕적인가의 판단은 심판에게 위임되어져 있다는 것이다.

이 외 농구에는 파울 중에 인텐셔널 파울과 디스퀄리파잉 파울이 있다. 인텐션 파울이란 상대의 올바른 플레이를 고의, 또는 의도적으로 막기 위해 일어난 접촉이다. 이 행위는 볼을 유지하고 있는 플레이어에게 정상적인 플레이하지 않고 고의로 신체 접촉을 일으킨 경우에 과해지는 것으로, 볼을 가지지 않은 상대에 대해서도 마찬가지로 처벌한다. 또한 이 파울을 되풀이하여 범한 플레이어는 실격된다. 디스퀄리파잉 파울은 상대 팀의 플레이에 심하고 난폭한, 확실히 스포츠맨다움이 없는 파울이다. 따라서 이 파울을 범하여 디스퀄리파잉 파울이 과해진 플레이어는 즉시 실격되고 퇴장 당하게 된다.

앞의 테크니컬 파울 그리고 인텐셔널 파울, 디스퀄리파잉 파울은 모두 플레이어 또는 플레이어 이외의 사람에 대해서 도덕화 기능을 가지고 있다고 할 수 있다. 그리고 이러한 예는 농구에 한하지 않고, 다른 스포츠 종목에도 수많이 보여지는 것이다.

4) 규칙과 도덕의 관계

욤파르트와 金澤은 법과 도덕의 관계를 이론적으로 생각하여, 5가지의 도식을 사용하여 그 가능성을 보이고 있다. 그러나 여기서는 약간 자신도 인정하여 오늘날 일반적으로 인정되고 있는 두 가지에 대하여 소개했으면 한다.

그림 A는 도덕의 영역이 훨씬 넓어 그 일부(즉, 반사회적인 행위만)만 법의 문제가 됨을 보이고 있다. 따라서 모든 법률은 도덕의 문제로 생각되어지는 것이다. 그러나 모든 도덕적인 의무가 법률적으로도 의무지워지는 것은 아니다.(그림 A)

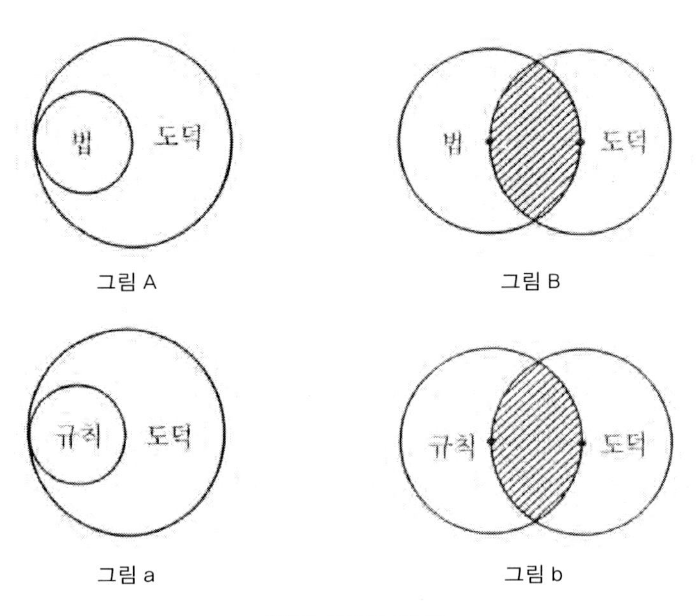

[법과 도덕의 관계]

그림 B는 법이 동시에 도덕의 문제가 되는 영역을 인정하는(예를 들면 살인 등)을 보이고 있다. 그리고 그 외에 도덕만의 문제가 존재한다고 주장한다. 이 견해는 일본에서는 지배적이다. 또한 '단순히 형벌적인 법률'과 '법적으로 공허한 영역'을 승인하는 학자는 이 입장에 선다.

규칙과 도덕의 관계를 법과 도덕의 관계로 보자. 우선, 큰 차이는 법과 도덕의 구별을 생각했을 경우, 인간의 행위가 사회적인가, 반사회적인가라는 관점에 설 것이다. 그것에 비해, 규칙은 어떠한가 하면 확실히 반사회적인가 아닌가를 묻는 것도 있겠지만, 그 대다수는 특정한 스포츠 종목에 관계하는 것이 아닐 것이다. 그렇게 생각하면, 그림 b가 적합할까. 그림 코로 했을 경우, 모든 규칙을 도덕의 문제로 해석하지 않으면 안 된다. 규칙이 나쁜 것이 아닌 한, 규칙도 하나의 도덕적인 의무로 수호하는 입장을 취하면 그림 a는 성립된다. 즉, 규칙을 지키는 심판에 복종하는 것을 사회적 행위로 파악한다면, 그림 a의 해석도 가능하지 않지는 않다. 그러나 이것을 확대해석하면, 규칙 전체가 스포츠맨쉽이라든가 페어플레이라는 모럴 코드와 결부지어, 스포츠 맨에 윤리적, 도덕적 면을 너무 강조하는 것이 아닐까. 그러한 의미에서는 일본의 경우, 그림 a의 해석기 지배적이라고도 생각된다. 덧붙여서 욤파르트와 金澤은 그림 A의 해석이 옳다고 판단하고 있다.

2. 규칙과 선악의 관계

각 개인의 선악의 기준, 도덕관은 그 개인의 역사적 배경, 자란 환경, 종교, 그리고 에토스에 따라 다르다. 즉, 부모를 위시한 가족, 친척, 선조의 영향, 태어나고 자란 지역의 관습, 인습의 영향, 종교상의 신조, 가치관에 의한 영향이 존재하는 것이다. 이것을 좁은 의미로 파악하면, 단순한 주관이라는 말로는 해결할 수 없을지도 모른다. 플레이어, 심판, 관객의 주관 차에서 규칙의 판정을 둘러싼 정, 부 또는 선악의 문제가 전개되는 것이다. 그러나 여기서는 그러한 것도 포함하여 넓은 의미로 해석하여 규칙과 선악의 관계를 규칙과 에토스의 관계라는 관점에서 검토해 보았으면 한다.

Fred D'Agostino는 규칙과 에토스의 관계에 대하여 하나의 흥미 깊은 주장을 하고 있다. 그에 의하면 형식적인 규칙은 판정일 때, 단지 허락되는가, 허락되지 않는가의 어떤 것이 행위의 구별만을 한다. 허락되는 행위인지 허락되지 않은 행위인지의 구별이다. 그러나 규칙 해석에 즈음해서는 비공식의 암암리의 또한 경험주의적인 관습, 인습이 늘 영향을 미치고 있다. 그리고 이러한 것이 실은 에토스를 형성해 온 것이다. 에토스는 단순한 형식적 규칙의 해석에 가해져, 받아들지가 허락되지 않는 행위이든지, 받아들여지지 않는 행위의 구별도 한다. 플레이어, 심판, 관중이 가지는 에토스가 영향을 미친다는 뜻이다.

그의 주장을 근거로 세 단계 그림을 작성해 보았다.

그림 가)는 규칙이 형식적 성격을 가지고 있음을 보이고 있다. 정인지, 부인지, 선인지 악인지 어떠한지를 의미하고 있는 것이다. 그러자 현실적으로는 그 판정 또는 해석에 에토스가 관계하고 있다는 뜻이다. 그림 나)는 에토스에 의해 받아들여지는지 아니면 받아들여지지 않는지를 나타냈다.

그리고 그림 다)는 현실의 장면을 상정하고 그림 가)와 그림 나)를 합한 것이다. 이렇게 보면 1에서 IV장면이 고려된다.

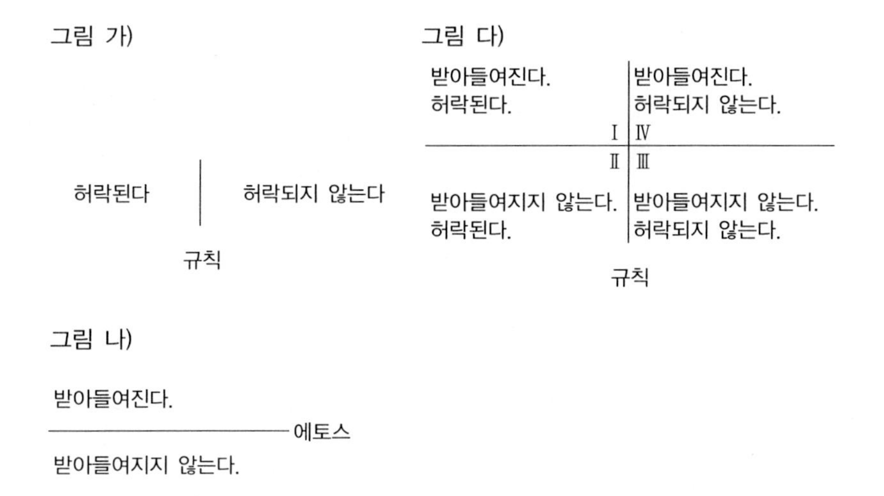

장면 Ⅰ 이것은 규칙에 의해 허락되고, 에토스에 의해서도 받아들여지는 것으로, 어떠한 심판의 판정에 있어서도 플레이어, 관중 모두 납득하고 있는 장면으로 생각된다. 당연히 페널티는 과해지지 않는다.

장면 Ⅱ 이것은 규칙에 의해 허락되지만 에토스에서는 받아들여지지 않는 것이다. 이 장면은 심판, 플레이어는 타협하여 규칙상에서는 문제없지만 주위의 관중이 어떻게든 받아들일 수 없다 라는 장면을 상상할 수 있다. 예를 들면, 유도나 레슬링 시합에서 어떤 선수가 부상당했다고 하자. 그때 상대 선수가 규칙에 저촉되지 않을 정도로 그 부상 선수의 부상당한 곳을 공격하여 결국 승리를 거두더라도 관중은 그 승리를 받아들일 수 없지 않은가. 왜냐 하면, 우리들은 그와 같은 경우, 부상당한 것을 공격하지 글은 선가 있다면 반대로 그 선수를 진정한 스포츠맨으로 칭할 것이다. 또한, 이 외 축구 게임을 TV중계로 자주 보여지는데 이때 관중이 야유하는 것을 볼 수 있다. 시간을 버는 플레이나 소극적인 플레이에 대해 행해지는데, 이것도 이 장면 Ⅱ에 상당할 것이다. 이 경우도 페널티는 과해지지 않는다.

장면 Ⅲ 규칙에 의해 허락되지 않고, 에토스에 의해서도 받아들여지지 않는 것이 장면 Ⅲ이다. 이것이 마치 장면 Ⅰ의 정반대로장면 Ⅰ과 마찬가지로, 심판, 플레이어, 관중 모두가 납득하고 있는 상태이다. 이 경우, 패널티는 과해진다.

장면 Ⅳ 이 장면은 약간 복잡하다. 이것은 규칙상에서는 허락되지 않지만, 에토스에 의해서는 받아들여지는 것이다. 예를 들면, 육상트랙 경기에서 앞의 주자를 따라잡을 경우, 아웃코스를 달리는 것이 규칙이다. 그러나 앞 주자가 인코스를 비워두고 뒤에서 자신을 따라잡으려고 하는 사람에게 코스를 양보해도 그 행위는 받아들여져 패널티도 과해지지 않는다. 또한, 미국 프로 농구는 바이얼레이션이나 파울에 있어서도 명확히 위반하고 있음을 알고 있더라도 스스로의 습관, 인습에 의해 그러한 것을 위반하지 못 하는 일이 있다.

또는 그 경우는 당연히 패널티는 과해지지 않는다. 그렇지만 이러한 한편, 패널티가 과해지는 일도 있을 수 있다. 이것은 심판의 기준이 다를 때에 일어날 가능성이 강하다. 특히 국제시합에서는 내셔널 에토스 차이도 있고, 국내 시합일 때 판단이 통하지 않는 경우가 있다.

심판이 다른 나라의 사람인 경우는 흔히 트러블이 있다는 것은 이것일 것이다. 국내에서는 마찬가지로 싸우더라도 지도나 경고를 받지 않는데, 외국에서는 그와 같은 판정을 받고, 결국 패전해 버린 것을 들었다.

Agostino의 논문을 참고로 규칙과 에토스의 관계를 검토해 보았는데 그 자신은 상당히 광범위하게 에토스를 파악하고 있다고 생각된다. 또한 앞에서 규칙과 도덕의 관계에 대해서 애기했는데 그의 경우, 그림 a의 입장에서이며 나 자신도 그림 a의 입장에서 고찰하게 된다.

규칙의 해석, 심판의 판정을 에워싼 여러 가지 판단을 하고 있지만 그곳에는 늘 도덕적 판단이 가해지고 있어 그 도덕적 판단에 에토스가 영향을 미치고 있음을 실로 흥미 깊은 것이다.

3. 결론

이제까지의 고찰을 통해 다음의 내용을 이해해 왔다. 우선, 규칙에는 도덕화의 기능이 있다는 것. 결코 도덕화가 규칙의 주요 목적은 아니지만 규칙 자체에 도덕화의 기능이 존재하고 있다. 다음에 규칙의 판정, 해석을 에워싸고 우리들은 늘 도덕적 판단을 하고 있고, 그 도덕적 판단의 배경에는 에토스가 존재하고 있다는 것. 그리고 마지막으로 또 하나의, 규칙과 도덕의 관계에 대해서 우리들은 두 가지 견해를 가지고 있다. 하나는 모든 규칙을 도덕의 문제로 생각하는 입장이고, 하나는 규칙이 동시에 도덕의 문제가 되는 영역을 인정하고 또한 도덕만의 문제와 규칙만의 문제가 존재하는 것을 인정하는 입장이다. 결과적으로는 양쪽의 입장에서 고찰한 것이 된다.

이상으로써 규칙의 윤리학을 끝내고자 한다.

05 스포츠 경쟁의 윤리

"승리는 가장 중요한 것이 아리라, 그것은 유일하고 절대적인 것이다." 이 흔히 인용되는 주장은 그린 베이 팩커즈의 유명한 원래 코치인 고(故) 번즈 롬바르디(V. Lombardi)가 얘기했다고(아마 오류일 것이다) 그렇지만 그 곳에는 스포츠를 도덕적으로 평가할 때의 중심적인 문제가 수많이 포함되어 있다. 경쟁적 스포츠에 있어서 어느 정도, 승리를 중시해야 할까. 이 점에 관한 다음의 선언이나 응답을 고려해 보자. 스포츠 기자인 그린트랜드 라이스(G. Rice)는 "어떤 위대한 스코얼러가 당신의 이름에 주목하게 되었을 때, 스코얼러는 당신이 승자인지 패자인가가 아니라, 당신이 어떠한 게임을 했는지를 적어 두고 있다."고 선언한다. 또한, 코치인 포레스트 에바쉐브스키(F. Evashevski)는 외과의가 환자의 생사가 아니라 어떻게 집도하는가만을 문제 삼을 경우와 코치의 일은 마찬가지라고 답한다.

어느 정도 승리를 중요시해야 할까라는 의문은 밀접하게 관련되어 있다고 할 수 있으나 경쟁 가치의 문제와는 같지는 않다. 우리들이 제 1의 관심사라고 할 수 있는 것은 승리인가, 아니면 충분한 경쟁일까. 우선 스포츠나 경기에 있어서 경쟁의 본질이나 가치의 고찰에서 탐구를 시작하여 그곳에서 얻은 견해를 승리의 중요성을 검토할 때에 적용하자.

1. 스포트 경쟁

언뜻 보면, 경쟁은 정말 스포츠의 본질과 같은 것이다. 일반적으로 스포츠 이벤트는 경쟁이라든가 시합으로 얘기할 수 있으며 선수는 좋은 선수라든가 나쁜 선수로 평가되어지고, 상대 팀은 적이라 불리워지기도 한다. 그렇지만 이러한 대답이 보여지는 정도로 스포츠와 경쟁과의 연결은 매우 약하다. 낚시나 스키는 스포츠이지만 반드시 경쟁을 동반하는 것은 아니다. 또한 어떠한 스포츠도 실제는 경쟁적이지 않더라도 할 수 있다. 남녀 모두 경쟁 욕구에서가 아니라 체력 양성을 위해 스포츠에 참가한다. 이외에도 참가목표가 기능 향상에 있을 경우도 있을 것이다. 자기와의 경쟁을 하는 선수에게 있어서 목적은 상대를 완전히 제압하는 것이 아니라 스스로의 경기능력을 높이는 것이다. 또한, 기능적이면서 우아하게 스포츠를 한다는 미적 목표를 가지는 선수도 있을 것이다. 예를 들면 레크리에이션으로 농구를 하는 사람은 상대를 완전히 이기는 것보다도 오묘한 기능에 가치를 둘 것이다. 혹독한 연습을 쌓아온 일류 여자 아마추어 골퍼는 자신의 목표를 "자신이 납득할 수 있는 스윙을 하는 것이 완성의 첩경. 그러므로 '내가 한 것처럼 해 보세요' 그 이외에는 없어요. 라고 말한다.

그렇지만 단순히 플레어어가 경쟁적 성공을 목표로 하고 있지 않다든가,

경쟁적 성공에 의한 동기 부여가 없기 때문이라고 해서 경쟁이 스포츠의 일부가 아니라는 뜻은 아니다. 교제를 위해 레크리에이션으로 야구를 하는 사람들이라도 그들이 하고 있는 게임은 규칙에 의해 규정되고, 상대보다도 많은 득점을 하는 것에 그 목적이 있다. 그러므로 플레이어의 목표나 동기와 규칙에 의해 규정되는 스포츠의 내재적 목적을 구별하면 다음과 같다.

어느 스포츠나 그것이 게임이나 시합으로 행해지는 한 경쟁적이지만 게

임이나 시합이더라도 경쟁적 측면에서 행해지거나 경쟁에 가치를 부여할 필요는 없다.

여기서 관심은 경쟁적 스포츠가 도덕적 관점에서 어떻게 평가되어질까이다. 경쟁적 스포츠를 평가하기 위해서는 정말 무엇을 평가하는지 구별할 수 없으면 안 된다. 야구라면 규칙에 의해 규정되고, 상대보다도 많이 득점한다는 내재적 목적이 있다. 그렇지만 야구를 비경쟁적으로 행하는 것도 가능하다. 스포츠 경쟁을 비판하는 사람들은 야구의 내재적인 경쟁적 요소에 대한 반대가 아니라, 다음에 말하듯이 상대를 물리치는 것을 주된 욕구나 목표로 하는 경쟁적 태도를 문제로 하고 또한 이러한 경쟁적 태도가 제도화되어 스포츠 경쟁이 사회의 관행으로 된 점에 반대한다.

스포츠 경쟁은 상대를 물리칠 것을 주된 의도나 목표로 시합에 참가하는 것이라 생각된다. 이러한 경우에 경쟁은 분명 일종의 제로 섬 게임(Zero-sum game)이 될 것이다. 상대를 완전히 이긴다는 목적은 모든 참가자가 달성할 수 없으며, 사람 상대 시합이라면 한편이 완전히 이겨서 목적을 달성하면 다른 한편은 달성할 수 없다.

더욱 주의를 요하는 점이 있다. 가장 명확한 경기적 경쟁의 사례에는 야구, 축구, 농구, 테니스라는 구성화편 게임이 포함되어 어느 게임도 일련의 규칙에 지배되고, 당해 게임 내에서 허가되는 수단이 규정되고 있다. 예를 들면, 농구의 득점, 파울, 트레블링에 대해 명시한 규칙은 게임을 지배하는 구성적 규칙이다. 만일, 선수가 그러한 규칙을 알지 못하거나, 규칙을 따를 기분이 아니라면 윤리상, 농구를 하지 못하게 된다(비공식적인 플레이나 특수한 사정이 있다면, 최소한의 수정을 인정될 수 있지만). 구성적 규칙은 '볼을 즉시 앞으로 보내는 방법이 없을 때만 드리블을 한다.'라는 전술적 규칙과는 명확히 구별되어질 것이다. 전술적 규칙은 능숙한 게임 진행을 보이는 일반론이며, 구성적 규칙은 게임 그 자체 속에 어떠한 수단이 인정되어지는 지를 정하고 있다.

페어플레이란, 적어도 구성적 규칙의 범위 내에서 행해지는 경쟁이다. 승리 결정법은 구성적 규칙으로 결정되고 있다. 그러면, 교묘한 부정행위는 거짓된 승리를 다른 사람에게 믿게 할지는 모르지만 아마 진정한 승리는 되지 못한다. 자세한 것은 다음에 검토하겠지만 이 관점에 서면 부정행위 선수는 구성적 규칙에서 인정되고 있지 않는 수단을 사용하기 때문에 다른 선수보다도 우수한지 알지 못하며 대체 게임마저 할 수 없다.

그러므로 스포츠의 전형적인 경쟁은 구성적 규칙으로 결정된 테두리 내에서 승리를 얻으려고 하는 시도로 이해해야 할 것이다. 가령 참가자가 플레이의 미, 동료와의 교류, 체력 형성, 레크리에이션이란 요소에 비해, 승패를 거의 중요하게 여기지 않고 비경쟁적으로 플레이해도 구성적 규칙에 의해 승패가 전제되고 있기 때문에 참가자는 이미 경쟁적 스포츠나 게임에 참가하게 된다. 그렇지만 여기서의 주된 관심은 승리를 위한 플레이에 대한 윤리적 평가이다. 이 장에서의 목표는 도덕적으로 인정할 수 있는 경쟁적 스포츠를 변호할 수 있는지를 이해하는 것이다. 그러한 경쟁적 스포츠의 이상을 옹호할 수 있다면 그곳에는 윤리적으로 옹호할 수 있는 스포츠의 경쟁 사례와 그렇지 못한 사례를 구별할 수 있는 지침이 있을 것이다.

2. 스포츠 경쟁의 도덕성

스포츠 경쟁을 도덕적으로 평가하는 것이 왜 필요할까. 참가자와 관객 모두가 그러한 경쟁을 즐기고 있다는 것만으로 충분하지 않을까? 그렇지만 스포츠 경쟁을 비판하는 사람들에게는 이것으로는 불충분하다. 그들은 스포츠 경쟁이 본질적으로 부도덕한지, 바람직하지 않는 사회적 가치 강화와 연결된다고 주장한다. 일부의 프로 선수를 포함한 많은 사람들은 경쟁이나 경쟁에서 파생하는 승리지상주의를 비판한다. 그리고 적어도 대부분의 아마추어 수준의 사람들에게는 경쟁주의 보다도 스포츠에 대한 태도가 훨씬 편안할 것이라고 제안한다.

한편, 스포츠 경쟁을 옹호하는 사람들은 그 도덕적 가치를 논해 왔다. 제2차 세계 대전에서 우리나라의 영웅인, 맥아더(D. MacArthur) 원수는 경쟁적 스포츠 참가는 "성격형성에 빼놓을 수 없는 것으로 그것은 국가방위라는 역할을 담당하는 우리나라의 젊은이를 두어야 한다."라는 주장을 강조했다. 강조의 정도와는 별도로, 다른 견해는 넓게 받아들이고 있다.

이러한 대립된 견해를 이성적으로 평가하기 위해서는 스포츠 경쟁의 역할에 대한 도덕적인 평가를 소홀히 하지 않아야 한다. 참가자가 경기 경쟁을 즐기고 있는 것에서 도덕적으로 허락될 것이라는 주장에 아무런 비판도 가하지 않고, 단순히 그러할 것이라고 억측하는 것만으로는 불충분하다. 다수를 차지하는 인종차별주의자가 소수 민족의 사람들을 위협하고 즐기는 경우가 있더라도 그것이 옳다는 뜻은 아니다. 스포츠 경쟁은 그 경쟁을 옹호하는 많은 사람들이 납득할 수 없는 형태로 행한다면, 아마 유해해지거나 부당해질 것이다. 이러한 의미에서 스포츠 경쟁을 비판하는 사람들의 견해는 이성적으로 검토될 필요가 있다.

스포츠 경쟁의 도덕성에 관한 의론은 2종류로 나누는 것이 유효할 것이다. 한편의 의론은 경쟁적 스포츠 실천의 좋고 나쁜 결과가 선수 본인 혹은 일반 사회의 어느 쪽에 미칠까라는 문제이다. 또 한편의 의론은 경쟁 결과에서가 아니라, 경쟁의 내재적 성격에 관한 문제이다.

3. 경쟁의 결과

스포츠 경쟁을 평가하는 방법에 그 결과를 조사하는 방법이 있다. 어떤 실천이 다른 사람에게 미치는 결과의 좋고 나쁨으로 평가하는 방법은 확실히 도덕적 평가에는 적절하다. 그렇지만 이 방법은 현명하다고 생각하더라도, 사람들이 기대하는 이상으로 많은 문제를 야기한다.

우선 첫째, 참가자만의 결과를 검토해야 할지, 아니면 더욱 광범위하게 영향을 받은 모든 사람의 결과를 검토해야 할지. 중요한 윤리학 이론에 공리주의가 있다. 공리주의에서는 어떤 행위나 실천이 어떠한 선택 사항에서 선택할까라기보다 영향을 받는 모든 사람에 대해 좋은 결과를 가져올 때에만 그 행위나 실천은 도덕적으로 정당화된다고 한다.

공리주의는 윤리에 대해 비교적 단순한 접근을 택하며, 정말 평가 대상이 되는 행위나 실천의 결과에 대해, 손실과 이익(cost-benefit)에 기인하여 분석을 한다. 그렇지만 실제로는 공리주의를 현실의 문제에 적용하기 전에 그 윤리나 방법에는 복잡한 문제가 있다. 예를 들면 무엇이 좋은 결과이고 무엇이 나쁜 결과인지. 경제분석이라면 손익은 금전으로 환산하여 쉽게 계산할 수 있지만 윤리에서는 무엇을 선악으로 해야 할지. 벤덤 밀이라는 고전적인 공리주의자가 제창하듯이 즐거움이나 괴로움은 과연 그 기준이 될 수 있을까. 또한 퍼포먼스, 달성, 지식에서의 탁월이란 다른 기준도 기준이 될 수 있을까. 예를 들면, 참가자가 각 게임에서 같은 수준의 즐거움이나 괴로움을 체험하더라고 마음대로 수행된 게임은 심한 게임보다도 내재적 가치가 높을까, 만일 즐거움과 괴로움만을 고려하여 말한다면, 이 이론은 매우 편협적일 것이다. 또한 퍼포먼스의 탁월성이라는 다른 선(善)도 가해지면, 전체적 평가에서 보아 이 선과 즐거움과 괴로움을 어떻게 결부지어야 할까?

또한, 결과의 좋고 나쁘다는 기준에 동의할 수 있더라도 그 기준에는 다양한 해결이 있을 것이다. 예를 들면, 지금의 참가자가 바라는 것을 유익하다고 생각할지, 아니면 참가자에게 더욱 정보를 주어 더욱 이성적이라면 바람직하다고 생각되는 것을 유익하다고 생각할지. 예를 들면 죤즈는 코치가 너무 팀웍을 강조했기 때문에 연습에 싫증이 났지만, 만일 그녀에게 팀웍의 중요성이 알려지고, 자신의 역량을 더욱 이성적으로 판단할 수 있다면 그녀는 연습을 중시했다고 할 수 있을 것이다. 이 연습은 죤즈에게 있어서 유익할까, 아닐까?

이제까지 얘기해 온 사항은 결코 공리주의 그 자체에 회의를 품는 것은 아니다. 누군가가 자신이나 타인의 행동의 결과를 평가하는 일이 있다. 사회생활에서의 행위나 실천 결과를 전면적으로 무시하는 듯한 윤리적 이론은 어떠한 이론에서도 옹호하기란 어렵다. 예를 들면, 아무리 숭고한 행위에서도 그 행위의 결과, 수백만인을 고통으로 몰아 죽음으로 이끈다면 도대체, 누가 그 행위를 옹호할 수 있을까. 충분히 납득이 가는 윤리에는 행위의 결과나 생활상의 지침을 중시하지 않으면 안 된다. 그러나 결과를 평가하기 위해 어떠한 테두리를 선택해야 할지에 대해서는 많은 논쟁이 있을 것이다.

또한, 스포츠 경쟁의 영향을 평가하기 위해서는 도대체 어떠한 실천을 평가할까 라는 다른 문제도 발생한다. 스포츠 경쟁에는 프로 시합에서 학교 대항 경기, 친구들끼리의 친목 시합에 이르기까지 다양하다. 그리고 현실의 경쟁과 본래 있어야 할 상태의 경쟁의 구별도 중요하다. 이것에서 가령 현실의 경쟁이 종종 나쁜 결과를 초래하더라도 반드시 스포츠 경쟁을 도덕적으로 옹호할 수 없다는 뜻은 아니다. 현실의 스포츠 경쟁에는 실제로 유해한 결과가 있더라도 그러한 실천이 적절하게 행해지면, 아마 유해한 결과는 회피할 수 있을 것이다.

이처럼 스포츠 경쟁을 공리주의적으로 평가한다고 해도 많은 전제가 아직까지도 밝혀지지 않고 논쟁 중이다. 그러므로 공리주의적인 평가의 의의를 조사하기 위해서는 정말 어떠한 전제에 설지를 확실히 할 필요가 있다. 예를 들면, 스포츠 참가가 성격 발달에 어떠한 플러스 영향을 주지 않음을 어떤 연구에서 본다면 적어도 다음의 점을 명확히 해 둘 필요가 있다. 즉, 어떠한 성격 특성이 플러스인가. 그 연구에서는 어떠한 형태의 경쟁이 검토되었는가. 성격에 미치는 영향에 대해서 현실의 경쟁이 고려되었는가, 아니면 윤리적으로 옹호할 수 있는 경쟁이 고찰되었는가이다.

스포츠 경쟁의 영향을 분명히 분석하기 위해서는 대규모의 실정적 연구가 필요한데, 본서의 범위를 넘어서고 있다. 그렇지만, 이러한 연구의 기초가 되는 철학적, 방법론적 전제를 마음에 담아두는 것이 중요하다. 전술한 것과 같은 공리주의적 분석의 제전제가 지금 역시 논쟁 중이라면, 공리주의 그것에 의해 스포츠 경쟁을 완전히 평가할 수 있을지는 의심스럽다. 어쨌든, 결과주의자(consequentialist)가 광범위한 스포츠 영역에서의 일반론을 평가할 때에는 신중함이 필요하다.

전술했듯이 경쟁적 스포츠의 지지자들은 그것으로의 참가에 의해, 충성, 법률, 헌신, 탁월성에 대한 관심, 불굴의 태도라는 바람직한 성격 특성이 길러진다고 주장한다. 이러한 견해는 잘 알고 있겠지만, 슬로건으로 락커룸 벽에도 붙여져 있는 경우가 있다. 이를 테면 승자는 결코 포기하지 않는다. 포기한다면 끝 '적극성이 강인한 정신이 되고, 강인한 정신이 적극적으로 된다.'라는 것이 있다. 그 중에는 경기는 성격 형성에 둘도 없는 기회를 부여한다고 확실히 밝힌 일반론도 있다.

유감스럽게 선수에 대한 실제 영향에만 논(論)을 한정하더라고 그 증명은 어렵다. 어느 최근의 연구는 이타주의(altrusm)와 관련하여 "대부분의 선수는 타인으로부터 지원이나 배려를 받거나, 타인의 이야기나 연대의 필요성을 그다지 보이지 않는다. 그러한 퍼스낼리티는 무엇보다도 승리 달성이 필요"하다고 결론짓고 있다. 또한, 이 연구를 일반화하여 다음과 같이 보고 한다. "스포츠가 성격을 형성한다는 실정적 근거는 아무것도 얻을 수 없었다. 위에서 말한 것과 같은 선수의 퍼스낼리티는 어떠한 형성 과정에서가 아니라, 모든 스포츠 수준에서 일어나는 무작위 선별 과정에서 생겨난 것이다. 호렌쇼 엘져(H. Alger)가 말했듯이 성공은 스포츠나 다른 영역에서는 선천적으로나 정신적으로 순응하고, 유연하고 강인한 사람에게 뿐이다." 이 연구만으로 결정되지 않지만 이 한 구절에는 많은 중요한 방법론적 의미가 있다. 특히, 경쟁적 스포츠 참가자가 일반인보다도 바람직한 성격 특성을 보이더라도 스포츠 참가가 그러한 특성을 발달시키는 원인이라고는 할 수 없고, 오히려 참가자가 선천적, 성공적인 참가로 이끄는 듯한 특성을 갖추었을 가능성이 있다. 상관과 원인을 혼동해서는 안 된다.

한편, 플러스 성격 특성이 스포츠 참가와 관련이 없다고 한다면, 마이너스 성격 특성도 스포츠 참가가 원인이다 라고 생각해서는 안 된다. 여기서 "아이덴티티나 자기 가치 의식이 경기 달성과 완전히 결부되어져 있는 선수는 경기 생활이 끝나면 종종 아이덴티티 붕괴 위기를 체험하기 때문에 다른 무엇을 행하는 것이 필요."로, 전제되어야 한다. 그러나 이것은 다른 분야에서도 마찬가지로 한 가지 일에 종사한 사람이 직업상 두드러진 변화에 직면했을 경우가 그러하다. "아이덴티티나 자기 가치 의식이 일의 달성과 완전히 결부되어 있는 중역들은 퇴직 후, 종종 아이덴티티 붕괴의 위기를 체험하므로 다른 무엇을 하는 것이 필요."하다고 해도 누구도 놀라지 않을 것이다. 아마, 어떠한 영역에서 현명하게 노력해 온 사람이라면 누구나가 그러한 변화가 생겼을 때에는 일종의 상실감을 맛보겠지만, 그것 자체는 반드시 나쁘다고 할 수 없다.

경쟁적 스포츠 참가와 바람직한 성격 형성과의 사이에 직접적이면서 실정적인 관계가 없더라도 양자 사이에는 간접적이면서 아주 미묘한 관계가 있을 것이다. 하리 에드워드(H. Edwards)는 경쟁적 스포츠가 제로 상태(scratch)에서 성격 형성에 관계한다고는 할 수 없지만, 그것의 참가는 그 때까지의 성격 형성을 강화하고 조장한다고 얘기한다. 필시 어떤 일정한 성격 특성을 가진 사람들이 경쟁적 스포츠에 참가하는 경향이 있어서 그것에 참가하지 않는 경우보다도 그러한 특성이 강화될 것이다. 이 점에서 경쟁적 스포츠의 참가자에게 특유의 성격 특성이 길러지는지 아닌지를 증명하기란 어렵다(마찬가지로 교양 교육을 학생에게 한다면 그들의 가치관에 영향을 미친다는 증명도 어렵지만, 그렇다고 해서 영향이 전혀 없다든가, 그러한 노력을 하지 않는다고는 할 수 없다).

또한, 많은 사람들이 주장한대로 경쟁적 스포츠가 그다지 성격 형성에 영향을 주지 않더라도 경쟁적 스포츠는 의연하게 인간의 가치를 나타내고 그것을 예증하는 데에 중요한 역할을 맡는다. 이것을 스포츠가 가진 표현 기능이라고 해도 좋을 것이다. 예를 들면, 탁월성은 성격 특성의 경고에 의해 도달할 수 있지만, 경쟁적 스포츠는 탁월성에 대한 달성도를 모두의 앞에 보이고 전심(傳心)이나 팀웍이란 가치를 예시한다. 우열의 차이가 없는 시합에는 용기, 충성이라는 개인적 미덕을 표현할 기회가 있다. 그러므로 스포츠에 적극적으로 도전함으로써 참가자나 관객은 그러한 미덕을 확실히 라거나 보이거나 할 수 있다.

여기에 대해 경기적인 경쟁에는 승리지상주의라는 옹호할 수 없는 가치를 보이는 경우가 있다고 비판하는 사람이 있다. 승리지상주의가 실제 경쟁 실천에 적용되면, 이 비판은 설득력이 있을 것이다. 또한, 경쟁 그자체가 본질적으로 부도덕하다면, 마찬가지로 경쟁적 스포츠도 본질적으로 부도덕하게 된다.

경쟁적 스포츠 참가의 결과를 평가하기 어려운 원인은 아마 경쟁 그 자체에 있으며, 그것이 문제가 되고 있기 때문이다. 경쟁을 비판하는 사람들이 강하게 주장하듯이 경쟁은 정말 본질적으로 정당한 윤리적 필요 요건을 채울 수 없다.

4. 경쟁, 자기중심적, 탁월성에 대한 추구

아마 경쟁의 도덕적 가치에 대한 가장 유력한 비판은 경쟁이 본질적으로 자기중심적이고 이기적이라는 점이다. 경쟁적 활동은 제로 섬 게임이기 때문에 한편이 이긴다면 상대는 진다. 앞에서 말했듯이 경쟁의 내재적 목표는 상대를 지게하고 자신이 시합에 이기는 것이다.

정치학자 존 샤르(J. Schaar)로 대표되는 사회 일반의 경쟁에 비판적인 사람들이 말했듯이 경쟁 사회는 정말로 매력적인 곳이 아니다. 경쟁 사회는 인간관계를 "각 사람이 귀중품을 에워싸고 동료와 경쟁하는 시합, 결코 누구라도 채울 수 없는 시합, 그리고 어떤 사람의 이익이 늘 다른 누군가의 손실이 될 경우"로 바뀌어 버린다. 사려 깊은 교육철학자, 미쉘 필딩(M. Fielding)은 이러한 입장을 옹호하여, 경쟁이 '자기중심적인 정신에서 다른 사람과 겨루는 것과 같다.'고 생각한다.

경쟁을 비판하는 사람들의 이론은 이미 다음과 같다. 경쟁의 목표가 다른 사람을 회생하여 자신의 입장을 높이므로, 경쟁은 본질적으로 자기중심적이다. 이러한 자기중심적인 관심은 도덕적이 아니므로 경쟁도 역시 도덕적이라고는 할 수 없다.

경쟁적 스포츠를 비판하는 사람들은 명백한 부정사례라는 경쟁의 가치를 저하시키는 문제에 반대론으로 향하고 있다는 뜻은 아니다. 즉, 선수가 시합에서 이겼기 때문에 부정한 것처럼 지도되는 경우, 역량의 차가 있는 팀과 대전하여 참가자에게 상처를 입힐 우려가 있거나 상대 선수에게 고의로 욕을 보이는 듯한 경우는 이러한 경우에는 실질적으로 누군가가 경쟁적 스포츠에는 도덕적으로 문제가 있음을 인정하고 있다. 그러나 경쟁적 스포츠의 비판자들은 최선의 상태에서 행하는 경쟁적 스포츠에도 반대한다. 그렇다면 참가자가 전력을 다하여 페어하게 게임을 해도 스포츠 경쟁은 자기중심적이고 이기적일까?

경쟁적 스포츠에서는 X가 승리하면 Y가 지게 되며, 실력의 우열을 가리기 어려운 선수끼리라면, 서로 승리를 노린다. 그러므로 경쟁적 스포츠가 분명히 본질적으로 자기중심적이라는 의론은 직감적으로는 그렇게 생각해서는 안 된다.

경쟁이 본질적으로 자기중심적이라는 의론은 시장에서의 경제경쟁에 적용해도 타당할 것이다. 나에게는 타당하다고는 생각하지 않지만, 만일 그것을 받아들이고 그것을 스포츠나 경기에 적용하면, 다음과 같은 결점이 나온다.

첫째, 스포츠 경쟁을 무차별 전쟁과 같이 생각하는 것은 짐작의 차이일 것이다. 팀 스포츠는 대전 상대와의 경쟁이지만, 동시에 팀메이트끼리와 협력 관계이기도 하다. 또한, 많은 스포츠와 때로는 프로 스포츠에 있어서도 시즌이 끝났을 때 뿐만 아니라 시합 기간 중에도 대전 상대끼리 서로 격려하고, 배려해 주는 것은 드문 현상이 아니다. 다음과 같은 대화가 있다. 프로 골퍼인 벤 크렌쇼(B. Crenshaw)는 1980년대 전반에 슬럼프에 빠졌는데, 그 원인이 동료에 대한 신경전 때문이었다고 한다. 동료들은 슬럼프 탈출법을 생각하는 것이 더욱 그를 당황하게 할 뿐이라고 생각하면서, 그에게 그 방법을 차츰 생각게 했다. 경쟁적 스포츠를 비판하는 사람들은 이러한 사례에서도 프로 선수마저 엄격한 경쟁적 윤리를 쫓아 살아가는 것이 도덕적으로 불가능하지는 않을까, 하고 답할 것이다. 그러나 뒤에서 검토하겠지만, 무차별 전쟁이라는 견해가 아니라 스포츠 경쟁으로 인해 나온 도전에 대한 대응이라는 가치에 기인하면, 이러한 협력적 행위는 옹호할 수 있는 경쟁 윤리의 일부라고 생각된다.

이미 언급했지만, 스포츠 경쟁은 모든 참가자를 구속하는 구성적 룰의 테두리 속에서 생겨난다. 훌륭한 경쟁의 이상은 선수가 룰을 위반하여 얻은 일시적은 유리함을 이용하지 않는데서 찾는다. 이 이상(理想)으로의 치우침은 아마 개인 스포츠의 선수 행동에서 가장 잘 나타나고 있으며, 그 범위는 주말에 테니스를 즐기는 사람부터 때로는 큰 경제적 리스크를 잘 알고서, 경기 중에 자신에게 질타를 선언하는 프로 골퍼의 행동까지 다양하다. 자기 판정을 하는 스포츠 이외에는 심판원이 룰을 집행한다. 심판원의 판정에 이의를 다는 것도 좋지만, 심판원이 처음부터 룰을 지배해서는 안 된다든가, 특정 선수에게 치우친 룰 적용을 할 것이라는 항의는 누구도 할 수 없다.

마지막으로 그 스포츠 구성적 규칙을. 준수하는 임무 외에 자기중심성을 억제하고 페어하게 경쟁한다는 의무도 있다. 따라서 역량차이가 있는 상대와의 대전이나, 부정행위가 행해진 상황 하에서 승리를 얻더라도 그러한 승리는 의미가 없으며, 때로는 비윤리적인 경우도 있다. 예를 들면 전미대학에 랭킹되어 있는 조지타운 대학의 호야농구팀 코치, 존 톰슨은 1989년 시즌 초기의 게임에서 상대의 격하, 즉, 경기장학금 등을 제공하지 않았다거나 조지타운 대학과 비슷한 다른 학교만큼 경기를 중시하지 않고, 2개교 3개교와 대전했기 때문에 많은 비판을 받았다. 격하된 상대와의 대전은 콜롬비아 지구 대학 농구 연맹의 패배, 즉, 역량차이가 있는 게임은 어느 쪽 팀을 위해서는 안 된다고 많은 사람들이 생각했다. 이와 마찬가지로 1988년

어메리컨즈 컵 레이스에서의 샌디에이고 요트 클럽은 카타마란(쌍동선)을 도전자인 뉴질랜드 사람 클루와의 대전에서 사용했으며, 윤리적 비판 세례를 받았다. 왜냐 하면, 가령 카타마란을 레이스로 사용하는 것이 합법적이더라도 그것을 사용하여 레이스를 하면, 한척을 사용하는 뉴질랜드인 클루에게 이길 것은 처음부터 자명한 사실이었기 때문이다.

결국 경쟁적 스포츠에 있어서 자기중심성은 비판되는 경우가 많다. 자신의 팀이 이기기보다도 자신의 최다 득점 밖에 관심이 없는 농구 선수는 자기중심적이라고 비판받는다. 그렇지만 자기중심성이 경쟁적 스포츠의 규범이라는 전제하에서는 이러한 실천의 설명이 되지 않을 것이다.

이 점에 대해서 경쟁적 스포츠의 도전자들은 경쟁적 스포츠에는 자기중심적인 행동을 규범적으로 억제하는 힘이 있다고 인정하는 경우가 있으나 억제된 전쟁에서도 그것이 전쟁인 것처럼, 억제된 자기중심성에서도 자기중심성에 변화가 없다고 논할 것이다.

이러한 주장에 응답하기 위해서는 스포츠 경쟁에 대해서 더욱 충분한 설명을 해야 할 것이다. 우선, 1985년에 행해진 예일 대학 대 프린스턴 대학의 축구 시합의 기술을 생각하는 것에서 시작하자. 프린스턴 대학은 16대 10으로 이기고 있었는데, 예일 대학이 프린스턴 골의 우측까지 공격해 들어가 정말 마지막 플레이에서 역전하는 찬스를 맞이했다.

그때까지의 환성이 완전히 멎었다. 그리고 그 적막은 그때까지의 놀라움과는 아주 대조적이었다. 그들(예일 대학 측)이 마지막 공격 태세를 갖추자 응원이 점점 커지고 리드미컬한 목소리도 멈추고 장내는 조용해졌다. 그것은 이웃의 따르릉 하는 전화 소리가 들려올 정도의 정숙함이었다.

예일 대학은 멋지게 달려가 득점을 올리고 게임에 승리했다. "그 달리는 폼은 이루 형언할 수 없을 정도였다. 마치 뱀이 풀숲에 숨듯이 마치 뱀장어가 손가락을 빠져나가듯이 마치 번개가 치는 형상을 설명하거나 말하는 편이 오히려 간단"하였다.

여기서 중요한 점은 예일 대학이 이기고 프런스턴 대학이 졌다는 것뿐일까. 세인트 존즈 대학을 아나폴리스교의 전 학장, 에드윈 딜레트르(E. Delattre)는 이 에피소드나 이것과 유사한 여러 경쟁 수준의 스포츠에서 생겨난 여러 사례에서 승패와는 다른 교훈을 예시하고 있다.

그러한 순간이 되어야 비로소 게임이 노고에 보답하게 된다. 온화한 빛의 세례로 빌리야드의 테이블 위에 볼이 부딪히는 장면, 청명한 통로의 완만한 지형, 라인 맨이 격하게 부딪히고 싸우는 장면에서도 마찬가지로 그 순간은 손을 댈 수 없으며, 결코 실패를 허락할 수 없으며, 그 게임을 완전히 할 때이다. 최선이면서 가장 만족시키는 시합은 이러한 순간을 최대화하여 늘 압력을 가하는 상태가 되는 것이다.

딜레트르에 의하면 스포츠 경쟁 가치의 원천은 승패보다도 인간이 모두 합하는 바로 그 순간일 것이다.

경쟁적 스포츠 속에서 자기의 기질을 시도하는 것은 일종의 자기 발견이다. 경쟁적 스포츠가 중요하다는 주장의 근거는 다른 방법으로는 자기 발견의 기회를 놓칠 기회를 경쟁적 스포츠가 제공하기 때문이다. 경쟁적 스포츠는 여러 기회, 예를 들면, 다른 활동에 비해 자기발견, 시합에 대한 의식 집중과 강렬함, 가혹한 시합에 대한 몰아의 기회를 빈번하게 제공한다. 이것이 진정으로 가치 있는 상대로부터의 압력 하에서 충분히 플레이 하여 지더라도 아무런 문제도 요구되지 않는 상대나, 할 만한 가치가 없는 상대에게 이기기보다도 경쟁적 스포츠가 보다 커다란 성공이 되는 이유이다.

딜레트르의 시사는 다음의 점이다. 선수들이 승리를 향해 현명하게 노력하는 것은 보다 경쟁에 불가피하지만 경쟁적 스포츠의 제 1의 가치는 승리그 자체에 있는 것이 아니라 대전할 만한 상대가 걸어온 도전에 이기려고 하는 과정에 있다. 실제로 좋은 경쟁은 서로 최선의 도전을 제공하려고 하는 협력적 노력이 전제이다. 대전 상대끼리는 서로 최선을 다할 의무가 있다. 시합에서는 한편이 이기면 다른 편은 지겠지만, 서로가 자주적으로 동의 한 도전에 대응함으로써 양자는 승패 이상의 것을 획득한다.

이 견해에 설득력이 있다고 한다면, 스포츠 경쟁은 제로 섬 게임이 아니라, 도전을 통한 탁월성에 대한 상호 추구로 간주되어져야 하며, 또한 그러한 형태에서 행해져야 할 것이다. 요컨대, 좋은 시합의 근본에는 선수들이 해당 스포츠 규칙을 준수하여, 상대에게 자기의 능력을 최대로 발휘하면서 도전을 제공할 의무가 있으며, 또한 이것을 양자가 인정한다는 묵시적인 사회적 계약이 있다. 이 견해에 의하면 스포츠 경쟁은 탁월성의 상호추구의 일부로 자발적으로 행해질 때, 윤리적으로 옹호할 수 있을 것이다.

이것은 현실 스포츠 경쟁 전체가 윤리적으로 옹호될 수 있다는 의미가 아니다. 실제로는 현실의 스포츠 경쟁은 탁월성에 대한 상호 추구라는 필요조건을 충족하고 있다고는 말하기 어렵다. 탁월성에 대한 상호 추구라는 필요조건이 충족되어야 비로소 스포츠 경쟁은 윤리적으로 옹호될 수 있을 것이다.

탁월성으로의 상호 추구라는 경쟁적 스포츠의 견해는 시합의 협력적 가치 측면이나 모든 선수가 도전한다는 과제를 받아들이는 점을 강조할 뿐만 아니라 왜 일반 대중이 경쟁적 스포츠에 매료되어지는지에 대한 설명으로 되고 있다. 전 예일 대학 학장이고 야구 코미셔너였던 故 버트렛 기아매티 (A. B. Giamatti)는 다음과 같이 탁월성에 대한 추구를 강조했다.

경기장, 골프의 페어웨이, 스케이트 링, 체육관, 트랙에 있는 사람이 그 사람의 운명이나 인간성이 어떠하고, 이제까지 자신이 보고 들었거나 상상해 왔던 것을 능가하는 훌륭한 행위를 할 때, 완전히 일체가 된 순간을 목격

한다. 그 순간 누구나 매료되어 자아를 상실한다. 누구가가 본 것을 느끼고, 있는 그대로 받아들인다. 그 순간의 기억은 몇 번이나 번뜩이고, 그 배경을 상기시킨다. 그 순간을 다시 상기시키고, 명료하게 되기를 바라고 관객도 선수도 어떤 조그마한 의식이라도 현명하게 집중시키는 것이다.

스포츠 경쟁을 비판하는 사람들은 경쟁적 스포츠를 탁월성에 대한 상호 추구라는 자각에 눈을 떠서 다음과 같이 반론할 것이다. 스포츠 이벤트는 그것이 서로 용인할 수 있는 탁월성에 대한 추구의 일부로 생각하면 가능한 한 윤리적으로 옹호할 수 있다 그렇지만 그러한 견해는 스포츠 경쟁의 정당화로 되지 못하고 오히려 경쟁적 스포츠를 다른 것으로 전환해 둘 따름이다. 비판자의 견해에서 본다면 이러한 전환은 단어의 묘기이다. 그곳에서는 '경쟁'이라는 개념이 재 정의된 만큼, 진정한 경쟁 그것에 손을 쓰지 못해, 결과적으로 도전을 통한 탁월성에의 추구, 능숙, 자기 인식이 언급되어 있을 따름이다. 확실하게 본서에서는 탁월성에 대한 추구를 강조함으로써 상대를 완전히 이기는 것에서 자기 발달이나 달성 추구에 시합의 목적을 변형해 왔으며 그곳에서의 목적은 이미 상대를 완전히 이기는 것이 아니라 경기 능력을 어느 일정한 기준에 도달시키는 것, 혹은 그러한 기준을 만족하는 노력을 통해 자기 인식이나 자기 발달에 이르는 것이다. 스포츠 경쟁은 옹호된 것이 아니라, 탁월성에 대한추구 가운데에서 개인의 발달이라는 이념으로 바뀌고 있다. 즉 다른 사람과의 경쟁이라는 이념이 모든 '자기와의 경쟁에 대한 전환에 지나지 않는다'고 할 수 있을 것이다.

그렇다면 스포츠 경쟁은 탁월성에 대한 상호 추구로서 정말 정당화되어질 수 있을까? 아니면, 스포츠 경쟁은 탁월성에 대한 상호 추구라는 다른 비경쟁적인 이념의 전환에 지나지 않는지. 이 점을 더욱 고찰해 보자.

5. 자기발달과 자기와의 경쟁

'자기와의 경쟁'이란 표현에서는 과거의 자신이라는 유령과 대전하는 선수의 이미지가 있다. 누군가와 경쟁하는 유령과 같은 이미지나 과거의 자신도 현실에는 존재하지 않기 때문에 절차를 밟으려고 한다면 이 '자기와의 경쟁'이란 표현은 적지 않게 오해를 부를지도 모른다. 자기와의 경쟁 등으로 애매하게 얘기하지 않고, 자기 발달이나 기능 향상에 대한 노력이라 얘기하는 편이 더욱 명석하고 모순이 아니다.

그렇다면 스포츠 참가자는 주로 자기발달이나 개인적 기능 향상을 위해 노력해야 할 것인가. 그러한 개선은 경기 성공보다도 더욱 중요한 목표 혹은 윤리적으로 옹호할 수 있는 목표가 될지. 이러한 문제를 고찰한 다음에 경쟁을 탁월성에 대한 상호 추구라고 생각하는 것이 실제로 자기의 기능 향상을 위한 추구라는 단순한 말 바꿈이 되는지를 검토해보자.

자기 기능 향상이 스포츠 경쟁에서 성공을 거두기보다도 더욱 윤리적으로 멋있게 옹호할 수 있는 목표라는 주장은, 두 가지 목표 사이의 윤리적 이상을 전제로 하고 있다. 그 차이란 무엇일까? 아마, 그 차이는 기능을 향상하려고 할 때에는 반드시 상대에게 이기려고 하지 않는 점일 것이다. 누구나 함께 기능을 향상할 수 있으며 결과적으로 제로 섬 게임의 요소는 없어진다. 경쟁적 스포츠의 비판자들은 상대에게 이기려고 하는 의도가 자기중심적이면서 이기적이라 생각되지만 누구나 함께 기능을 향상할 수 있기 때문에 기능 향상의 의도는 자기중심적이라고는 생각할 수 없다.

경쟁적 스포츠의 비판자에 대한 반론이 두 가지 있다.

첫째 반론은 앞에서 말했듯이 탁월성에 대한 상호 추구라고 생각하는 경쟁은 반드시 자기중심적이고, 제로 섬 게임으로 될 수밖에 없다는 점이다.

한 쪽팀 밖에 이길 수 없지만, 양 팀이 서로 인정할 수 있는 도전을 상대에게 제공하려고 협력한다. 또한, 누구나 이긴다는 뜻은 아니지만 후술하듯이 충분히 플레이한 사람이라면 누구나가 도전에 대응할 수 있고 또한 탁월성에 도달할 수 있다.

둘째, 반론은 아마 가장 중요한 점이다. 즉, 자기 기능 향상을 노리는 것은 윤리적으로 적절한 방법에 의한 경쟁적 스포츠와 현실적으로 어느 정도 다르다는 점이다. 적어도 자기 기능 향상과 적절한 경쟁적 스포츠에는 공유하는 특징이 있다. 공유하는 특징에는 타인 과 자신과의 경기 능력을 비교하는 기준이 있다. 자기의 능력 향상도를 아는 주된 방법이나 제일 좋은 방법은 과거의 자기와 비교하기보다도 상대와 대전하여 그 좋고 나쁨을 재는 것이다.

실제로 우연히 상대를 능가할 경우는 기능 향상이라고는 할 수 없다. 스포츠에 있어서 다양한 상황 하에서 충분히 플레이 했다면 논리적으로 정해진 것은 상대의 움직임에 대해 적절하게 대응하는지 아닌지이다. 예를 들면, 테니스 시합 장면에서 네트 공격이 전술적으로 적절하다고 생각되는 상황에 있어서 죤즈가 경쾌한 그랜드 스톡을 치더라도 죤즈는 충분히 플레이하고 있다고는 할 수 없다. 마찬가지로 죤즈가 그 후의 시합에서도 경쟁의 측면에서 보아 부적절한 움직임을 계속 보이면 죤즈가 기능이 향상되었다고는 할 수 없다.

개념적으로는 달성, 기능 향상, 발달의 평가는 타인 경기능력과의 비교를 소홀히 할 수 없다. 로버트 노직(R. Nozick)이 적절한 예를 보이고 있다. "어떤 남자가 홀로 산촌에 살고 있다. 그는 농구로 150회의 시합 중, 15회 점프 쇼트를 넣었다. 다른 마을 사람은 150회 하더라도 1회 밖에 점프 쇼트를 넣자 못했다. 그는(다른 사람도 생각하고 있지만) 점프 스토크에 정말 능숙하다고 생각했었다. 어느 날, 제리 웨스트(J. West)가 왔다."

유의한 달성으로 간주하기에는 타인의 경기 능력에 비추는 것이 중요함을 이 사례는 보이고 있다. 알기 어려운 것은 유의하게 향상되었다는 판단이 타인의 경기 능력과의 상대적 평가를 전제로 하기 때문이기도 하다. 인용에 등장하는 웨스트와 같은 훌륭한 프로 농구 선수가 나오기 전까지는 그 마을의 스타에게 있어서 과제는 150회 쇼트 중 17회에 자기 평균을 올리는 것이었을지도 모른다. 그렇지만 웨스트가 나온 후에는 마을의 기능에 필적하지 못함은 인정하더라도 유의한 기능 향상의 기준은 크게 변화했을 것이다. 능숙한 사람이라 얘기하는 데는 합리적인 연습 후, 150회 시합 중, 적어도 50회는 쇼트를 정할 것을 기대할 것이다. 웨스트가 오기 전은 '30회 쇼트의 벽'은 넘을 수 없다고 생각했을 것이며, 그것은 옛날 러너가 1마일에 4분을 깨는 것은 불가능하다고 생각했던 경우와 마찬가지이다.

그렇다면 실제로 기능을 향상하려고 하는 선수는 암암리에 다른 사람과 경쟁하게 될까. 적어도 그 선수가 자기 기능 향상을 달성하려고 한다면 다른 타당한 집단이 설정한 기준에 도달하려고 한다. 그렇다면 성공이나 실패는 부분적이든 타인이 어떻게 행하든지 행함으로써 결정된다. 그러므로 '자기와의 경쟁'에 가치를 부여하는 사람들은 그러한 종류의 경쟁이 다른 사람의 경기 능력과 비교하지 못한다는 이유로 그 입장을 재고할 필요가 있을 것이다.

경기 목표로서의 자기 기능 향상은 경쟁의 성공이라는 목표보다도 윤리적으로 옹호할 수 없다는 논란이 있을 것이다. 왜냐하면, 양쪽의 목표는 몇 가지 윤리적으로 타당한 특징을 공유하고 있기 때문이다. 특히 기능 향상이나 경쟁의 성공과 단념으로 측정할 수 없는 경우가 많으며, 상대의 경쟁적인 움직임은 그 스포츠에서 적절한 대응이 무엇인지를 결정하는 경우가 흔히 있기 때문이다. 가장 중요한 것은 기능 향상 또는 적어도 유의한 기능 향상이라고 간주하는 것이 다른 참가자 즉, 타당한 집단 경기 능력과의 상대적 판단을 전제로 하고 있는 점이다. 따라서 자기 자신의 경기 능력을 판단 할 때에도 자신과 비교해야 할 타당한 상대와 대전한다면 어떻게 될지를 생각하고 자신의 경기 능력을 평가하고 있다.

한편, 향상을 노리는 것과 경기적 성공을 노리는 것에는 중요한 차이가 있다. 특히 어떤 참가자의 유의한 기능 향상은 다른 참가자의 기능 향상을 막는 것이지만 참가자 집단의 플레이 수준을 높이는 경우와 같이 다른 참가자의 기능 향상을 촉진하는 일도 있다. 만일 어떤 참가자의 승리는 대전 상대의 패배가 된다. 그렇지만 어떤 참가자에게 있어서나 경쟁이라는 도전이 만족되어지기 위해 경쟁을 비판하는 사람들이 주장할 만큼 이 차이는 중요하지는 않다. 그렇다고 해서 모든 참가자가 기능 향상을 하더라도 반드시 모든 참가자가 승자가 될 수밖에 없는 것과는 차이가 있다. 또한 대전 상대가 제시하는 도전을 만족하는 것이 경쟁에서는 강조되는 한편 기능 향상은 자기 자신의 기능의 발달이 강조된다. 경기 능력을 조사하고 발달의 정도를 측정할 수 있더라도 개념상 두 가지 목표는 별도이다. 과거의 경기 능력을 높이지 않더라도 상대로 부터의 도전에 맞설 수 있다.

이상의 의론에서 두 가지 결론이 나온다.

첫째 기능 향상을 노리는 것과 상대가 제시하는 도전에 맞서려고 하는 것은 별개이다. 그러므로 여기서 옹호하는 탁월성, 상호 추구로서의 경쟁은 스포츠에 있어서 자기 발달이라는 비경쟁적 이념에서 부득이하게 옹호되는 것은 아니다.

둘째 비경쟁적 이념에서의 옹호는 탁월성에 대한 상호추구로서의 경쟁의 옹호로도 되기 때문에 지나친 경쟁에 대한 많은 반론, 예를 들면 '자기와의 경쟁'이 적절하다는 이유에서 근거하는 반론을 피하게 된다. 위에서 말했듯이 탁월성에 대한 상호 추구라고 생각하는 경기적 경쟁에는 상당한 협력이 필요하며, 그곳에는 각 선수는 계약 관계이며, 자신의 상대에게 도전을 제시한다.

마지막으로는 기능 향상, 발달, '자기와의 경쟁'을 강조하더라도 다른 사람의 경기 능력과의 비교를 소홀히 하지 않는다. 오히려 그러한 비교는 개인의 경기능력을 평가할 때의 전제이다.

마지막 주장에 대하여 검토할 필요가 있다. 무용수에 대해 '당신이 좋은 무용수인지, 아닌지는 중요하지 않다'라고 조언한다고 하자. 확실히 무용수가 스스로 연기 능력을 높이는 것은 중요하지만 무용수가 현실에서 달성하는 도달 수준은 중요하지 않을 것이다. 무용수의 경우, 개인적인 발달을 인정한다고는 하나 뛰어난 연기 능력을 끌어내는 것이나 우수한 수준에 도달하는 것도 같은 가치가 있다. 연기 능력이 중요하다고 한다면 뛰어난 경기 능력도 마찬가지로 중요하며 가치도 있을 것이다. 경쟁에는 달성이 측정되거나 결정되는 것과 같은 메카니즘이 있다. 확실히 기능 향상이 바람직한 목표이나 달성에 대한 관심은 중요하지도 않고, 가치도 없다면 선천적으로 가정할 이유는 없다.

6. 경쟁, 자기중심성, 불평등

이상의 의론에 입각하여 경쟁적 스포츠를 비판하는 사람들의 의론으로 옮겨보자. 위에서 말했듯이 경쟁적 스포츠에 대한 주된 비판은 경쟁이 본래 이기적이라는 비판이다. 그렇지만 이 비판은 도전을 통한 탁월성으로의 상호 추구라는 의미에서의 스포츠 경쟁에서는 상당한 협력적 요소가 필요함을 무시하고 있다고 생각된다. 여기서의 경쟁적 스포츠의 견해에서 보면, 대전 상대끼리는 자주적으로 대전을 희망하고 서로 인정할 수 있는 도전을 시사하는 협력 관계에 있다.

일반적으로 승리는 선수의 자기 이익임은 분명하지만 반드시 자기 이익일 필요는 없다. 승리는 이기적인 행동을 재촉하거나 지나치게 자신을 가지게 해버려 결과적으로 친구를 잃거나 할 경우도 있을 것이다. 또한 승리는 젊은 선수가 학업을 게을리 하거나 경기적 성공을 지나치게 강조하는 원인으로도 될 것이다. 승리가 자기 이익인지 아닌지는 하나하나 사례에서의 실제적 문제이며 개개인의 상황에 따라 결정된다.

그러나 승리가 자기 이익이라고 해도 승리에 대한 추구가 이기적이라고는 할 수 없다. 물론 이기적 행동을 자기 이익적 행동으로 정의한다면 그러한 정의에서 승리로의 추구는 이기적일 것이다. 그렇지만, 그 정의나 자기중심성의 특징은 받아들일 수 없는지 아래와 같은 사례를 생각해 보자.

❶ 죤즈는 친구들과 터치 볼을 하려고 하고 있다. 죤즈는 '내가 쿼터백'이라고 하는데 친구들도 쿼터백을 하고 싶다고 말하여 친구들이 쿼터백은 순번을 정해하면 어떨까라고 제안한다. 죤즈는 "볼을 내가 가지고 온 것이니, 내가 쿼터백을 못하면 볼을 가지고 집으로 돌아간다."라고 말한다.

❷ 죤즈는 5학년 반을 반으로 나누어 작문 게임에 참가하고 있다. 그녀는 어려운 말을 올바르게 나열하여 결과적으로 그녀 팀은 이기고, 다른 한 팀은 졌다.

자기중심성의 개념이 이 두 가지 예에 해당된다면 그것은 지나치게 확대되어 있다. 죤즈가 자기 이익을 위해 다른 사람의 이익을 무시하는 처음의 사례와 각 학생들에게 공평한 성공의 기회를 준 제 2의 예는 상당히 다르다. 규칙이라는 서로가 인정할 수 있는 테두리 속에서 상대를 지도록 하는 것과 단순히 다른 사람의 이익을 무시하는 것이 전혀 별개라면 경쟁적 스포츠와 자기중심성 사이에도 윤리적으로 상당히 차이가 있다.

경쟁과 자기중심성의 의론을 정리하면, 스포츠와 경기의 경쟁이 본질적으로 자기중심적이라는 비난에는 몇 가지 혹독한 반론이 있다. 이 비난은 경쟁의 협력적 요소를 고려하고 있지 않다. 특히 이 비난은 탁월성에 대한 상호 추구라고 생각하는 경쟁이 윤리적으로 중요하다는 점을 올바르게 인식하고 있지 못하다. 또한, 자기중심 성 그 자체를 너무 넓게 파악하고 있다.

그러므로 이러한 반론에 비판자들이 충분히 재반론을 할 수 없다면 스포츠 경쟁이 본질적으로 자기중심적인 욕구 사례라는 비난은 부정할 수 있을 것이다. 만일 경쟁적 스포츠 행위 그자체가 본질적으로 이기적이라는 점을 부정하는 것만으로 때로는 그 경쟁이 이기적이 될 때까지 부정한다는 뜻은 아니다.

그렇지만 스포츠 경쟁이 본질적으로 이기적이 아니라고 하더라도 비관자를 번거롭게 하는 다른 특성도 있다. 제 2의 비판적인 견해에 의하면, 경쟁적 스포츠가 불평등과 연결된다. 즉, 경쟁적 스포츠는 선수를 승자, 패자, 성공자, 실패자, 스타 선수, 보결 선수로 나눈다. 많은 사람들은 패전이 실패와 동등하다든가. '패자'가 실질적으로 뒤떨어진 사람이라 생각하게 하는 슬로건에 길들여져 있으며 그러한 생각을 하는 코치들에게 인기가 집중된다.

사실 경쟁은 부당하게 차별되기 때문에 자주 사용된다. 중대한 시합이나 그곳에서의 실패는 열기가 없었거나 소심했거나 한 예이다. 골퍼인 톰 와트슨은 후에 유명 선수로 이름을 날리게 되었는데 신인 시절은 토너먼트에서 리드를 차지하지 못했기 때문에 '꽉막힌 녀석(choker)'이라 불리웠다.

스포츠 소년단에 있어서 애석해야 할 특징의 하나는 어른 관계자가 승리에 역점을 너무 두는 것이다. 그러므로 젊은 선수들은 경쟁을 즐기거나 기본 기능을 높이기보다도 실패, 비난, 또한 조소거리가 되지 않는 것에 신경이 쏠리고 있다.

이러한 상황에서 경쟁적 스포츠가 불평등을 초래하고 이 불평등함이 때로 유해하든가 비윤리적이 된다는 주장이 있다. 이 비판을 전면적으로 받아들이기 전에 많은 점을 검토하지 않으면 안 된다.

제일 먼저 규칙이나 실천이 실제로 불평등이나 차이가 될까라는 점과 그 차이가 비윤리적, 언페어, 불평등(inequitable)이라는 점의 양쪽을 구별할 필요가 있다. 교사가 훌륭한 해답에 좋은 평점을 주고, 좋지 못한 해답에 낮은 평점을 줄 경우는 불평등하더라도 페어 혹은 공평이라고 해도 좋다. 불평등 혹은 차이가 있는 것과 그들이 윤리적으로 옹호될 수 있는지 아닌지는 별문제이다. 그러므로 경쟁적 스포츠에서의 불평등은 언제나 비윤리적, 언페어, 불공평이라고는 할 수 없다.

즉, 경쟁적 스포츠가 · 불평등하게 되는 것을 인정한 다음에 어린이 스포츠의 지나친 승리집착에서 생겨난 불평등은 윤리적으로 이의를 제기하며 그런 반면 경쟁적 스포츠에서 불평등이 있더라도 모든 불평등이 윤리적으로 이의가 있는 사례는 없다.

법률학자, 듀킨(R. Dworkin)의 구별은 참고가 될 것이다. 그는 다음 두 가지 권리의 구별을 제창한다. 한편은 동등한 처우(equal treatment)에 대한 권리 이고, 그것은 '기회, 사회적 기본재(resource),책임의 평등한 배분(distribution)에 대한 권리'이다. 다른 한편은 동등자로서의 처우(treatment as an equal)에 대한 권리이고, 그것은 '누구나 평등한 존경과 배려를 가지고 대우해야 할' 권리임을 말한다.

듀킨 자신이 주장하듯이 동등자로서의 처우나 평등한 존경과 배려는 동등한 처우를 바라는 권리보다도 윤리적으로는 기본적이다. 왜냐하면 앞에서 말했듯이 실제로 배분의 불평등 혹은 듀킨이 불평등한 처우라 부르는 것은 영향을 받는 모든 사람들에 대한 평등한 존경과 배려가 반영되고 있거나 아닌가에 따라 옹호되어지거나 옹호되지 못하거나 하기 때문이다.

그러므로 스포츠 경쟁에서는 불평등한 처우가 행해진다. 예를 들면 팀 내의 우수한 선수와 모자라는 선수 사이에서 플레 이 시간에 차를 둔다거나 시합에서 승자와 패자를 구별한다. 그러나 그것을 이유로 스포츠 경쟁이 불공평하다든가 부당하다는 증명을 할 수 없다. 비판자는 승자 패자의 구별이 있는 점에서 뿐만 아니라 이 구별은 동등자로서 의 처우를 바라는 권리에 반한다는 증명이 아니면 안 된다.

이 비판자에 대한 반론으로 만일 사람들이 평등한 존경과 배려 하에서 동등자로서 처우된다면, 당연히 정당한 결과의 불평등은 드러난다. 왜냐하면 동등자로서의 처우는 '자신의 사는 방법에 대한 지적인 사고를 형성하고, 그것에 의거하여 행위할 수 있는' 존재자로서 사람들을 다루게 되기 때문이다. 그러나 인생의 사는 방식에 대한 견해는 사람마다 다르며, 그 견해에 따른 선택도 다양할 것이다. 예를 들면, 평론가가 2권의 소설 중 하나를 높이 평가하면, 높은 평가를 받은 저자는 다른 저자에 비해 인세 수입이 많아진다. 그러나 평론가의 비판적 판단이나 그 판단의 공표를 금지하지 않으면, 이 불평등은 어떻게 회피할 수 있을까? 바꾸어 말한다면, 비평가를 사람으로 처우하거나 비평가에게 존경을 표한다고 해서 세수입의 불평등은 회피할 수 없다.

같은 주장은 스포츠 경쟁에서 생겨나는 많은 결과의 불평등에도 해당된다. 첫째, 대부분의 참가자는 경합을 바라고 그것에 참가하고 있다. 참가자 자신, 가치 있는 대전 상대가 건 도전을 인정하며, 경쟁적 스포츠가 스스로의 수행에 상응한다고 인정하고 있다. 만일 사람들에 대한 존경이 다른 사람의 권리를 침해하지 않는 한도에 있어서 그 생활 방식의 존중을 구한다면, 스포츠 경쟁에서 생겨나는 결과의 불평등은 관계자가 강요하지 않는 자발적인 선택에서 생겨나는 다른 불평등과 마찬가지로 정당화될 것이다.

도전자들은 동등자로서의 사람들의 처우가 단순한 선택의 존중을 초월하고 있다. 라고, 반론할 것이다. 또한, 그러한 선택에는 적어도 충분히 정보를 줄 것, 또한 정신 장해, 우울 상태, 정신고양 약물이라는 행위자의 명석한 사고나 책임 능력을 저하시키지 않는 조건 하에서 그 선택이 이루어지지 않으면 안 된다. 예를 들면, 죤즈가 스미스의 기를 꺾으면 종종 창피를 준다고 하자. 만일 그녀가 그에게 창피를 계속 준다면, 가령 죤즈 자신이 그러한 처우를 선택하더라도 명백히 스미스는 죤즈를 존경스러워 한다고는 할 수 없다. 오히려 죤즈는 자신이 주의를 기울이지 않는 심리적 트러블 하에서 자포자기하게 되며, 스미스는 도움이 된다기보다 그의 품위 저하의 지휘봉을 휘두르고 있다. 이와 마찬가지로 단순히 스포츠 참가자는 경합에 동의한다는 이유만으로는 참가자의 선택이 존중되어야 하는 류의 선택과는 다르다. 그런 다음 경쟁적 관계 그것이 동등자로서의 사람들을 존경하면서도 본질적으로 품위를 떨어뜨리거나 모순되지 않음을 증명하지 않으면 안 된다.

실제의 경우, 경쟁적 관계는 누차 경멸적인 언어로 특징 지워진다. 대전 상대끼리는 참가자들이나 사람으로서가 아니라 단순히 이겨야 하는 장해물로 간주되는 일이 많다. 장해물은 '파괴되고', '창피를 당하고', '코트에서 퇴장시켜야'할 것으로 된다. 이 경우에 사람끼리는 단순한 물건이나 장해물화되어 경쟁적 성공의 방해물이 된다.

예를 들면, 대학 축구 게임에서 인기 스타 러닝백 선수가 무릎 종양복귀 제일전에서 파일링업(볼 소유자에게 고의로 덤벼 터퀄한다.) 반칙을 받았다. 그는 상대 선수가 부상당한 무릎을 노리고 있다고 느꼈다. 그리고 "네가 무릎을 악화시켰어. 너 말이야."라고 큰소리로 외쳤다.

이기기 위해 차대에게 상처를 입히는 경쟁적 태도가 필요하다면 그것은 윤리적으로 변호의 여지가 없다. 좋은 경쟁 윤리에서는 의도적으로 상처를 입히는 것의 금지는 이제까지 의론에서 명백하다. 경쟁을 탁월성에 대한 상호 추구로 이해한다면, 대전 상대끼리는 상대가 제일 좋은 도전을 걸어오면 최고의 상태이기를 바래야 할 것이다. 승리에 의미를 둔다고 한다면 그것은 의도적으로 상처를 입혀 상대를 경쟁에서 배제하는 것이 아니라 가치 있는 상대를 기능으로서 제압하는 것이 필요하다.

그러므로 스포츠 경쟁을 평가할 때에는 경쟁에 중심이 되는 특징과 그렇지 않는 주변적 특징과의 구별을 소홀히 해서는 안 된다. 경쟁적 스포츠의 다수의 특징은 윤리적으로 이의를 부르지만 반드시 경쟁적 스포츠의 일부는 아니다. 특히 대전 상대를 단순한 것으로 보는 것은 유감이지만 톱 수준의 경기의 일부임이 상식이긴 하나 경쟁적 스포츠의 중심적 요소는 아니며, 그것은 옹호할 수 있는 경쟁 윤리의 지지자로부터 반드시 비난받을 것이다.

경쟁적 스포츠에서 생겨나는 불평등은 윤리적으로 옹호할 수 없다는 뜻은 아니다. 경쟁적 스포츠 참가자는 아마 승패의 가능성이 있는 경쟁을 하지 않는 생활보다도 그러한 경쟁이 있는 생활을 선호할 것이다. 사람들의 인생설계에 적절하게 반응하는 것, 즉 "자신의 생활 방식에 대하여 지적인 사고를 형성하여, 그것에 기인하여 행위 할 수 있다." 행위자로서 사람들을 처우하는 것이 동등자로서의 취해야할 처우라면 경기장의 결정에서 생기는 불평등은 아마 공정하면서 공평할 것이다.

실제로 더욱 강력한 결론은 이하의 의론에 의해 지지된다. 시합 중의 대전 상대끼리는 상대 선수의 선택이나 행위 즉, 참가자가 향상시키기 위해 선택한 기능을 보이는 행위나 플레이 중에 행해진 결정을 나타내는 행위에 대응하여 그것에 대응하지 않으면 안 된다. 그러므로 탁월성에 대한 상호 추구라고 생각되는 스포츠 경쟁은 활동의 전형 사례(Paradigm case)이고, 그 가운데 참가자는 서로를 동등자로서 취급하고 있다. 좋은 선수는 단지 상대를 이겨야 한다고 생각하지 않고, 적절한 대응을 바라는 인간으로 이해하고 있다. 이상으로 경쟁적 스포츠의 경쟁은 인간에 대한 평등한 존경에 모순되는 것이 아니라 최선의 상태에서 행해진다면, 평등한 존경을 전제로 하고 있다.

7. 승리의 중요성

경쟁적 스포츠나 경기를 도전에 대응하는 탁월성으로의 상호 추구로 이해한다면 승리의 중요성에 어떻게 위치를 부여해야 할까? 누구나가 상대의 도전에 대응할 때에 단순히 충분히 플레이하는 것만으로 족하지 않을까. 승자, 패자가 왜 중요한가. 대응된 도전의 기준이라는 뚜렷한 그 이유에서 승리는 중요하다고 할 수 없는가? 패배는 도전에 대한 대응에 실패하는 것으로 반대로 승리는 그것에 성공하는 것이다. 스포츠 경쟁이 도전에 대응하는 시도라는 견해에서 정당화된다면 그 도전에 대한 대응이 성공인지 아닌지는 확실히 중요하다. 결국 의도적으로 곤란한 과제를 만드는 것의 주안은 그 달성의 가부를 알 수 있는 것이 아닐까?

이 입장은 유익하겠지만 아마 너무 과장되어 있다. 승리가 늘 성공의 증거가 되거나 패배가 반드시 실패의 증거가 된다는 뜻은 아니다. 만일 승리가 유일한 성공 기준이라면, 상당히 역량이 모자라고 약한 대전 상대를 언제나 이겨서 그것을 자만하는 것이 보통일 것이다. 역량이 부족한 상대와 대전하면 언제나 성공할 수 있다. 반대로 만일 패배가 언제나 경쟁적 실패의 증거라면 약한 상대는 지기 직전에 대전 상대와 현격한 역량차가 있음을 보이고 있다면 강한 상대의 자만은 될 수가 없다.

이 점은 경쟁적 스포츠에 있어서 승리가 전부가 아니라는 증거이다. 모든 사람을 이길 수는 없다. 그렇지만 대전 상대끼리는 어느 쪽이 승자나 패자가 되더라도 어느 쪽도 상대가 제시하는 도전에 충분히 대응할 수 있다.

그렇다고 하나 승자와 패자의 결정이 중요하지는 않다는 의미는 아니다. 승리가 전부가 아니지만 무언가는 있다.

첫째로 경쟁이 치열하다면 승리는 명백하게 중요한 기준이며 대전 상대의 도전에 대응했다는 기준은 중요하다. 대전 상대가 제시하는 도전에 대응하려고 하기 위해 송리에 갈채를 보내고 반대로 패배로 실망감을 맛보는 것은 아주 당연할 것이다. 가령, 대전 상대끼리 맞붙는 것이 부적절하더라도 승리를 뽐내고 싶더라도 적절한 경우는 흔히 있다. 더욱 강한 상대였더라면 생각하지 않고 스스로의 가능성을 향해 경기를 하는 것은 승자로서 충분히 자랑해도 좋을 것이다.

또한, 실제로 양쪽 모두 우수한 역량이라면, 패배를 자랑으로 삼는 것은 스포츠에서는 간단하지는 않다. "충분히 플레이 했지만, 상대 팀이 강했기 때문에 졌다."라는 변명은 간단히 할 수 있더라도 본심은 "잠재 능력을 충분히 발휘하면 이긴다."라고 생각할 것이다. 물론, 충분히 플레이했지만 졌다는 것에 대해 자랑으로 삼는 것이 적절한 경우도 있지만, 득점판의 득점은 실제 플레이의 좋고 나쁨을 재는 중요한 지표이다.

마지막으로 기억해 두어야 하는 것은 어떤 미적 감각에서의 충분한 플레이는 반드시 상대가 제시하는 경쟁적 도전에 대응한다는 의미에서의 충분한 플레이로는 되지 않는 점이다. 앞에서의 예로 테니스 선수의 경우를 생각해 보자. 죤즈는 아름다운 폼으로 그랜드 스트록을 쳤지만, 그 경쟁 장면에서는 넷트의 공격적인 플레이가 요구되고 있었기 때문에 게임에 졌다. 마찬가지로 농구의 경우, 공격측 팀이 남은 시간 15초이고 2점 리드하고 있을 때, 20피트 지점에서 3점 슛을 날릴지도 모르지만 경쟁적으로는 의미가 없다. 미적 관점에서는 좋은 플레이라고 생각하더라도 경쟁적 상황에 따라서는 재미없는 플레이가 되는 경우도 있다.

승리는 여러 가지 이유에서 경쟁적 성공에 필요한 기준이 안 될 때도 있지만, 대다수의 경우에 가장 신뢰할 수 있는 성공의 지표가 된다. 많은 경쟁적 상황에 있어서는 게임의 성과와 승패로 나눌 수 있다. 왜냐하면, 실제 성과를 측정하는 중요한 지표의 하나는 게임의 결과이기 때문이다.

그러나 왜 성공이나 실패가 그토록 문제가 될까? 결국 '고작 게임에 지나지 않는다. 경쟁적 성공에 대한 관심은 도를 넘어서는 안 되는 것인가?

경쟁적 성공이 지나치게 너무 강조되어 있다는 인식에 이론은 없다. 특히 어린이 스포츠에서는 그러하다. '고작 게임'이라면 지나친 낙담, 타인에 대한 나쁜 태도, 가족이나 우인으로부터의 도피, 배우자에 대한 노여움, 존재불안에 빠짐 등이 패배시의 적절한 반응이 아님은 분명하다. 스포츠는 일반적으로는 생사의 문제가 아니다.

한편, '고작 게임'이라는 슬로건이 경쟁적 스포츠의 성공을 중시하지 않는다면 의미라면 이 의미는 상당히 의문스럽다. 경쟁적 스포츠는 탁월성을 추구할 때에 자기의 신체적 기능이나 잠재 능력을 그 한계까지 늘이는 상황을 제공한다. 신체를 써서 탁월성을 추구하는 것은 결코 재미없는 것이 아니다. 그런 반면, 선수가 자기의 능력을 던져 도전에 대응할 때에는 대다수의 경우에는 미, 용기, 전심, 열정이 따른다. 만일 이러한 것이 중요하지 않으면 무엇이 중요할까? 성과가 나쁜 작품을 발표한 예술가에 대해 또한 중요한 발표회에서 꼴사나운 연기를 한 무용수에 대해 '고작 예술'로 평론가는 얘기할까? 결국, 프로 스포츠에서는 승리에 관심이 있지만, 그러한 프로의 관심은 다른 직업에 있어서 유사한 관심과 마찬가지로 적의라고 생각된다.

여기서 결론은 모든 스포츠적 활동이 어떠한 경우라도 치열한 경쟁이어야 한다는 의미는 아니다. 반드시 모든 사람이 시시때때로 도전을 바라거나 그것을 필요로 한다는 뜻은 아니다. 코치나 교육자에게 있어서의 방책은 많은 플레이에서 기능 발달에 대한 참가나 지도를 동반하는 경쟁적 성공과 달성 강조와의 밸런스를 취할 것이다. 한편 활동이 스포츠인 한, 대부분의 경쟁을 강조하지 못한 경우가 있더라도 어느 정도의 경쟁적 도전은 있다. 왜냐하면, 선수로서의 참가자의 목표는 상대 선수의 움직임에 의해 올바른 움직임이나 플레이의 질은 다르지만 그러한 움직임이나 플레이를 하기 때문이다. 좋은 경기 능력과 나쁜 경기 능력의 기준이 적합하지 않더라도 참가자들은 단순한 연습이 아니라 스포츠에 관여하고 있다.

이러한 주장에서 알 수 있는 것은 승리나 경쟁적 성공의 지나친 강조를 비판하는 사람들이 그 폐해와 마찬가지로 전혀 강조하지 않는 것에 의한 폐해를 무시하고 오로지 자기주장을 하고 있는 점이다. 그러므로 보통 참가자들에게 '충분히 행위하게 하는 것이 중요한 것이 아니라 밖에 나와 얼마나 즐기는가가 중요'하다고 알리면 이 의미 깊은 메시지에 의해 충분히 행위하는 것이 중요하지 않게 될 가능성이 있다. 경쟁적 스포츠 참가는 인간적 탁월성의 하나의 형태라고 한다면, 경쟁적 스포츠 참가가 자기 발달이나 자기 표현의 도움이 되어 바람직한 성격 특성에 기여할 가능성이 있다면 경기 능력은 결과적으로 중요하다고 얘기해도 좋을 것이다.

여기서 윌리엄 버넷(W. Bennett)이 이성적 존재자(The Persons)라 부르는 비경쟁적인 소프트볼 팀의 묘사를 검토하는 것은 가치가 있다.

그 팀은 남녀 혼합으로 그들에게는 '차별'이나 '규칙'이 없다. 때로는 자신들이 기르는 개를 포지션을 취하게 하고, 이성적 존재자들은 태만하고 경쟁이 없는 게임을 웃으면서 조망하려고 하고 있다. 마지막으로 이성적 존재자들은 게임에 대해서도 플레이어로서 상대에 대해서도 무감각한 점을 스스로 끝까지 확인하지 않으면 안 된다. 왜냐하면, 한사람의 이성적 존재자로서 오로지 자신밖에 깨닫지 못하기 때문이다.

베넷은 다음과 같이 결론짓는다.

그리닝 오브 어메리카(The Greening of America)에서 나팔바지를 입고 웃는 얼굴로 축구를 하는 젊은이가 등장하지만 그곳에서의 리히(C. Reich)의 이상은 딱히 이것이라는 목적이 아니라 순수하면서 단순한 기분 전환만으로 아무것도 하지 않는 것이 이상이다. 그런 한편, 진지한 플레이나 관전에서는 아무것도 하지 않는 일은 거의 없다. 왜냐하면, 스포츠는 무관심함을 경멸하며, 때로는 실제로 사람은 우아함, 기능, 아름다움, 용기라는 인간적인 정신과 열정을 반영하는 제요소를 경쟁 속에서 식별할 수도 있기 때문이다.

버넷이 비경쟁적 플레이에 치우친 이유는 너무 과장되었을 지도 모른다. 그런, 최선의 상태에서 행한다면 경쟁적 스포츠에서는 사람들이 가치 있는 것으로 간주하는 도전이 탁월성의 기준이 된다는 그의 제안은 충분히 고려해야 한다. 만일, 경쟁적 스포츠가 도전을 통한 탁월성에 대한 상호 추구라는 모델로 이해되어진다면 경쟁적 스포츠는 아름다움이나 기능으로 구성되는 활동으로 될 수 있을 뿐만 아니라, 인간적 탁월성에의 노력도 표현하게 된다. 이 경우에 경쟁적 스포츠는 서로를 인간으로 존경하는 즉, 인간으로서의 신분을 진지하게 고려하는 모범적인 것으로 될 것이다.

8. 결론

이 장에서는 다음의 문제점이 시사되었다. 스포츠 경쟁은 도전에 대응하여 경기 능력을 지적이면서 직접적으로 사용하고 있으며, 탁월성에 대한 상호 추구로 이해되었을 때에 가장 윤리적으로 옹호할 수 있는 점이다. 이러한 경쟁은 적절한 조건하에서 행해지면, 중요한 가치를 나타내거나 바람직한 성격 특성을 강화한다는 유익한 결과를 초래할 것이다. 가장 중요한 점은 스포츠 경쟁에는 하나의 테두리로서의 내재적 가치가 있고, 그 테두리 내에서 인간으로서의 자기표현이며, 탁월성에 대한 상호 추구 속에서 인간으로서 타인에게 대응하는 것이다. 그러한 테두리는 다른 것에도 있지만 극히 소수의 사람밖에 접근할 수 없으며, 독자적으로 선택한 도전에 대응하기 위해 지적으로 신체를 행사하는 행위자로서 완전히 관여하는 사람도 없다.

탁월성에로의 상호 추구로서 경쟁은 하나의 이상이라고 강조되지 않으면 안 된다. 현실의 실천은 이러한 요건과 일치되어 있지 않을지도 모른다. 현실 세계에서는 승리가 지나치게 강조되어 규칙이 무너지고 선수가 희생되고 언페어한 경쟁 조건에 의해 순수한 도전이 배제되고 있을지도 모른다.

그것이 사실이라고 한다면, 이 이상이 이상에서의 중대한 일탈(逸脫)이라는 윤리적 비판의 근거가 된다. 이후의 장에서는 현실의 스포츠 실천을 도덕적으로 평가할 때에 이 이상이 적용되어지는 것이다.

탁월성에의 상호추구라는 스포츠 경쟁의 이상 그것은 검토되고, 정선되어 명확해지고 또한 비판될 필요가 있다. 또한 만일 이 이상에 대해서 논거가 확실한 반론이 나온다면, 더욱 좋은 견해로 전환할 필요도 있으며, 현실의 실천을 평가할 수 있고 또한 옹호할 수 있는 모든 기준이 없다면 스포츠의 가치있는 제측면과 유해 또는 언페어한 측면은 구별할 수 없다. 타당한 평가기준이 없다면 비판에서도 절대 찬성에서도 가장 중요한 탐구, 즉 공적인 의론이나 비판적 연구에서의 도전에 대응하여 정당화를 탐구한 결과를 신뢰하는 것이 아니라 단순한 정서적 반응을 신뢰하게 될 것이다.

06 스포츠와 약물

1. 스포츠와 도핑

1988년 개최된 서울 올림픽 대회는 160개국의 참가로 근대 올림픽 사상 최대의 대회로 우리들의 기억에 새롭지만, 약간 화제가 많았던 서울 대회 중에서도 최대의 센세이션적인 사건은 뭐니뭐니해도 남자 육상 100m의 금메달리스트인 벤 존슨의 도핑(약물 사용)에 의한 실격 사건이었다.

이 사건의 내용에 대해서는 당시 신문이나 잡지 등에도 대대적으로 보도되고 있으므로 상세한 것을 얘기하지 않고, 숙적인 칼 루이스를 제치고 존슨의 극적인 우승 장면을 본 직후이니 만큼 '위대한 9초 97'의 충격은 세계를 술렁이게 했다. 그리고 그 충격은 근대 올림픽을 위시한 국제적 경기 대회에 계속 맴돌았던 도핑 문제를 다시 크게 부각시키게 되었다.

이 사건이 알려지자 세계의 많은 사람들은 특히 한국인의 대부분이 '설마 벤 존슨이'라는 생각을 가졌던 것이 아닐까. 그리고 '정말'이라는 생각으로 쇼크를 받은 사람들은 아마 "존슨 정도의 유명한 선수가 그러한 것을 했을리 없다"라는 선입관을 강하게 가지고 있었음이 틀림없다. 이것은 스포츠맨을 신성시, 영웅시하기 쉬운 국민성과 약물에 대한규제가 어려워 IOC가 지정하는 약물을 입수하기 어려운 환경에 있는 우리나라에서는 오히려 일시적, 상식적인 반응이라고 할 수 있을 것이다.

한편, 그것과는 반대로, 국제적인 경기 스포츠 사정에 자은 식자의 대부분은 "역시 존슨도 했던가", "존슨 정도의 선수라도 그러한가"라고, 생각하는데 지나지 않았다. 서울 올림픽 대회에 있어서 도핑에 의해 실격된 선수는 존슨을 포함하여 불과 몇 사람에 지나지 않았지만, 각국 선수나 관계자 사이에는 약물 사용에 관한 '정보교환'이 공공연하게 행해지고 있었다고 일컬어지고 있고, 다행히도 어려운 검사를 피했던 선수도 많이 있었을 것이다.

본서에서는 스포츠계에서의 우선시해야 할 문제점으로 다시 부가되게 된 스포츠와 도핑의 문제를 언급하여, 도핑 문제의 경위와 현재에 있어서의 난점을 정리하고, 금후의 추이나 존재 방식에 대하여 주로 윤리적인 관점에서 검토를 하여, 더욱 도핑으로 상징되는 현대 스포츠가 가진 문제점을 부각시켰으면 한다.

2. 도정의 정의와 역사

스포츠의 기능 향상을 목적으로 약물을 사용하는 것을 도핑이라 칭하게 된 것은 남아프리카 원주민 카필족(kaffirs)이 제사에 사용하고 있던 알코올성 흥분제를 'dop'이라 불렀던 것에서 유래한다고 일컬어지고 있다.

1960년 IOC(International Olympic Committee) 의무분과 위원회에서 설정된 도핑 대책 위원회는 "도핑이란 어떤 특정한 경기자 또는 경기단체가 약물이나 물리적 방법 또는 다른 방법으로 경기에 대해 생체의 체력적 또는 심리적 능력을 변질시키기 위해 하는 부정행위이다."라고 정의

되어 있다.

1964년 동경 올림픽 때에 열려진 국제 스포츠 과학 이외의 도핑 특별 회의는 "도핑이란 생체에 생리적으로 존재하고 있지 않는 것을 어떠한 방법에 의해서도 또는 생리적으로 존재하는 것이라도 이상한 양이나 이상한 방법에 의해 시합에서의 경기 능력을 인위적 또는 불공정하게 강조할 목적으로 경기자에게 투여하거나 또는 경기자가 스스로 사용하는 것을 말한다."라고 정의되어 있다.

현재, 일반적으로 스포츠계에서 양해, 지지되고 있는 정의는 1963년, 학외 교육에 관한 유럽 평의회(The Council of Europe's Committee for Out of School Education)에 의한 "도핑이란 인체에 있어서 이상한 모든 것, 또는 생리적인 것이라도 그것이 이상으로 대량이면서 또한 이상한 방법으로 건강한 사람에 이해 무엇보다 경기능력을 높이는 것을 의도하여, 인위적 또는 부정하게 사용되어진 경우를 나타낸다. 심리적 방법에 의한 경우도 마찬가지이다."

단적으로 말하면 "경기에 이기기 위해 일시적인 효과를 목적으로 약물 또는 심리적인 특별한 처치를 하는 것을 일반적으로 도핑(doping)이라고 한다."

본서에서는 주로 약물에 의한 도핑에 초점을 두어 논술한다.

[표 1] 도핑의 종류

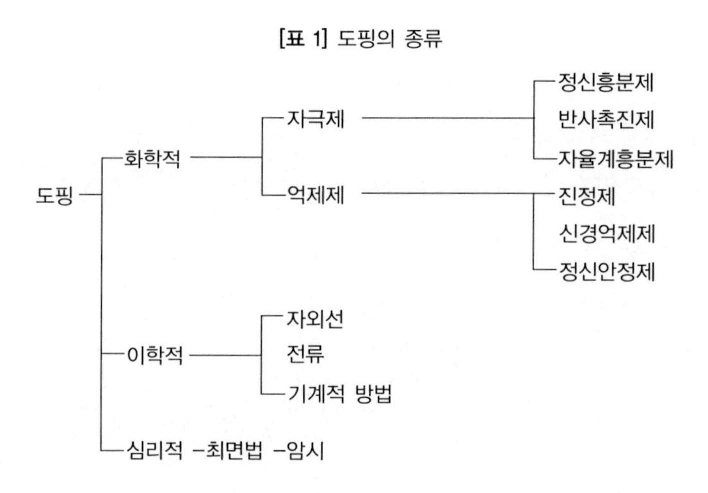

1) 도핑의 역사

경기에 이기기 위해 약물 등을 사용한 예에서는 고대 로마시대의 경마에서 찾을 수 있다. 고대 로마 올림픽에서는 이륜차 경기(chariot)가 활발히 행해져, 이 경기에 이기기 위해 벌의 꿀과 귀리와 물을 섞어 만든 봉밀액(hydromel)을 말에 주었다고 한다. 또한, 알코올음료는 입수나 사용법이 쉽기 때문에 경마장에서는 이전부터 사용되어 19세기 후반에서 20세기에 걸쳐서는 헤로인, 모르핀, 코카인, 스트리키네, 카페인 등의 알카로이드가 등장한다.

당초, 경마에서 문제가 되고 있던 도핑은 이윽고 자전차 경기, 풋볼 등 일반 스포츠계까지 파급되어 1865년에는 암스테르담 운하수영 경기회에서 안페타민이 사용되고 1886년에는 프랑스의 600km 자전차 경주에서, 토리메틸을 복용한 영국선수가 사망하여, 근대 스포츠 사상 최초의 도핑에 의한 사망 사고가 기록되었다.

올림픽에서는 1956년 멜보른 올림픽에서 자전차 경기 선수가 스트리키닌을 사용하여, 경련 발작에 의한 사고를 일으켜 1960년에는 덴마크 자전거 선수 크누트 이엔센이 혈관 확장제 사용으로 인해 사망하고, 다른 2명도 중태라는 큰 사고를 일으켜, IOC도 그 대응책을 압박받게 되었다.

1964년 동경 대회에서는 도핑 국제회의 가 개최되어 동시에 IOC 의무분과 위원회가 발족되어 1968년 그레노빌 동계 대회에서 도핑 컨트롤(검사)이 처음으로 실시되어 현재에 이르고 있다.

이후, 1988년에 새로이 서울 대회에서 벤 존슨의 스테로이드 사용에 의한 금메달 발탁 사건이 기입되게 된다.

3. 약물 도핑 현상

1) 금지 약물

아래 표는 'IOC에서 금지되고 있는 주된 도핑약제 리스트'인데, 초기의 주류를 차지하고 있었던 것은 무엇보다 안페타민 등 아미노계의 각성제나 스트리키네나 니트로 글리세린과 같은 혈관 확장제 등 일시적인 흥분 효과를 바라는 약물로, 그와 더불어 헤로인, 모르핀이라는 마약계 약물도 사용되었었다.

다음에 신종으로 등장한 것이 아나보릭 스테로이드와 같은 근육증강제이다. 이것은 소의 고환에서 뽑은 남성 호르몬의 일종으로 합성 호르몬에 의해 세포내의 단백질을 늘이고 보다 크고 강한 근육을 부치려고 하는 것에서 상용하면, 눈에 보이게 체중이 늘어나 근육이 울퉁불퉁해진다고 한다. 흥분제나 마약이 체크 리스트에 올려진 이후는, 이것이 주류가 되어 간다.

1972년 뮌헨 대회에서는 대활약한 동독 선수의 아나보릭, 스테로이드 사용이 화제가 되었지만, 당시는 그것을 검사할 수 있는 검사법이 확립되어 있지 않았다. 그후, IOC의무분과 위원회가 아나보릭, 스테로이드 검사법을 개발하여 1976년 몬트리올 대회에서 이것이 금지 리스트가 되었다.

그 결과 동독의 역도 메달리스트 3사람이 도핑 검사에 연루되어 올림픽 사상 처음으로 도핑 검사로 인해 메달 박탈이라는 불상사가 기록되었다.

70년대는 스테로이드계 약물의 전성기였지만 새로운 검사법이 개발된 것이나 다음에 역시 단백 동화 호르몬의 근육증강제 '테스토스테론'이 등장하여, 모스크바 대회에서는 이미 몰래 사용되었었다고 일컬어지고 있다.

[표 2] IOC에서 금지되고 있는 주된 도핑 약제 리스트

	용도 · 효과	
흥분제	정신을 고양시켜, 불안을 없애고, 그런 상태로 하여 순발력을 늘인다.	안페타민 에페드린 코카인 등
마약	고통, 피로 등을 없애고, 편안하게 한다.	알파프로먼 코디인 등
근육증강제	주로 남성호르몬을 사용하여, 근력의 파워 증강, 육성을 도운다.	테스트스데론 난드드론 등
β차단제	본래는 부정맥, 협심중의 약. 가슴동계나 떨림을 막는다. 양궁, 사격에 효과가 있음.	아테로놀 나드롤 프로플라노롤 등
이뇨제	체중을 줄이거나, 다른 약물의 배설을 촉진하고, 체내의 잔류약물 농도를 내린다.	아미로라이드 브메타나이드 등

2) 제자리 맴돌기

IOC도 도핑 박멸을 노리고 대회별로 도핑 지정 약물을 늘여왔다. 1972년 원헨 대회에서는 27품목이었지만, 1980년 모스크바 대회 59품목, 1984년 로스앤젤레스 대회 69품목, 그리고 서울 대회에서는 100품목 이상에 이르고 있다.

전술한 테스토스테론도 로스엔젤리스 대회에서 검사의 대상으로 되고 있다. 그러나 검사법이 진보함에 따라서 도핑 검사를 도피하는 수단도 점점 교묘해지고 있다.

예를 들면, 어떤 선수가 올림픽을 노릴 경우, 의학 지식을 가진 스탭이 가해진 프로젝트를 만들어 대회 1년 전부터 꼼꼼히 약물 사용 처방대로 초기에는 단백동화 호르몬을 사용하며 그리고 서서히 그것을 그만두어 검출이 어렵게 변해 간다. 그리고 검사 전에 중지하여 약물 검출을 피한다는 방법이다.

또한, 검출을 피하는 신약 개발도 진행되고 있어, 예를 들면 여성의 태반에서 나온 '고나드트로핀'이라는 호르몬이나 통풍 치료약 '프로베네시트', 인간의 뇌하수체에서 취한 성장호르몬의 일종인 '소매트로빈' 등의 약물이 화제가 되고 있다.

이처럼 신약개발 → 검출법(도핑 컨트롤)의 진보, 개선 → 신약개발 → 검사 도피라는 정말 '제자리맴돌기' 과정을 대회마다 되풀이하고 있는 실정이다.

3) 혈액 도핑

최근에 금지항목외의 도핑으로 화제가 되고 있는 것이 '혈액 도핑'이라는 것이다.

스웨덴이 원조라고 하는데 이것은 "선수 혈액의 5분의 1 정도를 빼어 냉장 보존하면, 선수의 신체는 잃은 혈액을 보완하는 조혈작용이 활발해진다. 1개월 후, 냉동보존 혈액을 재주입하면 산소운반 능력의 일시적 향상으로 인해 능력을 20% 상승한다는 아이디어"에서 나온 것으로 선수 자신의 혈액을 이용하기 때문에 오줌이나 혈액에 증거는 남지 않게 된다.

이 혈액 도핑 효과에 대해서는 불명확한 부분이 많지만 혈액 속의 헤모글로빈의 양을 늘리는 효과에 대해서는 최근 우리나라에서도 받아들여지고 있는 장거리 선수나 수영선수의 고난도의 트레이닝과 마찬가지의 효과를 거두고 있다고 한다.

4. 도핑의 문제점

일반적으로 도핑금지의 이유로 들 수 있는 것으로,

첫째, 선수의 건강을 손상한다는 의학상, 건강상의 이유

둘째, 페어플레이 정신에 반한다는 윤리상, 도덕상의 이유

셋째, 사회악을 낳는다는 사회상의 이유 세 가지 점을 들 수 있다.

여기서는 주로 첫째, 의학상, 건강상의 문제와 제 2의 도덕상, 윤리상의 문제를 중심으로 검토를 한다.

1) 의학상, 건강상의 문제

남곡(南谷)은 "도정은 부정 위이고, 나쁜 것이다. 나쁜 것은 그만두지 않으면 안 된다는 것만이 일반적으로 이해되고 침투되어 있으며 실제로도 약물에 의한 부작용이 상당한 것으로 신체에 매우 좋지 않다는 인식 방법은 문제도 아니라고 한다."라고 말하면 도핑에 사용되는 약물은 건강을 현저하게 저해하는 부작용이 있고, 이것에 의한 의존증(중동증)이나 정신적인 장해 또는 급사의 원인으로 되지 않기를 재인식하도록 호소하고 있다.

우리들이 다시 인식해 두어야 할 것은 "OC의 지정 약물을 사용하면, 틀림없이 부작용을 일으킨다."라는 사실이다. 예를 들면, 금지 약물 중에서 큰 비중을 차지하고 있는 아나보릭, 스테로이드 등은 간장, 신장의 기능을 침해하여 비뇨기계 암의 원인이 되어, 성기능 장해를 일으키는 등 다양한 부작용을 가져온다고 한다.

또한 미국의 데이빗 카츠 교수에 의하면 "아나보릭 · 스테로이드의 부작용에서 가장 일반적이고 가장 심각한 것이 정신불안정이다."라고 지적. 스테로이드를 사용한 자신과 41세 동료 중 다섯 사람에게 정신병 증상이 발견

되어져 4사람은 망상, 한 사람은 환각을 경험하여 이러한 증상은 사용을 중지해도 적어지지 않았던 것이나 스테로이드를 대량 복용한 남성이 히치하이커를 때려죽인 경우도 있었던 일 등을 보고하여 스테로이드가 정신면에서도 강한 부작용을 일으킴이 지적된다.

또한, 1980년 모스크바 올림픽 경영 여자 100m, 200자유형에서 우승한 동독이 자랑하는 대표적 수영선수인 바바라 크라우제가 도핑의 부작용이 보여 선천성 기형아 두 사람을 출산했다는 충격적인 기사도 기재되고 있다.

우리들은 도핑이 가져오는 이러한 부작용의 우려를 인식하고, 인명존중의 관점에서 도핑 박멸을 호소해 두지 않으면 안 됨과 동시에 스포츠 선수는 무엇보다 청소년에 대한 이 방면의 교육도 실시하지 않으면 안 된다.

2) 도덕상, 윤리상의 문제

(1) 룰의 위반

올림픽 헌장은 "의사관리 또는 도핑 테스트를 받을 것을 거절하거나 도핑을 한 것이 판명되면 경기에서 제외된다."(제 27조 C항)으로 명기되어, 극심한 도핑 검사를 실시하고 있다. 벤 존슨은 규칙에 따라 거절하지 않고 테스트를 받는 것까지는 좋았지만, 위반이 판명됨으로써 규칙에 의해 제외된 것이다.

규칙은 스포츠를 성립시키는 규범으로, 그 근본 원칙은 ① 인명 존중, 안전성 확보의 원칙, ② 대등, 평등, 공정의 원칙, ③ 불합리성 배제의 원칙, ④ 질서유지의 원칙, ⑤ 물질적 욕망 배제의 원칙 등으로 되어있는데 말할 필요도 없이 도핑은 이러한 근본 원칙을 근거로 삼아 페어플레이의 정신을 더럽히는 행위이다.

도핑 금지 규칙이 도대체 어떠한 이유에서 무엇을 위해 누구를 위해 만들어진 것일까 라는 원점에 귀착하여 생각한다면, 약물의 도움을 빌어 시합을 북돋우려는 행위가 부정임은 명백할 것이다.

(2) 비윤리적 행위

앞에서 말한 '혈액 도핑'은 약물을 사용하고 있지 않기 때문에 금지 항목에 두지 않았다. 즉 규칙에서는 명기되어 있지 않다는 뜻이지만 이 행위는 허락해도 좋을까?

이 문제에 대한 주류는 아래와 같은 견해를 보이고 있다.

"예를 들면, 혈액 도핑과 같이 획득 물질을 일단 체외로 다시 보내고 체내로 되돌림으로써 퍼포먼스를 높이는 것은 어떠할까. 이것은 고난도의 트레이닝에 의해 체질을 변화하는 것과 같은 가치일까. 위에서 말한 논점은 체질을 변화한다라는 점에서는 트레이닝과 공통되고 있다. 그러나 이러한 것은 '스포츠의 가치가 되어야 할 질이나 기술과는 무관계하여 노력하지 않고 얻은 이득이다'라는 것이 트레이닝과는 결정적으로 다른 점이다."

"스포츠에서의 약물 사용은 비윤리적 행위이다. 그것은 거짓 스포츠이다. 왜냐하면, 그 성적은 경기자 본래의 운동 능력의 표현은 아니기 때문이다."

이처럼, 부자연스런 방법으로 자기의 능력을 높이려고 하는 의의, 행위는 사람에 대한 불신, 증오를 낳음으로써 스포츠 그 자체의 존재 의식을 저하시키게 된다.

(3) 비인도적 행위

그외에 도핑에 관계하는 비인도적, 비인간적 행위라고 할 최근의 사례로 아래와 같은 문제를 들 수 있다.

특히 반보호주의 를 받아들이기 전에 약물 사용을 선택하는 선수가 실제로 자유롭고 또한 설명에 기인하는 선택을 하고 있는지 아닌지를 고찰할 필요가 있다. 자유롭고 도한 설명에 기인한 선택 결과의 행동이 아니면, 그것은 현실적으로 이성적이고 자율적인 사람의 행동이라고는 할 수 없다. 설명에 기인하지 않는 행동이라면 그 사람은 진실로 자신의 행동을 알지 못하게 되며, 한편 강요된 행동이라면 그 사람이 가장 하고 싶어하는 행동이라고는 할 수 없다.

경기력 향상 약물을 사용하는 선수는 그 부작용에 대하여 아무것도 설명되고 있지 않다든가 강요되고 있다든가 그렇지 않다면 이성적인 결정 능력이 모자란다고 판단하는 근거가 있을까?

제일 먼저 동의할 수 있는 연령 이하의 청소년에 대해서는 보호주의적인 근거에 기인하여 경기력 향상을 위한 스테로이드 사용을 합법적으로 저지할 수 있다. 부모에게는 어린이가 상처의 우려는 있지만 그 기회를 활용하고 싶다고 해도 상처의 우려가 있는 행동의 저지가 가능하다. 그것과 마찬가지로 스포츠 관계자도 젊다는 이유로 책임 능력이 없는 사람들이 유해한 경기력 향상 약물을 사용하지 않도록 금지할 수 있다.

그렇다면 설명에 기인하는 동의의 조건은 어떤 것일까? 경기력 향상을 사용하는 선수는 중대한 약물 부작용의 가능성에 대하여 적절하게 설명되어 있는가.

특히, 어린 선수는 설명되고 있지 않는지. 이용할 수 있는 정보의 의문가질지도 모르지만 성인의 스테로이드 사용자의 대다수가 스테로이드에 따른 위험성에 무지하다고는 생각지 않는다. 멘겐(H. L. Menken)이 미국인의 지성을 과소평가하더라도 파산할 일이 없다고 제창했을 때에 그것은 반드시 틀린 것이 아니라고 해도 경기력 향상 약물의 사용을 잘 알고 있는 사실인 점을 고려하면, 성인 선수의 대부분이 스테로이드 사용의 위험성에 무지하다고는 생각하기 어렵다.

그렇지만 가령 대부분 혹은 실질적으로 전부의 선수에게 이 위험성이 알려지지 않더라도 스테로이드 사용의 전면 금지는 정당화되지 않을 것이다.

그래서 필요한 것은 선수에게 약물 사용을 허가하기 전에, 그 위험성에 대하여 양해하고 있는지를 설명할 필요가 있다. 정보 부족은 약물 사용의 위험성을 생각하면 수급할 수 있다. 보호주의에 기인하는 정당성에서는 책임능력이 있는 성인이나 충분히 설명된 선수에 대해 경기력 향상을 위한 스테로이드 사용을 금지할 근거는 없다.

5. 스포츠에서의 강제와 자유

자유선택의 조건은 어떠할까. 선수에게 스테로이드를 사용하지 않을 자유가 있을까. 일부 연구자들은 선수가 스테로이드의 사용을 강요하고 있다고 논쟁할 것이다. 프로 스포츠의 경우를 생각해 보자. 프로 선수의 생계는 최고 수준에서의 경기 나름대로 그 세계에서 최고 수준에 머물지 않는 선수는 프로로서 그다지 길게 고용되지는 않는다. '이러한 사정으로' 다른 상태라면 아마 동의하지 못할 것에 동의하여, 플레이를 계속 할 책임은 선수 측에 있다. 강요인지는 파악하기 어렵지만 그때는 선수를 약한 입장에 두며, 설명에 기인하는 동의와 관계되어 자유롭게 선택하여 행위하는 선수의 능력을 저하시킨다. 라고 어떤 연구자는 결론지었다.

이러한 지적은 특정 상황 하에서는 설득력이 있지만 '강제'라는 단어의 사용에는 문제가 있다. 결국 누구나 프로 선수가 되거나 또는 아마추어 경기와 일류 수준에서 참가하는 것은 문자대로 강제는 아니다. 그만큼 광범위하게 '강제'라는 단어를 사용한다면 기묘하다고 생각되지만 코치는 선수에게 혹독한 연습이나 트레이닝을 강요하게도 된다. 마찬가지로 교관은 학생에게 현명하게 공부하도록 강요하게 된다. 체조에 만전을 기할 압력이 선수에게 가해지지만 이러한 압력은 법률 전공 혹은 의학 전공 학생으로 현명하게 공부하기 바라는 압력과 같다고 얘기하는 것은 약간 의문이다.

일류 선수라면 스테로이드의 사용을 강요받는지, 아니면 여러 가지 억제나 자극을 고려한 다음에 스테로이드 사용이 위험하지만 그들이 자유롭게 결정하고 있는지는 불명확하다. 다른 직업에 있어서도 마찬가지로 압력과 강제의 형태임을 증명할 수 없다면 확실히 한 계급으로서의 프로 선수가 스테로이드 사용에 대해 '강요가 있었기 때문에'라는 설명에 의거한 동의를 할 수 없다고는 단정할 수 없다. 또한, 그만큼 광범위하게 강요하게 되면, 누군가의 강요가 없었는지 구별할 수 없게 된다.

당연히 선수가 강요의 희생이 되는 사례도 있을 것이다. 예를 들면, 다른 상태라면 스테로이드를 사용하지 않는 선수에 대해 오너가 그러한 종류의 약물을 쓰지 않으면 해고한다고 위협을 하려 할 것이다. 그렇지만 이러한 명확한 사례는 별도로 하고 프로로서 성공하고 싶다라는 선수의 일반적인 욕구가 자유롭게 선택한 것을 강요 때문에 손상받는다고 생각할 수는 없다.

그러므로 성공하고 싶다는 선수의 내적 욕구에서 자유롭게 선택할 수 없다 하더라도 다른 선수들에 의한 강요는 어떠할까. 즉, 선수 자신들의 내적 압박이 강요되어져서는 안 된다고 하더라도 강요하는 선수들이 창출하는 외적 압박이 있다. 그러므로 영악하고 현명한 선수들은 설명에 의거하여 동의하더라도 그들의 약물 사용은 강요가 없다면 스테로이드를 섭취하지 못하는 다른 선수들에게 같은 섭취를 강요할 경우가 있다. 강요를 당한 선수들은 스테로이드를 섭취하지 않으면 섭취하는 선수와 경쟁할 수 없다고 생각한다. 그들은 스테로이드를 섭취하지 않아 손해를 볼지, 아니면 스테로이드를 섭취하여 경쟁에서 도태되지 않을지, 그 어느 쪽인지 생각한다.

여기에서 알아 두어야 하는 것은 보호주의에 기인하는 선수 자신에 대한 자학 방지가 아니라 사용하고 싶지 않은 선수를 강요로부터 지키기 위해 간섭해야 하는 점이다. 이 의론은 자유가 다른 사람의 위해를 막을 때에는 제한된다는 말이 제창한 위해 원리와 일치한다.

약물 사용 선수에 의한 압박은 다른 선수에게도 그 사용을 강요할까. 약물 사용 선수의 강요가 의심스러운 이유는 여기서도 '강요'가 너무 광범위하게 사용되어지고 있는 점에 있다. 이 경우에 다른 사람보다 현명하게 공부하는 학생은 다른 급우가 뒤떨어지지 않도록 더욱 공부하듯 '강요' 한다고 얘기하거나 다른 선수보다 장시간 연습하는 선수는 다른 선수가 마찬가지로 장시간 연습하듯 '강요한다.'라고 말하는 경우와 꼭 같을 것이다. 다른 사람의 강요라는 주장의 문제점은 그 단어의 의미가 너무 확대되어 있고, 어떠한 경쟁 플레이어에서도 강요하게 되기 때문에 도덕적인 설득력이 없어진다. 경쟁에서 유리함을 얻기 위한 행위가 강제로 되면, '강제'라는 말은 그 차이를 이해할 수 없기 때문에 무의미한 말로 될 것이다.

1) 비윤리적인 부자연스런 선택

스테로이드 사용 금지의 정당성 강요에 호소하더라도 강요를 지나치게 넓게 사용하면 비판을 받기 쉽다. 그렇다고 해도 아마 이 의론은 비판을 받는 것과 같은 '강제'라는 말을 남용하지 않고서도 재구성 혹은 수정할 수 있을 것이다.

적절한 '강요'의 정의가 무엇이든 아마 강요가 나쁘다는 것은 강요가 부당, 불법, 혹은 다른 형태로 부적절하게 타자의 자유에 간섭할 때이다. 그러므로 동료보다 현명하게 공부하는 학생, 상대 선수보다 혹독한 연습을 하는 선수가 불법이라든가 불적절한 행위를 하고 있다고는 생각하지 않기 때문에 다른 사람을 강요하고 있다고는 할 수 없다. 그 학생이나 선수도 현명하게 공부하거나 연습하거나 할 권리가 있다. 그러므로 그들이 현명하게 하는 것은 마찬가지로 다른 사람에게 하도록 강요하지 않는다든 가 아니면 강요하더라도 부적절하다든가 부당하게 강제하고 있다는 뜻은 아니다. 때문에 그 학생이나 선수의 행동을 금지할 이유는 없다(실제, 그러한 행동이 그들을 탁월한 달성으로 인도하기 위해 그것을 재촉할 이유가 있다).

그렇지만 경쟁 플레이어가 불법 혹은 부적절하게 과해지게 되는 사례를 생각해 보자. 젊은이가 승진을 다투고 있는 회사에서 당신이 일하고 있다고 하자. 어떤 점까지는 다른 사람보다 현명하게 활동하더라도 다른 사람보다 더욱 좋은 일을 한다고 하는 것은 나쁜 일이 아니기 때문에, 윤리적 문제는 아니다. 그렇지만, 어떤 사람들이 주말을 반납하면서까지 일상적으로 일한다고 하자. 누구나가 뒤지지 않으려는 압박을 느끼며 즉시 거의 모든 사람이 주말이나 야간을 반납하지 않으면 실직할지도 모른다고 생각하고 같이 한다. 이때 다른 사람은 강요를 받고 있든지, 아니면 강요는 아니더라도 근무 시간이나 잔업 시간이 부당하고 무리하게 강요되고 있다고 할 수 있을 것이다.

또 약간 극단적인 예이긴 하지만 일부의 사람이 장시간 일을 하기 때문에 유해한 부작용이 따르는 자극물을 복용하기 시작한다. 그리고 다른 사람들도 뒤지지 않으려고 자극물을 복용하지 않으면 안 되는 상태가 된다. 다른 사람들은 지위를 고수하기 위해 자극물의 복용이 강요되고 있다면 고용주에 대해 취업 시간의 제한을 제시한다.

이때 자극물을 복용하는 사람이 적절하게 행동하고 있다고는 하기 어렵다. 아마 그는 다른 사람들에게 부당한 압력을 가하고, 다른 사람들은 스스로의 지위를 지키기 위해 자학의 위험에 빠지고 있다. 그렇다면 자극물을 복용하는 사람은 다른 사람들의 자유를 침해하는 것이며, 그 행동은 모든 사람들의 자유를 보호하는 이익에 의해 규제되어져야 할 것이다.

경쟁적 스포츠에서의 스테로이드 사용은 위의 사리와 마찬가지일까. 위험한 경기력 향상 약물을 사용하는 선수는 경쟁에 뒤지려고 하는 다른 선수에게 압력을 가할 경우, 정당 혹은 적절하게 행위하고 있을까. '행위하고 있다'라고 말하는 사람이 있을 것이다. 가트가 논하고 있듯이 "경쟁을 위한 스테로이드 섭취는 선수가 성공하기 위해 몸에 드러나고 있는 다른 고통, 상실, 위험과 구별할 수 없다. 누구나 세계 일류 경쟁에 강요를 받고 있지 않다. 선수가 이상한 희생으로 안다면 물러날까."

이 회답은 설득력은 있지만 경쟁적은 아니다. 선수는 언제나 경쟁에서 물러난 이상, 스테로이드의 사용은 전혀 강요는 아니라는 제안은 설득력이 있다. 그러나 유해의 가능성이 있는 약물을 사용하든지, 아니면 경기에서 철퇴하든지의 선착이 다른 선수에게 부여되면 비윤리적일 것이다.

스테로이드의 금지는 아마 선수가 그러한 선택을 여의치 않게 되는 입장에 총력을 기울이지 않도록 선수를 보호하는 수단으로 정당화 되어질 것이다. 그러한 딜레머로 선수를 몰아넣는 것이 잘못이고 부당하다고 생각하는 한 강제에 기인하는 의론도 일리가 있음을 알 수 있다. 이러한 상황에서 강요라는 말을 적용하기 위해서는 다음 점을 생각할 필요가 있다.

경쟁하기 위해 중대한 자학의 위험에 선수가 대비하고 있어야 한다는 주장이 윤리적으로 잘못인가 아닌가이다. 만일, 윤리적으로 잘못이라고 한다면, 스테로이드의 사용 금지는 그러한 선택에서 선수를 지키는 수단으로, 또한 만일 규제되면 완전히 수급이 연결되지 않는듯한 경쟁적 압력에서 선수를 지키는 수단으로 정당화 되어질 것이다.

이상의 고찰에서는 스테로이드의 사용을 허락한다고 생각하고 있는 사람들을 만족시키지 못할 것이다. 특히, 가혹하고 때로는 스트레스가 심한 트레이닝을 하는 선수도 다른 선수에게 심한 선택을 강요한다. 그렇지만, 그것은 비윤리적이라고는 할 수 없다고 반격할 것이다. 경기력 향상 약물을 사용하는 사람은 다른 선수에게 곤란한 선택을 강요하지만 약물과 트레이닝에서는 별도의 판단을 내렸을 때, 어떻게 약물 사용이 정당하다고 비난할 수 있을까.

이러한 응답을 더욱 치밀하게 조사할 필요가 있다. 스트레스가 심한 트레이닝에 고유의 위험성과 스테로이드 사용 그것과는 구별할 수 있다.

특히 스포츠의 경우에서 보여지는 위험한 기능, 예를 들면, 축구에서 흔히 찌른다(spearing)고 하는 태클의 방법은 금지되어야 할 것이다.

큰 대회에서의 스테로이드 사용의 금지에 대해 반론의 여지가 없는 정당성은 얻을 수 없었다. 그렇지만 더욱 깊이 검토해야 할 의론의 이치는 찾았다. 이 이치가 부각되는 비판적 이론의 시련에 견딜 수 있을지는 지금의 단계에서는 알 수 없다. 그러나 스테로이드 사용 금지라는 일반 사례는 다른 고찰에 의해 보강되어져야 할 것이다.

2) 페어니스, 부정행위, 경기력 향상 약물 복용

경기력 향상 약물의 사용에 반대하는 사람들의 대다수는 약물 사용자가 다른 선수에게도 그것을 사용하도록 강요하기 때문에(혹은 그 이유를 포함하여) 반대하지 않고, 그러한 약물 사용이 부정행위라고 생각하고 있기 때문이다. 경기력 향상을 위한 스테로이드의 사용이 정당하지 못한 경쟁인 이유는 무엇일까?

경기력 향상 약물의 사용자가 대전 상대에게 부정행위를 한다고 주장하는 사람들은 사용자가 기존의 규칙 위반 이상의 것을 하고 있다고 생각하고 있다. 당연히, 기존의 규칙이 약물 사용을 금한다면 그 사용은 부정행위이다. 교묘하게 규칙을 위반하는 선수는 규칙을 준수하는 선수를 부당하게 이용하고 있다. 그렇지만 철학적으로 흥미 있는 문제는 규칙 그 자체가 경기력 향상 약물 사용을 인정하도록 바꾸어야 할지, 아닌지이다. 이것에서의 고찰 접근에 의하면 경기력 향상 약물의 사용을 인정하는 규칙은 만일 그러한 약물을 누구나가 이용할 수 있더라도 언페어하게 된다.

많은 사람들은 경기력 향상 약물 사용이 부당하게 유리해진다고 직감적으로 생각하지만, 이 직감이 이치 정연한 의론에 의해 지지될지는 물을 필요가 없다. 의론의 방향으로 선수가 이용할 수 있는 욕구, 용품과의 차이에서 유추할 수 있을 것이다. 예를 들면, 골프 대회에서 어떤 골퍼가 같은 힘으로 치더라도 상대의 볼보다 상당히 멀리까지 날아가는 볼을 사용하면, 그 대회는 아마 언 페어이다. 어떤 선수는 기능이 아니라 우수한 용품에 의해 골프의 주요한 문제의 하나인 '비(飛) 거리를 내는 것'이 부당한 일인가하는 문제이다. 스테로이드 사용도 마찬가지로 부당하게 유리해진다. 라는 의론이다.

그렇지만 이 의론의 문제점은 그 골프 대회가 언페어인지, 아닌지 알 수 없는 점에 있다. 보다 멀리 가는 볼을 규칙에 적용하고, 또한 다른 선수도 이용할 수 있을 경우, 그것을 사용하는 선수는 보통 용품을 사용하는 선수보다도 실제로 유리하더라도 언페어한다고는 할 수 없다. 현실적으로는 모든 차이가 용구, 용품, 자란 환경, 트레이닝 시설, 코치, 다이어트에서 보여진다. 그렇지만 그러한 것은 선수의 경기력에 영향을 미칠 가능성이 있더라도 언페어라고 간주되지 않는다. 스테로이드와 같은 경기력 향상 약물에서 얻어진 유리함은 위법이고, 한편, 배경이 되는 모든 조건의 차이에서 얻어진 유리함은 합법이라는 이유를 말할 수 없다면, 언페어라는 비난은 타당한 지지를 얻지 못하고 지나침에 틀림이 없다.

경기력 향상 방법이 스포츠를 너무 간단하게 한다는 견해에도 마찬가지로 어려움이 있다. 우선, '가능성이 높다' 골프볼의 문제는 다음과 같이 말할 수 있다. 즉, 볼을 사용하지 않는 선수보다 사용하는 선수가 부당하게 유리하다는 점이 아니라, 누구나가 그 볼을 사용할 수 있기 때문에, 골프가 그다지 도전이 없는 재미없는 것으로 되는 점이다. 스테로이드 문제에 응용하면 기능이 아니라 약물 섭취의 결과를 달성하기 때문에 스테로이드가 스포츠 도전을 경감한다고 주장하게 될 것이다. 그러나 가드너(R. Gardner)가 지적했듯이 새로운 용구의 도입에 대해서도 말할 수 있다. 예를 들면 저중심의(Perimeter-weighted)골프 채는 스윗 스폿(클럽의 중심점)이 커지므로 바람직한 샷에 필요한 기능 수준은 내려가 버린다. 이것은 카보하이드렛 로딩(carbohydrate loading)에 의한 다이어트법, 하이테크 기술을 구사한 러닝 슈즈, 최첨단 연습 시설에 대해서도 말할 수 있으며, 이들은 모두, 경기적 경쟁의 일부로 인정되어지고 있다.

여기서 어려운 것은 원리에 기인한 선긋기 방법을 발견하는 것이다. 즉, 스테로이드의 위법적인 사용이나 다른 경기력 향상 방법과 경쟁상에서의 합법적으로 유리해진 요인과의 사이의 선긋기이다.

여기서 모든 문제의 하나가 원리에 의해 처리할 수 있다고는 생각하지 않지만, 언페어라는 비판은 간단히 무시해서는 안 된다. 아마, 스테로이드 사용은 강요의 우려가 있다는 의론을 진전시키면, 언페어에 얽힌 다른 분석을 할 수 있을 것이다. 전술했듯이 어떤 선수의 스테로이드 사용은 다른 선수에 대해서 불쾌한 선택 상황, 즉, 스테로이드를 사용하여 자학의 위험을 무릅쓰든지, 아니면 경쟁에서 물러 나든가하는 상황을 창출했다. 이 의미에서 스테로이드의 사용자는 적어도 어떤 딜레마를 창출하고 있다. 그것은 돈이나 목숨을 요구하는 · 강도와 마찬가지는 아니지만, 자극물이 만드는 동료의 에너지와 보조를 맞추기 때문에 다른 사람들이 유해한 약물에 손을 감염당하는 딜레마와 비슷하다. 결론을 하자면, 선수도 회사원도 그러한 선택에 몰두해야 할 것이 아니라 그들을 위협하는 잔혹한 딜레마에서 지키기 위해, 약물 사용을 규제해야 할 것이다.

이하의 의론에서도 경기력 향상을 위한 스테로이드 사용이 언페어하다고 결론을 지으려고 생각하면, 다음과 같은 문제가 생기는 것이다. '경기적 경쟁에서의 스테로이드 사용의 금지'와 '그 인정'이라는 규칙 중, 어느 쪽을 지지하는 것이 모든 선수에게 있어서 이성적일까. 이것을 선택하는 조건에 인위적이라고 할 수 있으며 이치에 필적하는 또한 도덕적으로 정당화되는 지적했듯이 새로운 용구의 도입에 대해서도 말할 수 있다. 예를 들면 저중심의(perimeter-weighted) 골프 채는 스윗 스폿(클럽의 중심점)이 커지므로 바람직한 샷에 필요한 기능 수준은 내려가 버린다. 이것은 카보하이드렛 로딩(carbohydrate loading)에 의한 다이어트법, 하이테크 기술을 구사한 러닝슈즈, 최첨단 연습 시설에 대해서도 말할 수 있으며, 이들은 모두, 경기적 경쟁의 일부로 인정되어지고 있다.

여기서 어려운 것은 원리에 기인한 선긋기 방법을 발견하는 것이다. 즉, 스테로이드의 위법적인 사용이나 다른 경기력 향상 방법과 경쟁상에서의 합법적으로 유리해진 요인과의 사이의 선긋기이다.

여기서 모든 문제의 하나가 원리에 의해 처리할 수 있다고는 생각하지 않지만, 언페어라는 비판은 간단히 무시해서는 안 된다. 아마, 스테로이드 사용은 강요의 우려가 있다는 의론을 진전시키면, 언페어에 얽힌 다른 분석을 할 수 있을 것이다. 전술했듯이 어떤 선수의 스테로이드 사용은 다른 선수에 대해서 불쾌한 선택 상황, 즉, 스테로이드를 사용하여 자학의 위험을 무릅쓰든지, 아니면 경쟁에서 물러 나든가하는 상황을 창출했다. 이 의미에서 스테로이드의 사용자는 적어도 어떤 딜레마를 창출하고 있다. 그것은 돈이나 목숨을 요구하는 강도와 마찬가지는 아니지만, 자극물이 만드는 동료의 에너지와 보조를 맞추기 때문에 다른 사람들이 유해한 약물에 손을 감염 당하는 딜레마와 비슷하다. 결론을 짓자면, 선수도 회사원도 그러한 선택에 몰두해야 할 것이 아니라 그들을 위협하는 잔혹한 딜레마에서 지키기 위해, 약물 사용을 규제해야 할 것이다.

제한을 정해 두자. 즉, 선수는 스테로이드의 일반적 특성에 대한 지식은 있더라도 스테로이드의 사용, 불사용은 스스로에게 어떠한 영향이 있는지를 무시하여 투표한다. 이 '무지의 골짜기지라는 제한은 롤즈의 정의론 속에서 제창된 것이다. 이 제한을 사용함으로써 선수에게는 개인적 이해에 의한 투표가 아니라 공정하고 치우침이 없는 투표가 강요되어진다. 이성적 선수라면, 어떤 쪽에 투표를 할까.

스테로이드의 사용을 인정하는 룰에 찬성하는 투표는 무지의 골짜기 상황 하에서는 이성적이라고 입증할 수 있을까. 입증할 수 있다고 논하는 사람은 모든 선수가 일반적인 스테로이드의 유해한 부작용을 알면서도 무지하다기 때문에 누구나 스테로이드가 자신의 경우에 유해하다고 생각하는 이유가 없다고 주장할 것이다. 약물 사용이 만연하면 어떤 선수가 유리해지더라도 다른 선수도 마찬가지로 유리하게 되어 그 유해함은 거의 상실되기 때문에 이익은 극단적으로 삼가하게 된다. 그러나 건강에 대한 심각한 영향의 공포는 모든 선수에게 있어서 중대될 것이다.

무지한 상황 하에서는 스테로이드의 사용을 인정하는 규칙이 전체적으로 보아(collectively), 이성적이라고는 생각할 수 없다. 이성적인 사람들의 선택이 약간의 이익을 위해 중대한 위험을 무릅쓴다고는 생각되지 않는다.

그 약간의 이익도 무지의 골짜기 배후에서 판단하면 대전 상대에게 이익이 생기므로 자신에게는 생기지 않는다. 특히 의미하는 유리함을 경쟁면에서 확보할 수 있는 것은 어떤 선수가 밀접하게 스테로이드를 사용하여 다른 선수가 그것을 알지 못할 때에 한한다. 스테로이드의 사용을 일반적으로 인정하는 것은 모든 선수가 충분한 정보에 기인하여 공평하게 선택하면 지지되지 못할 것이므로, 어쨌든 중대한 위해의 위험성에 비해 극히 근소한 이익 밖에 없다.

경기력 향상을 위한 스테로이드의 사용에 반대하는 사람들에게는 어리둥절하겠지만 모든 선수 사이에 가상의 사회계약이 있다는 주장은 반론을 피할 수 없다. 특히 선수들이 무지의 배후에서 선택하는 결과는 건강에 대한 위험성과 다른 선수를 극복하는 경쟁상 이익과의 대비만을 상정하고 있다,

이 대비만으로는 옳다고는 할 수 없다. 어떤 선수는 그것과는 다른 것을 생각한다. 예를 들면, 상대보다 유리해지는 것과는 별도로 건강에 대한 위험성보다도 스테로이드 사용에 의해 발생하는 더욱 높은 수준에서의 경쟁 가치를 생각한다. 또한 다른 선수는 유리·불리와는 별도로 스테로이드를 사용하여 더욱 강해질 것에 가치관을 두는 배후에 있는 선수는 스스로의 가치조차도 알 수 없지만 현실적으로는 스스로의 가치에 의해 투표할 가능성을 고려하지 않으면 안 된다. 그러므로 무지의 배후에 있는 선수가 전체에서 보아 경기적 경쟁에서의 스테로이드 사용 금지에 동의하는 경우와 마찬가지로 논쟁이 될 것이다. 실제의 경우, 무지의 배후에서의 깊은 생각은 이러 한 가치관의 대립에 의해 정해지지 않을 것이다.

페어니스에 기인한 의론이 이치에 필적한 반론을 피할 수 없다 하더라도 이상의 의론은 적어도 이것을 더욱 진전시켜 검토해야 하는 하나의 접근을 보이고 있다. 더욱 의론을 발전시키면 페어니스에 대한 반론을 논박하는 실

마리가 될 것이다. 예를 들면, 전미 대학 경기 연맹(NCAA)이나 국제 올림픽 위원회(IOC)처럼 규칙을 정식으로 결정하는 기관은 선수 개개인의 특이한 가치를 무시하고 스테로이드 사용 문제를 좋은 경쟁의 시점만으로 생각하지 않을 수 없는지를 생각해 보자. 선수들은 체력 향상이나 건강에 대한 위험성으로 경기력 달성에 가치를 두거나 스테로이드 사용의 문제를 경쟁의 유리·불리의 시점(아마 후자의 시점은 규칙 결정 기관이 취해야 할 견해일 것이다)에서만 생각하는 데 이러한 기관이 선수들의 선호를 정당하게 제외할 수 있다면 여기서 독자의 결론이 도출된다. 경쟁 조건에 대한 전체적이면서 공평한 선택의 시점에서 판단하면 스테로이드 사용자는 자유롭고 공평한 선택이라는 조건 하에서 동의하지 않는 룰 속에서 승자에게 스스로를 예외로 취급하고 있다. 그 행동은 정당하고 페어하다고 간주될 수 없다.

6. 경기력 향상 약물과 경쟁의 원리

페어니스에 기인한 의존에 설득력이 있다고 해도 경기력 향상 약물 사용에 의해 발생되는 문제의 일부가 빠져 있다. 장시간의 스테로이드 사용이 유해하다는 사실을 전제로 해왔지만, 경기력 향상 약물의 사용은 그 약물이 유해하지 않더라도 나쁘다고 생각된다. 가령 '마법의 약'이 있고, 적절하게 사용하면 건강에 해가 없고 경기능력도 현저하게 개선되어진다면 그 약물 사용은 윤리적일까. 스테로이드 사용은 좋은 경쟁 윤리에 반하는 것이 아닐까. 스테로이드 사용은 스포츠에서 나온 도전의 극복이 아니라 그 도전을 회피하는 방법은 아닐까. 이러한 직감은 스테로이드 사용이 강제적이든가 페어하다는 주장을 근거로 하고 있는 것이 아니라 기본적인 경쟁 원리에 대한 관심에서 독자적으로 생겨났다고 생각된다. 약물 사용이 나쁘다는 직감은 정당화 될 수 있을까. 스포츠 경쟁이 인간들의 경기 능력 시험을 전제로 하고, 만일 경기력 향상 약물이 경쟁의 결과에 영향을 미친다면 진정한 경쟁의 본질은 타락되지 않을까? 높이뛰기의 신기록으로 승리한 선수가 특수한 용수철을 넣은 슈즈를 착용하고 있다면 그 기록은 인정되어지지 않을 것이다. 마찬가지로 콜크제의 배트로 친 홈런은 인정할 수 없다. 어느 쪽의 경우나 기능이 반영된 것이 아니라 특수한 용구의 성과라고 할 수 있을 것이다.

이 점은 경기력 향상 약물 사용과 마찬가지가 아닐까. 그러한 종류의 약물에 의해 플레이가 향상되어지더라도 '그 원인은 인간이 아닌 약물에 있다.

이것은 특수한 육상 경기 슈즈나 콜크제 배트 사례와 비슷하지 않을까. 어느 쪽의 사례도 선수의 기능이 공학기술적인 도움에 의해 인간들의 경쟁에서 기계 경쟁으로 전환하기 위해 경쟁 윤리에 위반되지 않을까. 이것을 발전시키면, 논리적으로는 맨몸의 선수를 대신하여 모든 범주에서 경기력이 최고가 되도록 디자인된 로봇으로 전환될 수 있다. 이러한 악몽이 현실로 된다면, 경기력은 높아지더라도 그것은 스포츠라고 할 수 있을까.

그러나 경기력 향상 약물의 사용을 인정해야 한다고 생각하고 있는 사람은 이러한 의론에 납득이 간다고는 생각하지 않는다. 특히, 세 가지 중요한 반론을 낼 것이다.

첫째, 새로운 용구가 경기력을 높이더라도 이제까지 그것을 인정하고 있다. 봉 높이뛰기의 파이버 글래스제 폴의 도입, 목제에서 철제 골프, 샤프트로의 교환은 경기력을 높인 혁신적인 예이다. 경기력 향상 약물 도입과의 차이점은 무엇일까.

둘째 다이어트법에 의한 개선은 경기력을 높인다고 모두가 생각하고 있다. 런너가 기록을 단축하기 위해 레이스 전에 탄수화물을 보충할 수 있는데, 왜 스테로이드는 섭취할 수 없는지.

셋째 스테로이드나 다른 경기력 향상 약물은 즉효약과 같은 마법약이 아니라, 혹독한 트레이닝과 결부되어 비로소 생존한다. 스테로이드 사용의 결정과 웨이트트레이닝 도입의 결정이란 같은 인간의 결정이라고 해도 왜 같지 않을까. 웨이트 트레이닝이 인간으로서의 신분은 반영하지만, 스테로이드는 반영하지 않는다고 할 수 있는 이유는 있는 것일까.

최초로 용구의 기술 혁신에 대하여 검토해 보자. 용구의 혁신에 대하여 그 적부(適否)를 설명하는 원리는 무엇인지 몇 가지 구별은 할 수 있다. 예를 들면, 용구의 기술 개량은 그때까지 사용해 온 용구의 결함을 개선한다.

오랜 목제 골프, 샤프트는 스윙의 세기에 따라 여러 가지로 나타나 칠 때에 결과가 달라진다. 즉, 2회 모두 같이 좋은 스윙을 하더라도 목제 샤프트의 틀어짐에 의해 같은 결과가 안 된다. 이 결함은 틀어지지 않는 철제 샤프트의 도입으로 해소했다. 마찬가지로 개량된 경기 슈즈는 불필요한 체중이 가해지는 결점이나 결함 구조를 제거하는 것으로 이해할 수 있다. 이 두 가지 혁신은 경기를 간단하게 했다고 하더라도 게임의 특성을 바꾸지는 못해 용구의 결함에 의한 핸디를 제거하기 위한 혁신으로 그 스포츠에서 나온 도전과는 무관하다.

그러나 인정되어 온 용구의 혁신은 단순히 기제 용구의 결함을 제거하기 위한 것만은 아니다. 프로 골퍼, 사라젠(G. Sarazen)은 의도적으로 배트가 큰 클럽, 즉 샌드웨지를 발명하여 그때까지 보다도 간단하게 벙커에서 탈출할 수 있도록 했다. 실제, 많이 숙련된 프로 골퍼는 샌드웨이지에 의해 매우 정확하게 복구할 수 있기 때문에 상급자는 어려운 잔디 지점보다도 행커로 떨어지는 지점을 선택할 때가 있다.

마찬가지로 파이버 글래스제 폴이 도입되어 봉높이뛰기에서는 이전에는 생각 못했던 높이까지 도달할 수 있게 되었다. 파이버 글래스나 다른 합성물로 만들어진 용구는 골프, 테니스, 다른 스포츠 종목 플레이 향상에 공헌하고 있다. 정리하면, 모든 스포츠 용구의 기술 혁신이 그때까지의 용구 결함을 교정할 따름이라고는 생각할 수 없다. 그렇다면 왜 이러한 혁신은 인정되고 스테로이드 사용은 금지되어질까.

경기력 향상 약물의 사용을 인정하는 사람들은 용구의 기술 혁신은 달성 수준을 높이며 그 용구는 인간들에 의해 사용된다는 비판에서는 납득하지 못할 것이다. 약물 사용을 인정하지 않는 사람들은 경기력 향상 약물을 사용하는 사람들의 본질을 변화하여 스포츠 종목에서 나온 도전을 은밀히 받는다고 생각하고 있다. 즉, 과제에 도전하는 대신 직면한 도전을 최소한으로 하기 위해 과제를 받아들이는 사람들의 본질을 바꾸어 버린다. 이러한 직감은 일반적이라고는 할 수 있으며 이에 필적한 이론에 의해 지지될런지. 경기력 향상 약물 사용의 찬성자, 반대자 모두, 충분히 검토해야 할 논점을 제시하고 있다고 생각하지만, 양자가 제시하는 의론은 아직 결정적이라고는 할 수 없다.

경기력 향상 약물의 사용이 스포츠 종목에서 나온 도전을 은밀히 받는다는 제안을 더욱 검토한다면 진전이 보여질 것이다. 특히 스테로이드나 다른 경기력 향상 약물의 사용을 인정할 경우, 약물에 의해 영향을 받은 선수가 결과에 어떠한 영향을 줄지를 생각할 필요가 있을 것이다. 그러나 죤의 신체는 스미스보다도 효율적으로 스테로이드에 작용하기 때문에 존은 스미스에게 지지 않을까, 라는 점에서는 경기 면에서는 부적절하다고 생각된다.

우리들은 최고의 선수가 승자가 되기를 바라고, 그 신체가 경기력 향상 약물에 가장 적합한 선수를 바란다는 뜻은 아니다. 다시 말하면, 경기력 향상 약물의 사용은 인간들에 의한 시합에서 '음모자'의 신체에 의한 시합으로 스포츠 방향을 바꾸고 있다. 또한, 노력이나 혹독한 트레이닝이 아니라 기술 조작에 의해 만들어진 신체 시합이기도 하다. 그래서 승자는 이용할 수 있는 약물에 가장 잘 반응하는 신체를 가진 선수이며, 그것은 스포츠와는 동떨어져 인간들이 탁월성에 대한 상호 추구를 하고 있다고는 할 수 없다.

이런 반면에 경기력 향상 약물의 사용을 지지하는 사람들은 특수한 다이어트에서도 같다고 할 수 있을 것이다. '카보하이드랫 로딩'이나 경기 전에 보통 보다 많은 탄수화물을 섭취하는 것은 장거리 선수에게 있어서는 일반적인 방법이지만 확실히 특정 선수가 다른 선수보다도 그 방법으로 이익을 얻고 있다. 이 방법은 경기의 관점에서 보아 부적절한 특질에 의해 부당하게 영향을 미치는 사례일까. 아니면, 경기력 향상을 위한 다이어트가 인정되어지면 왜 경기력 향상 약물의 사용은 인정되지 않는 것인가.

가령 다이어트와의 차이를 무시하더라도 스테로이드의 사용을 인정하는 사람들은 경기력 향상 약물 사용에 대한 반대가 다른 점에서도 모순된다고 비난할 것이다. 즉, 여기에서는 스포츠 경쟁이 특히 인간들의 도덕적 신분의 표명으로 옹호되고 있다. 그러나 선수에 대해 경기력 향상 약물의 사용을 금지하는 것은 인간으로서의 존경을 표하고 있지 않다. 자주적이고 지성이 있고, 책임 능력이 있는 개인이라면 생활에 컨트롤을 가해서는 안 된다.

다시 말하면 선수가 인간이라면 경기력 향상 약물 사용의 선택을 포함하여, 선수의 선택이 존중되어야 하지 않을까?

이 논쟁은 설득력이 있지만 경기력 향상 약물 사용의 반대자가 제기한 유력한 논쟁과 마찬가지로 결정적이지는 않다. 전술한 반보호주의의 논쟁에서는 자율성과 자유선택의 중요성이 강조되었지만 그와 동시에 다른 경우에서의 선택 가능성을 최대로 하기 위해 특정 장면에서의 자유스런 선택에 간섭하는 것도 인정되었다. 예를 들면, 마약중독이 되면 결국은 자유로운 선택을 할 수 없어지므로 마약중독 방지는 인정되어질 것이다. 역시 오딧세이 중에서 율리시즈는 선원에게 돛대로 포박 당해, 사이렌의 노랫소리의 유혹에 지지 않았다고 했다. 그는 장래의 더욱 다양한 욕구를 추구할 수 있는 가능성을 최대로 하기 위해 그때만의 욕구를 추구하려고 하지는 않았다.

마찬가지로 경기력 향상 약물의 사용이라는 선택은 적절한 상황이라면 자율적이면서 자유롭게 인간으로서의 능력을 반영할 수 있을지, 그 선택이 이루어지면 앞으로 인간으로서 행위 할 수 있는 영역을 현저하게 제한할 가능성도 있다. 특히 약물 사용에 대한 반대자는 스테로이드의 사용이 인정되어지면 스포츠가 인간들의 상호작용이 아니라 기계화 하는 것으로 우려하고 있다. 예를 들면, 역도의 주안점이 인간의 능력이나 근지구력의 한계를 시험하고 있다면 역도에서는 어떠한 역할이 있는가. 약물에 의한 경쟁이라면 왜 기계적이고 또한 50파운드 들어올리는 장치를 각 선수가 착용할 수 없는가. 경기적 경쟁에 있어서 더욱 성능이 높은 로봇을 왜 인간 대용으로 하지 못할까(아마, 이와 같은 두려움의 배후에는 스테로이드의 사용이 비자연이라는 주장이 있을 것이다).

이런 반면 경기적 경쟁의 목표는 보다 무거운 중량을 드는 것, 보다 먼 거리를 빨리 달리는 것, 더욱 많은 홈런을 치는 것, 이전의 승자를 넘어뜨리는 것, 보다 높은 경기력에 도달하는 것 뿐만 아니라, 오히려 그 목표로의 도달에는 어떤 특정한 방법, 즉 대전 상대 혹은 골프코스와 같은 장해물에서 나온 도전에 인간으로서 대응하는 방법이 필요하다. 좋은 선수라는 것은 대전 상대를 물리치기 위한 단순한 신체가 아니라 서로 받아들이는 도전에 기인하여 행위하고, 적의(適宜)한 반응을 요구하는 타자로서, 대전 상대를 이해하고 있다.

경기력 향상 약물 사용은 점점 인간성의 표현을 줄이는 방향으로 스포츠를 움직이고 있다. 왜냐하면, 인간으로서의 경기 능력이나 신분과는 무관한 약물을 효율 좋게 이용하는 신체적 능력에 승리를 의존시키고 있기 때문이다.

이 의론을 평가하기 위해 경기력 향상 약물의 사용은 경쟁을 로봇으로 대체시키는 것과 같은 사태를 부를지, 아닐지를 더욱 검토할 필요가 있다. 로봇과 그 이외의 사이에는 미끄러지기 쉬운 언덕길 "어떤 종류의 행위를 인정하면 제어 장치가 이롭지 않게 되어 중대한 사태를 부를 우려가 있는 것"이 있다. 또한, 경기력 향상 약물의 사용이 인정되더라도 로봇 선수가 인간의 달성을 훨씬 넘는 탁월한 수준에서 경합하는 악몽은 결코 구체화되지 않을 것이다. 최종적으로 스테로이드와 같은 경기력 향상 약물은 결과를 보장하는 '마법의 약'은 아니다. 선수는 예외 없이 현명하게 연습하지 않으면 안 되며, 약물에서 어떠한 유리함을 끌어내기 위해 약물에 영향을 받은 기능을 정교하게 높여야만 한다.

여기서는 경기력 향상 약물 사용의 윤리에 대하여 의론했다. 이 의론에서는 약물 사용의 찬성자, 반대자 모두 중요한 의론을 제시해 왔지만, 어느 측이 최종적으로 정당한지는 결정되지 않았다. 아마 이 논쟁은 약간 비판적 탐구를 하여야 비로소, 이성적으로 해결할 수 있을 것이다.

그렇지만 스포츠 당국자는 스테로이드와 같은 경기력 향상 약물을 인정해야 할지, 아닐지의 룰을 결정하지 않으면 안 된다. 종종, 정책결정자는 보다 의지를 가진 사람들 사이에 어려운 문제에 대한 동의가 없는 경우라 하더라도 어떠한 결정을 내리지 않으면 안 된다. 어떠한 행동이 요청되는 상황에서 논쟁 중인 윤리적 문제의 최종적인 의론을 기다리면서, 그것을 결정하는 것은 무력하다고 할 수 있다.

현실적으로 인정 · 부인의 구별에 바람직한 방법이나 명확한 방법이 없는 영역에 있더라도 구별을 위한 선을 긋지 않으면 안 되는 때가 많이 있다. 예를 들면, 민주국가에서는 투표를 인정하는 사람과 인정하지 않는 사람을 구별하지 않으면 안 된다. 개개인의 성숙도는 각 사람의 공적으로 평가할 수 없기 때문에 타당한 선을 그을 필요가 있다. 선을 긋는 그 자체가 민주적 가치와 일치하고 경계가 이치와 필적하고 있는 한 그것이 정당하다고 하는 근거는 있다.

스포츠계에서 경기력 향상 약물의 사용에 대한 도덕성을 초월한 명확한 명분이 있다고 한다면(그렇지만, 관계자의 대부분은 경기력 향상 약물의 사용에 반대할 뿐만 아니라, 약물 사용의 사실에 의해 불쾌감을 가진다.) 스포츠 당국자의 최선의 판단에 의해 사용금지된 정책 채택을 전제로 금지할 것인가 아니할 것인가의 결정을 스포츠 당국자에게 위임했으면 한다. 용인할 수 없는 경기력 향상 약물과 인정할 수 있는 다이어트, 용구 개량 등을 구별하는 타당한 근거를 스포츠 당국자가 가질 것, 또한 스포츠 당국자가 독재적이면서 독단적인 진행법을 하지 않을 것 두 가지를 조건으로 어떤 문제에 관한 선긋기를 결정적인 의론이 없더라도 스포츠 당국자의 결정에는 규범적인 효력이 있다고 하자.

NCAA나 IOC와 같은 통괄 단체에는 스포츠의 숭고함(integrity)을 수호할 책임이 있지만, 아마 그러한 통괄단체는 경기력 향상 약물의 사용 금지에 의해 인간 교류의 장을 제한하고 있는 것이 아니라, 오히려 보호하려고 하고 있다. 여기서의 의론에서 적어도 다음을 제안한다.

채용할 수 있는 결정적인 의론은 아니더라도 스테로이드의 사용을 경기력 향상물로 금지하기 위한 이유는 제시되었기 때문에 스포츠 총괄 단체에는 약물 사용을 금지할 권한이 있다. 스포츠 총괄 단체의 결정이 임의적, 독단적, 권위적으로 증명되지 않으면, 합법적인 스포츠 통괄 단체가 정해졌다는 사실에 의해, 그 결정은 도덕적으로 중요할 것이다. 경기력 향상 약물의 사용이 비윤리적이라고 생각하는 사람들에게 거증(擧證)의 책임을 지게 하기 보다도 어려운 의견 대립이 있는 문제가 있을 때 조직적인 스포츠 통괄 단체에는 이치에 필적하는 민주적이고, 독선적이지 않는 결정이 윤리적으로 요청된다고 할 수 있을 것이다.

또한 경기력 향상 약물 금지를 지지하는 일련의 의의가 있고, 그러한 의론은 확실히 결정적이라고는 할 수 없지만 어떠한 의론이나 논쟁으로 인해 그 지지가 강요되어진다고 생각된다. 이하와 같은 의론이나 논점이 있다.

첫째 일부의 약물 사용자가 다른 선수를 강요하든지 아니면, 이 사례에 강요가 엄밀하게 해당되지 않으면 상당한 불리함을 안고 경기하든지, 아니면 중대한 위해의 위험성을 무릅쓴다는 비참한 선택을 부당하게 다른 선수에게 과하든지.

둘째 경기력 향상 약물의 일반적인 사용은 적절하고 명확하면서 공평한 선택 조건이라도 선수에게 받아들여질지. 최후에는 논증할 수 있겠지만 경기력 향상 약물의 사용은 중요한 논쟁의 윤리에 등지는 것일까.

상기한 의론의 무엇이든 혹독한 반론을 낳지만 각각의 의론 모두 유력한 반론에 견디어 낼 수 있도록 진전시키지 않으면 안 된다. 만일, 어느 반론도 전면적 부결의 정당화에 대해 마찬가지로 결정력이 있다고는 할 수 없다. 적어도 경기력 향상 약물의 사용과 관계된 윤리적 문제를 보다 만족하는 형태로 해결되어지기까지는 그러한 반론에서는 약물 사용을 금지하는 스포츠 통괄 단체의 방침이 부당하다고 계속 얘기할 자격이 있다.

7. 규칙의 집행

경기력 향상 약물의 사용을 금지하는 룰이 효력을 발하기 위해서는 규칙을 수호할 수 있도록 집행되지 않으면 안 된다. 그렇지만 규칙을 집행하면 다양한 윤리적 문제가 생긴다. 예를 들면, 일부 선수는 약물 사용의 증거를 화학적으로 은폐하기 위해 교묘하게 기술을 구사해 왔으며, 그 사용은 누차 오줌 분석법이나 다른 과학적 검사법에 의해 검출되고 있다. 그러나 검사에서 효력이 있더라도 선수에게 검사를 의무화해야 할지. 이것은 헌법이 보증하는 자기부죄(自己負罪)에 반하여, 약물 사용자가 스스로를 죄악시하면 안 되는지. 약물 검사는 프라이버시의 침해는 아닌지. 윤리적 혹은 비윤리적인 집행 방법이란 무엇일까.

선수에 대한 경기력 향상 약물 검사의 의무지움에 대해 주된 윤리적 반대는 무엇일까. 그것은 확실히 선수의 자유와 프라이버시이다. 영미(英美)의 법률에서 가장 중요하다고 되어 있는 모든 원리의 하나는, 개인의 죄를 입증하는 측은 당국에 있다는 전제이며, 이것은 자유주의 정치논리의 하나로도 되어 있다. 어떤 사람이 명백한 위반행위를 범하고 있다는 증명이 없다면, 사람을 자유롭고 안녕 상태에 두어야 할 것이다.

이 원리가 어느 정도 중요한지를 이해하기 위해 다음의 예를 생각해 보자.

죄를 전제로 하여 사람이 구류(拘留)되어 가택 수사를 받고 생활을 혼란시킬 위험성이 있다. 또한 충분히 조사한다면 검사관이 위반 행위의 증거를 발견할 수 있다고 정했기 때문이다. 이러한 전개에서는 어떻게 보아도 우리들의 자유나 프라이버시는 최소가 된다. 당국이 인정한 자유나 프라이버시의 범위에서는 진정한 의미에서의 자유나 프라이버시가 없다고 할 수 있다.

개인에게 약물 검사를 의무화하는 것은 비속박의 자유나 선택의 자유와 관계한다. 증거가 있다면 관계가 정당화 되겠지만, 증거도 없는데 개인의 의지에 반하여 신병 구류를 하거나 가택을 수사하는 경우에, 이 의무화하기는 비슷하다. 스탠포드 대학의 수영 선수들이 선수에게 약물 검사를 의무화하는 것은 NCAA규정의 합헌성에 배척되는 것은 바로 시민적 자유의 증거에 기인한다. 이 점에서 개인의 자유를 존중하는 사람은 선수에게 의무지워진 약물 검사를 거절함에 틀림없다.

이 의론은 상당한 설득력은 있지만 동시에 예외도 인정될 것이다. 예를 들면, 다른 사람의 안전에 직접적으로 책임이 있는 사람들은 직무 중 정신을 자게 해주는(mind-altering) 약물을 사용하지 않는다는 증명을 의무화하여야 할 것이다. 비행사, 철도기사, 외과의, 경찰관, 소방사 등은 다른 사람의 안전을 지키기 위한 특별한 책임이 있는 사람들이다. 이 의미에서 약물 검사의 의무지움은 다른 사람에 대한 직접 위해를 막을 목적에서 밀의 위해 원리에 따라서도 인정되는 예외라고 생각된다.

이 의론의 방향은 그다지 확대 해석되지 않도록 단계를 지워, 진행하지 않으면 안 된다. 약물 사용에 의한 노동자의 효율성 저하는 중요한 국내 문제에 있어서도 동료나 소비자에 대한 위해를 막기 위해 모든 노동자에 대한 약물 검사의 의무가 정당화될까. 검사의 의무에 따라 시민적 자유에 무엇이 일어날까.

이 중요한 문제는 깊이 구명할 수 없다. 그러나 너무 경솔하게 미끄러지기 쉬운 언덕길을 가야하지는 않는다. 일부 노동자가 직무 중에 약물을 사용하면 소비자에 대해 간접적인 위해를 미치게 되지만 그 경우 선긋기는 할 수 있다. 위해의 위협이 늘어나면 문제가 되는 위해의 종류는 중대해지며 위해가 직접적으로 약물 사용에 있다면 검사의 의무가 늘어난다. 대부분의 경우, 위해의 우려는 간접적이거나 약하여 검사의 의무 이외의 확보, 발견 방법을 이용할 수 있을 것이다. 그렇다고 하나 개인에 대해 직접적이면서 중대한 위해를 미치는 경우를 보통 비간섭의 원리를 예외로 하더라도 일반적인 시민적 자유를 침해한다고는 할 수 없다.

큰 대회에만 해당되는 예외가 있을까. 가능한 한 약물을 사용하는 비행사와는 다르게 스테로이드 사용 선수는 일반 대중에게 간접적인 위해를 미치지 않는다.

필시, 여기에 해당되는 견해는 스포츠 참가자가 하나의 공유활동에 자주적으로 참가하는 집단의 일원으로 그곳에서는 공유의 규칙을 서로 준수할 필요가 있는 점이다. 프로 야구에 있어서 심판원에게는 투수 누구나 포켓에 넣을 수 없도록 요구할 권리가 있다. 투수가 특수한 금지물질, 예를 들면, 그 물질을 사용하면 볼의 궤도가 변화하여 치기가 더욱 곤란해지는 듯한 물질을 가지고 있지 않는가를 검사할 수 있다. 게임 중에 심판원이 조사할 권리가 있는 이유는 모든 선수가 같은 규칙을 지키는 것을 비롯하여, 그 게임이 페어해지기 때문이다. 심판원에게는 대전팀의 동의하에서 규칙을 집행하고 페어한 시합을 감독할 의무가 주어진다. 제 3자로서의 심판원은 결과적으로 일반 시민에게는 없는 권리를 집행절차를 받아들이기를 약속하고 있기 때문이다.

이것과 유사한 의론이 큰 대회에서의 약물 검사에도 적용된다. 참가자는 성공적으로 인정된 규칙, 예를 들면, 스테로이드나 다른 경기력 향상 약물 사용의 금지 규칙에 따라 플레이하는 것에 동의하고 있다. 누구에게나 참가가 강제되지 않지만 참가에 동의한 이상, 자신만 유리해지도록 의도적으로 규칙을 위반하는 사람들로부터 다른 선수들을 보호할 필요가 있다. 규칙이 집행되지 않으면 보호되지 못한다. 특히, 유효한 검출 수단이 사용되지 않으면, 현행 규칙을 파기하고 경기력 향상 약물을 섭취하고 있지는 아니한가, 하고 선수들이 회의적으로 될 것이다. 경쟁에서 살아남기 위해 위법적인 약물을 사용한다는 압력이 그것에서 나올 것이다.

참가자는 자발적으로 참가하여 동의하고, 규칙이 역시 페어하게 적용된다는 전제에서 플레이에 동의하기 위해 위반자로부터 참가자를 보호할 필요가 있다. 이러한 견해에서 보면 선수의 약물 검사는 시민권의 침해가 아니라 부당한 불이익으로부터 선수를 지키는 타당한 것이라 생각된다. 선수에 대한 약물 검사의 의무 짓기가 옹호되어야 비로소 각 참가자는 시합의 룰이 명시된 공적인 조건 하에서 플레이 할 자격이 있다. 야구 심판원에게는 투수가 볼의 궤도를 변형할 위법적인 물질을 가지고 있다면 그것을 보자고 요구할 자격이 있다. 야구의 경우 물질과는 달리 약물 검사로 인해 룰로 금지된 유리함이 위법적인 약물의 섭취에서는 가능하지 않게 되는데, 스포츠 당국자에게 왜 약물 검사에 대한 같은 정당성을 가지지 못할까.

8. 결론

이 장에서는 경기력 향상 약물 사용의 합리성을 에워싸고 중요한 찬반론을 검토했다. 이 문제에 대한 여러 가지 입장의 의론은 비판적 탐구의 포럼(공개토론의 장)에 있어서 더욱 옹호될 필요가 있다. 그러나 여기서의 검토·결과 최종적이 아니고 잠정적이더라도 경기력 향상 약물의 사용 금지와 검출이나 집행의 주된 수단인 약물 검사는 지지되었다. 스테로이드나 다른 경기력 향상 약물 사용에 대한 반대자는 더욱 결정적인 판결을 기대하고 있겠지만 그러한 평결은 여기서 논한 문제를 더욱 숙고하여 비로소 정당화 되어질 것이다. 그렇다고 해도 상술했듯이 스테로이드의 사용 금지에 찬성하는 의론에도 중요한 비판이 있으며 그 비판에 대해 충분한 반론이 있다고는 할 수 없다. 논쟁은 계속되겠지만, 스테로이드 사용을 금지하는 스포츠 총괄 단체의 규칙이 독선적, 불합리, 부당한 강요라고 증명되어 있지 않는 한, 인정할 수 있는 규칙으로 옹호될 것이다. 최종적으로는 이 규칙을 수정할지도 모르지만 경쟁상 유리하다는 이유만으로 규칙 위반을 하는 것은 정당하다고는 할 수 없다. 그 보다도 어려운 의견 대립이 있는 문제가 있을 때, 조직적인 스포츠 통괄 단체에는 이치에 필적하는 민주적이고 독선적이지 않는 결정이 윤리적으로 요청된다고 할 수 있을 것이다.

또한, 경기력 향상 약물 금지를 지지하는 일련의 의의가 있고, 그러한 의론은 확실히 결정적이라고는 할 수 없지만, 어떠한 의론이나 논쟁으로 인해, 그 지지가 강요되어진다고 생각된다. 이하와 같은 의론이나 논점이 있다.

첫째로 일부의 약물 사용자가 다른 선수를 강요하든지, 아니면, 이 사례에 강요가 엄밀하게 해당되지 않으면 상당한 불리함을 안고 경기하든지, 아니면 중대한 위해의 위험성을 무릅쓴다는 비참한 선택을 부당하게 다른 선수에게 과하든지.

둘째, 경기력 향상 약물의 일반적인 사용은 적절, 명확하면서 공평한 선택 조건 하라도, 선수에게 받아들여질지. 최후에는 논증할 수 있겠지만, 경기력 향상 약물의 사용은 중요한 논쟁의 윤리에 등지는 것일까.

상기한 의론의 무엇이든 혹독한 반론을 낳지만, 각각의 의론 모두 유력한 반론에 견디어 낼 수 있도록 진전시키지 않으면 안 된다. 만일, 어느 반론도 전면적 부결의 정당화에 대해 마찬가지로 결정력이 있다고는 할 수 없다. 적어도 경기력 향상 약물의 사용과 관계된 윤리적 문제를 보다 만족하는 형태로 해결되어지기까지는 그러한 반론에서는 약물 사용을 금지하는 스포츠 통괄 단체의 방침이 부당하다고 계속 얘기할 자격이 있다.

07 스포츠의 평등과 탁월성

스포츠나 경기에서의 경쟁 윤리를 앞에서 분명히 하고, 이 장과 다음 장은 시점을 바꾸어, 이제까지의 유익한 경쟁을 규제하는 윤리적 제원리 검토에서 참가자의 권리와 의무를 논하고자 한다. 이 장은 스포츠에서의 공정한 배분의 문제, 예를 들면 스포츠 참가에 동반하는 이익을 공유하는 기본적 권리는 있는가, 누군가가 또는 적어도 플레이 하고 싶은 사람이라면 참가할 권리는 있는가, 경기능력이 우수한 사람이라면 고액 보수나 장시간 플레이는 당연한가, 라는 문제를 다룬다. 이러한 문제나 관련 문제를 언급한다고 하면, 권리의 본질과 그 범위, 평등의 의미, 공평이나 사회적 정의에 관련된 문제에 직면하게 되며, 스포츠에서의 페어니스나 사회적 정의의 문제뿐만 아니라 공정하면서 공평한 사회라는 일반 문제의 검토도 여의치 않게 된다.

전장까지의 의론에서는 스포츠 경쟁이 윤리적이면서 가치적인 것에는 조건이 필요하며, 그것은 대전 상대끼리 서로 탁월성을 추구하고 있다는 조건이다. 그러나 경쟁적 스포츠에 대한 참가권의 문제, 참가에 따르는 이익이나 책임부담(burden)의 배분 문제는 아직 다루고 있지 않다. 특히, 다음과 같은 문제가 있다. 스포츠 참가권이나 참가에 따르는 이익을 공유할 권리는 있는가. 커뮤니티에는 풀과 같은 경기 시설을 정비하고, 참가권을 충족시킬 의무는 있는가. 자유시장(open market)에서 이용할 수 있는 경기 시설이라면 어떠한 시설에서나 그것을 사용할 권리는 있는가. 경기 재능을 타고난 사람에 대한 특별한 보수나 사회는 정당화되는가, 아니면 정당하다고 인정되어 있는 평등의 취급이라는 규범에 위반되는가.

상기한 각각의 문제는 평등이라는 개념과 관계한다. 즉, 사람들은 스포츠에 참가하여 그 이익을 공유하는 평등의 권리가 있는가. 재능이나 동기부여의 불평등을 어느 정도, 중요시할까. 스포츠 평등의 요건이란 무엇인가.

평등 대우의 경우, 대우의 일치나 동일과 관계하겠지만, 동일한 평등법에 대해서는 여러 가지 견해가 있다. 예를 들면, '평등'은 마이너스, 플러스의 양면의 요건에 대하여 언급된다. 즉, 인종, 성, 종교를 근거로 차별되어져서는 안된다라는 마이너스 요건, 동등 교육시설과 같은 페어한 환경 기회를 제공하여 누구나가 그 가능성을 신장하기 위한 페어한 기회를 가진다. 라는 플러스 요건에 대해서이다. '평등'은 만인에 대해 같은 존경과 배려하기를 바란다고 말하는 사람도 있지만, 그와 더불어 평등에는 누구나가 같이 일단의 책임을 져야한다든가 이익의 일부를 받아들여야 한다는 의미도 있다고 주장하는 사람도 있다. 따라서 평등한 대우라는 견해는 대우의 일치나 동일이라는 단어로 설명할 수 있지만, 그 견해를 어떻게 이해해야 할지에 대해서는 여러 가지 견해가 있다고 할 수 있겠다.

평등한 대우를 정의에 필적하는 페어하고 공평한 대우와 동일시하는 경향이 있다. 그러나 마음에 담아두어야 할 중요한 점이 있다. 즉, 평등에는 다양한 견해가 있으며, 그 점은 정의, 페어, 공평에 대한 제이론이라고도 할 수 있지만, 그러므로 단어상, 평등은 좋다. 라는 점에서 일치하더라도 실질적으로는 상당히 어긋날 우려가 있다. 두사람 모두 평등에 찬동한다는 의견을 말하더라도 한쪽이 평등을 차별이 없는 것으로 이해하고 다른쪽이 평등의 의미를 자원(resources)의 동일 배분으로 이해하고 있다면 양자에게는 사회조직이 무엇을 충족시켜야 할지에 대해 근본적으로 어긋나 있다. 그러므로 대우의 차이는 이미 정의에 위반한다거나 언페어라고는 할 수 없다. 예를 들면, 지도자는 보통, 가치가 다른 과제를 불평등으로 결정지어 높은 가치를 가진 과제에 높은 평점을 준다. 그러므로 사람들을 평등하게 다루는 경향은 있더라도 평등한 대우가 언제나 정의에 필적하는 페어하고, 공평한 대우라고는 할 수 없다.

스포츠 이외의 사회상황에서도 생겨나지만 스포츠에 있어서도 평등에 대한 의문이 있다. 특히, 이것은 평등에 대하여 이하의 세 가지 의문을 검토한다.

❶ 사람들에게는 스포츠에 참가하여 그 참가로 이 익을 누릴 권리는 있는가.
❷ 보다 평등한 스포츠 참가는 우리나라 스포츠 정책의 하나의 목표이어야 할까.
❸ 경기능력의 차이에 따라, 스포츠에 있어서 별다른 대우를 하는 것은 부정인가.

1. 스포츠와 사회적 정의

제임스 미케너(J. Michener)의 저서, 스포츠의 위기는 자극적이고 읽기 쉬운 책이지만, 그 속에서 그는 지금 사회가 일반대중을 희생하여, 너무 스타 선수에게 주목되어 있다고 지적하고 다음과 같이 말한다. "우리들은 15세부터 22세까지의 재능이 풍부한 선수에게만 눈을 돌리고, 또한 23세부터 35세까지의 극소수의 프로 선수들에게 혈안이 되어 있는데, 23세부터 75세까지의 일반 대중을 자칫하면 잊어버린다." 그는, 대신에 "우리나라의 스포츠 목표는 남녀를 막론하고 누구나가 자기의 능력을 최대한 펼칠 기회를 평등하게 제공하는 것이 아니면 안 된다."라고, 제안했다.

매우 재능 있는 엘리트 선수의 경기력을 너무 강조한다는 비난은 많다. 일류 프로 스포츠 선수는 간호사, 연구자, 과학자, 대학총장 또는 우리나라 대통령보다도 더욱 고임금이다. 대규모 대학에서는 종종 대다수의 일반학생 용인 건전한 체육 프로그램에 투자하는 재원보다, 더욱 많은 재원을 대학 대항 경기 프로그램에 투자하고 있다. 고교는 무엇보다 국민학교 수준에서도, 일류 선수의 기능 향상에 혈안이 되어 있고, 스포츠를 즐기는 분이나 좋은 체력 육성법의 학습을 대다수의 학생들에게 보증할 것을 잊는 경향이 있다. 스포츠 소년단에 있어서도 잘하는 아이는 그 아이에 맞는 포지션에서 대부분 시합에 나가지만, 그다지 우수하지 않는 다른 많은 아이는 대부분의 시간을 벤치에서 한가로이 보내고 있다. 피트니스 붐이라고 떠들썩해도 결과적으로 대부분의 국민이 건강을 위해 충분한 운동을 하고 있지 않을 것이다. 또한 어떠한 운동이나 경기 참가 비율은 사회 경제적 상황에 따라 변화되는 경향이 있다. 키르센바움(J.Kirschenbaum)등이 인정했듯이, 현재 조깅이나 운동이 강조되는 것은 광범위한 중, 상류 계급화 현상의 가능성이 있다.

피트니스의 결핍은 개인적으로도 사회적으로도 손실이다. 남성 약 5인에 1인은 60세까지 심장 발작의 경험이 있는데, 이것은 다른 나라에 비해 비율이 높다. 통계상, 여성의 나환율은 낮지만, 많은 전문가는 남성뿐만 아니라 여성에게 있어서도 운동 부족이 심장 발작의 주원인이 된다고 생각하고 있다. 많은 병인(病因) 대하여 의견이 분분하지만, 적절한 운동이 부족하면, 많은 질병의 주원인이 되거나 악화의 가능성이 있는 점에서는 이론은 없을 것이다. 또한, 스포츠 참가는 건강에 대한 직접적 효과 외에 생활에 변화를 가져온다. 예를 들면, 여성의 선수경험자와 비선수경험자 비교 연구에서 선수경험자에게는 보다 긍정적인 자기 이미지나 행복감이 있다고 한다. 무엇보다도 중요한 것은 그곳에는 경기활동 그 자체에 기쁨이 있고, 일상생활에서는 거의 누구도 맛볼 수 없는 경험이 있는 점이다. 앞에서 인용한 미케너는 모든 나라가 스포츠 정책, 특히, 스포츠나 경기에의 대중 참가를 조장하는 정책을 가져야 한다고 제언했다. 경기 능력이 뛰어난 엘리트 선수에게 너무 치우쳐 보수에 초점을 맞출 것이 아니라, 대다수의 사람들이 즐기는 건강한 경기 활동에 주목해야 한다고 한다. 이 주장의 의미를 검토해 보자.

미케너의 주장에는 불명확한 점이 있다. 즉, 스포츠 실천은 전체 사람들의 이익으로 되겠지만, 현실은 그렇지 않기 때문에, 스포츠 실천이 있어야 하는 것과는 좀 걸맞지 않는다고 생각하고 있는가. 아니면, 스포츠 실천이 개인의 권리 혹은 권리자격(entitlement)에 반하고 있다는 점에서 부정이라고 생각하고 있는가. 개인의 권리나 사회적 정의의 문제와 바람직한 사회 정책 문제의 구별은 중요하다. 부정의(不正義)는 개인적 관심사, 개성, 개인의 권리라는 가장 중요한 면을 침해하고, 때문에 희생자를 매우 고약한 방법으로 부당하게 취급하게 된다. 그러므로 부정의에 의해 대다수의 이익이 된다고 해도, 그것은 도덕적으로는 허락되지 않는다. 오히려, 정의와 그것에 의해 지켜지는 개인의 권리에 의해, 사회 전체의 이익을 추구한 다음에 다양한 방법이 제한된다. 이러한 점에서, 소수자로의 차별 정책이 최대다수의 최대행복과 연결된다고 해도, 부정의로 인해 그릇되게 된다. 누군가가 얘기했듯이, 다양한 권리는 개인의 지위에 관계하는 비장의 카드로 작용하여, 가령 대다수의 사람들이 개인적인 기본적 관심사로의 침해를 지지하더라도 스스로의 관심사를 침해에서 지키는 역할을 맡는다. 미케너가 오늘날의 엘리트 선수 중시를 비판할 때, 무엇을 주장하고 있는가. 사회적 정의나 개인의 권리인가. 혹은 바람직한 사회적 정책인가. 아니면 스포츠 참가 확대나 평등의 촉진이 많은 이익, 예를 들면, 보다 건강하고 충족된 노동력과 결부된다는 주장인가. 또한 개개인에게는 스포츠에 참가하고 이익을 받을 권리가 있으며, 그러한 권리를 존중하지 않는 사회는 부정하다고 할 수 있는가. 이상의 점에서 미케너 자신의 주장은 명확하지 않지만, 상술한 차이는 특히 중요하다. 사회의 비효율은 바람직하지 않으며, 이상 상태의 경우를 제외하고, 사회가 부정의를 시정할 수 없다면 잘못이다. 그렇다면, 우리나라의 스포츠 정책은 정말 부정일까.

2. 스포츠 평등과 자유

1) 기본 이익과 희소 이익

스포츠에서는 어떠한 이익이 생기는가. 그러한 이익을 누구나가 평등하게 받아들일 권리는 있는가. 평등의 권리가 없다고 한다면, 그 이익을 어떻게 배분할 수 있는가. 잉글리쉬(J. English)의 논문 '스포츠에서의 남녀평등'에서 제안된 하나의 구별을 실마리로 삼는 것이 유효할 것이다. 그녀의 제안은 스포츠 참가를 기본이익과 희소이익으로 구별했다. 기본 이익은 모든 참가자를 손에 넣을 수 있고, 일부 참가자의 소유는 다른 참가자의 그것을 막지 못한다. 기본 이익에는 '건강, 전력을 다함으로써 얻는 자존심, 동료와의 공동생활을 통해 배우는 협력이나 상대와의 대전으로부터의 자극, 좋은 패자나 좋은 승자가 되는 것에서 배우는 '성격', 기능을 개선하거나 비판은 감수할 것을 배울 기회, 그리고 진정으로 즐김.'

한편, 희소이익은 어떤 참가자도 평등하게 받아들일 수 있다는 뜻은 아니다. 적어도 일부 참가자의 소유에 의해, 다른 참가자의 동등한 소유를 방해

받는다. 스포츠의 경우 주된 희소이 익은 부와 명성이다. 누구나가 평등하게 명성 또는 재물을 가지고 있다면, 유명인이나 재산가는 없게 된다. 부와 명성은 확실히 상대적이다.

미케너는 현대사회에 있어서 스포츠는 엘리트 선수의 달성을 너무 강조하고 있다고 얘기한다. 그들의 불만을 적용하면, 스포츠의 기본 이익은 더욱 넓게 분포되어질 것이다. 이 주장을 검토하기 위해 우선, 사람들에게는 기본 이익을 받을 권리가 있는지 아닌지를 검토한다. 그 권리가 있다고 한다면, 사회가 그 권리를 시민에게 제공할 수 있는 상태에 있으면서 그것을 제공하지 않는 사회는 부정하게 될 것이다.

2) 권리와 기본이익

스포츠 참가에 따르는 기본이익을 받을 권리가 만인에게 있는가. 이러한 견해는 단순하게 생각하면, 그럴듯하게 생각된다. 우수한 선수는 능력에 맞는 특별 보수를 받더라도 기본 이익에 관해서는 특별 배분이 있다고는 생각하지 않는다. 일류 선수들은 탁월한 기능이나 경기력이 있기 때문이라고 해서, 보다 즐겁다거나 건강하다는 뜻은 아니다.

그러나 누구나가 평등하게 기본 이익을 받을 권리가 있다고 간단히 인정하지 않고, 권리의 소유에는 무엇을 동반하는지를 생각할 필요가 있을 것이 의견이 일치되지 않지만, 권리가 다른 사람에게 의무를 과하는 점은 널리 인정되어져 있다. 예를 들면, 대학 강의실 내에서 자유로이 말할 권리가 나에게 있다면, 다른 사람에게는 나의 합법적인 권리 행사에 간섭하지 않을 의무가 있다. 마찬가지로 치료를 받을 권리가 나에게 있다면, 어떤 사람 혹은 조직, 예를 들면, 국가는 나에게 필요한 치료를 베풀 의무 하에 놓여지지 않으면 안 된다. 이것에서 권리주장의 효력을 이해하는 것이 중요하다. 일반적으로는 권리가 그 사람의 이익이 되더라도 다른 사람에게 큰 부담을 주게 된다.

또한, 권리는 소극적으로도 적극적으로도 이해되어질 것이다. 소극적 권리로 이해되어질 경우, 스포츠의 기본 이익을 받는 권리에 따라 요청되는 것은 사람들이 그 이익을 바라면 그것으로 자기 추구를 간섭하지 않도록 절제시키는 것이다. 적극적 의무, 예를 들면, 레크리에이션 시설의 건설과 유지 관리를 위한 세부담의 의무는, 소극적 권리에서는 과할 수 없다.

만일 스포츠의 기본이익을 받을 권리를 소극적 권리로 해석하면, 이 경우는 적극적 권리에 비해, 논의를 할 수 없으며, 일반적인 자유권의 적용예에 지나지 않게 된다. 소극적 권리는 다른 사람에 대해 합법적인 자유 행사를 간섭하지 않도록 절제하는 의무를 과한다. 즉, 이 권리는 타인의 권리를 침해하지 않는 자유스런 행위를 보호하고 있다. 그러나 소극적 권리는 그다지 의론을 이루지 못하며 바랄 수도 없다. 소극적 권리의 경우는 바라는 사람들을 잠잠하게 하는 의무 밖에 없다. 소극적 권리는 그다지 요구를 받지 않기 때문에 우리나라의 스포츠 비판 기반을 이루지 못한다.

스포츠의 기본 권익을 받는 소극적 권리는 그 기본 이익을 추구하는 단순한 자유에 지나지 않기 때문에 누군가가 그 이익을 현실적으로 얻도록 요청하지 않으며, 다른 사람이 그 획득에 원조한다고 해도 요청하지 않는다.

그러므로 사람들에게는 스포츠의 기본 이익을 받을 권리가 있다는 주장은 다양하며, 개중에는 논의를 요하는 것도 있다. 그것은 제 2의 적극적 권리의 해석이다. 이 해석은 타인에게 적극적 의무를 과하여 권리를 가지는 사람들에게로의 기본 이익을 실제로 제공하도록 바라는 것이다. 만일 기본 이익에 대한 권리를 적극적 권리로 해석하면 적극적 권리를 존중하기 위해서는 사람들을 잠잠하게 해 두어야 할 뿐만 아니라 오히려 스포츠 기본 이익의 향수를 실제적으로 촉구하는 특별한 수단을 강구하지 않으면 안 된다.

그렇지만 적극적 권리의 레트링(수사법)을 너무 안이하게 사용하면, 그 권리가 다른 사람에게 매우 회생을 강요한다는 점을 잊어버린다. 이 점은 중요하다. 이러한 주장은 자유존중주의(libertahanism) 미국에는 자유주의를 보이는 다른 전통적인 단어, liberalism이 있지만, 그것과는 다른 의미가 있고, 때로 정반대의 의미가 된다. 노직(R. Nozick)이 만든 단어로 그의 저서를 출판 후, 널리 인정되어진 말이다. 로 알려진 정치적 입장의 하나의 기반이다.

3) 권리와 자유

스포츠의 기본 이익을 받는 적극적 권리를 시시하면 어떠한 회생을 다른 사람에게 강요하고 있는가. 잉글리쉬에서 인용한 기본이익의 하나 즉, 상대와의 대전에 의해 얻어진 자극 사례를 고찰하자. 확실히 어떤 사람에게 그 이익을 받는 적극적 권리가 있다고 한다면 누군가가 대전 상대로 부조하는 의무를 지지않으면 안 된다. 그러나 대전 상대도 사람으로 각각의 권리가 있는 이상, 대전 상대의 결정이나 조금이나마 플레이를 결정할 자유가 주어져야 할 것이다. 마찬가지 로 코치나 팀메이트와 함께 참가하기 위한 적극적 권리에도 적용된다. 코치나 팀메이트도 사람으로, 타인을 즐겁게 하게 하기 위해서만 '소집'되는 것은 아니다. 여기서는 로버트 노직(R. Nozick)의 권고를 마음에 담아 둘 필요가 있다. "누구나가 '기회의 평등, 생명, 등'다양한 일(things)에 하나의 권리를 가진다는 주장에 대해 중요한 반론이 있다. 그 반론은 이러한 '권리'는 일, 물자, 행위의 하부조직을 요청하지만, 다른 사람들에게는 이러한 권리 이상으로 권리나 권리 자격이 있다는 것이다."

이 적극적 권리가 회수를 거듭하여 정당화될 수 없을 정도로 되어 있다면 많은 사람들이 생각하고, 그것에 대한 비판이 자유존중주의의 입장 속에서 싹트고 있다. 자유존중주의에 의하면, 다른 사람에 대한 자유를 간섭하는 것은 도덕적으로 금지된다. 만일, 자유 그 자체의 권리를 지키는 것이 필요한 경우는 예외이다. 그러므로, 자유존중주의자는 소극적 자유의 보호에는 국가 계몽 기능이 필요하므로 그 기능을 받아들이지만, 복지국가는 거부한다. 자유존중주의자의 견해에서 보면, 복지국가는 죠지 오웰(G. Orwell)의 독재주의 국가가 사례가 될 것이다. 복지국가는 끊임없는 개인의 자유에 간섭하여 다른 사람에게 이익을 줄 수 있도록 강요하는 세제도(稅制度)를 구사하여, 개인의 소유(Property)를 컨트롤한다.

권리가 그것에 해당되는 것은 아니다. 그러한 권리는 다른 사람들의 자유에 너무 지나치게 침입할 가능성이 있다.

노직은 월트 쳄버렌(W. Chamberlain) "그는 일류 농구선수로 희소가치를 가지기 때문에 그에게 특별한 보수를 줄 것, 즉, 그에게 특별 배분이 정당한지 아닌지를 논할 때에 등장하는 인물이다."의 사례를 이용하여 논해보자. 이 사례는 예를 들면, 사회전체의 평등이라고 하는 하나의 찬동된 패턴(pattern) "배분적 정의를 논할 때에 사용되어지는 전형임" 보증을 의도한 자원의 재배분(redistrivution)에 대해 자유존중주의자가 불만을 토할 때의 설명에 이용된다. 이 사례에 의하면 이상적인 정의의 패턴이 무엇이든 개인적으로 찬동함에 따라 이익은 사회 전체로 재배분된다고 생각하게 된다. 예를 들면, 모든 사람에게 평등하게 이익이 배분된다고 가정하고 다음에 전술한 농구의 스타 선수, 월트 쳄버렌과 같은 한사람의 유능한 선수가 프로 시리즈 시합을 설정한다고 하자. 월트는 1달러의 입장권 1매당 2센트를 받고, 다른 선수는 나머지 금액의 배분에 동의한다. 백만 인의 사람들이 시합을 관전하러 모인다. 위트는 25만 달러를 받게 되고 다른 선수는 아주 작은 액수를 손에 쥐고, 관객은 1인당 25센트를 잃는다. 결과적으로 최초의 재배분 패턴은 붕괴된다.

이 사례의 요점은 무엇일까. 노직에 의하면 이 예가 보이는 기본점은 정상의 패턴의 배분원리가 사람들의 생활에 대한 부단한 간섭 없이는 계속적으로 실현될 수 없다는 점이다. 어떤 패턴을 유지하기 위해서는 사람들이 좋아하는 선수에게 지원을 양도하지 않도록 끊임없이 간섭하든지, 아니면 다른 사람들이 양도했으면 하는 지원을 일부 사람들로부터 부각할 수 있도록 부단히(또는 정기적으로) 간섭하든지 어느쪽이다.

스포츠에 원용(援用)하면, 쳄버렌의 사례는 기본이익을 받을 권리를 실시하면 다른 사람의 자유를 부당하게 간섭한다는 주장을 지지할 때에 사용된다.

4) 자유존중주의에의 반론

자유존중주의는 정치철학으로서 받아들여질 것인가. 이 문제는 스포츠 세계를 상당히 초월한 문제이다. 그런, 자유존중주의가 직면한 중요한 제문제를 간단히 고찰하는 것은 스포츠의 기본이익이라는 권리의 주장에서 생겨난 문제를 보다 명확하게 하는데 도움이 될 것이다. 자유존중주의에 대한 비판은 주로 두 가지인데,

첫째 쳄버린의 사례도 노직의 적극적 권리의 제한이라는 경고도 자유존중주의의 정당화로는 충분하다고는 할 수 없다.

둘째 후술하듯이 적극적 권리를 거절하는 자유존중주의자가 스스로의 가치관을 유지하려고 한다면, 심하게 독선적이라고 생각되는 이유가 있다. 이 두 가지 점을 차츰 고찰해 보자.

자유존중주의에 대한 비판자는 쳄버린의 사례의 효력을 인정할 필요는 없다. 왜나하면, 쳄버린의 사례가 보이고 있는 것은 엄격한 배분적 패턴의 유지이므로 개인의 자유를 부단히 간섭하는 요청에 지나지 않는다면, 정당성이 없다고도 논할 수 있기 때문이다. 그러나 복지국가지지자는 보건, 복지,

교육에의 적극적 권리를 생각하고 있지만, 엄격한 배분적 패턴의 실시를 지지할 필요는 없고, 다음과 같이 생각하면 지장 받은 일은 아니다. 즉, 최저한의 생활수준에 필요한 적극적 권리는 있겠지만, 그러나 누구나 그러한 최저한의 복지나 안전망을 밑돌지 않는다면, 그 외의 이익은 자유시장에서의 개인의 선택에 따라 배분된다. 세제도는 안전망의 적정한 유지에 사용 될 가능성은 있지만, 사회전체의 엄격한 배분적 패턴의 보호에는 사용되지 않는다.

자유존중주의자는 안전망의 보호조차도 다른 사람들이 권리를 가지는 소유의 점유(appropriation)와 관계한다고 응할 것이다. 그들의 견해에서 보던, 소유의 점유는 다른 사람의 권리자격을 침해하므로 부정이 될 것이다.

이제까지 살펴왔듯이 어떤 선수나 대전 상대에 대한 권리가 없다. 왜냐하면 대전이 예상되는 상대자신에게 대전의 결정이나 자신의 대전 상대 결정을 할 권리가 있기 때문이다.

그렇지만, 이 점이 스포츠 대전 상대에 대한 권리에 적용된다고 해도 모든 적극적 권리의 주장에 적용된다는 뜻은 아니다. 자유존중주의자에게는 모든 적극적 권리의 주장이 다른 사람들의 권리자격을 침해한다, 라고 순수하게 결정할 자격은 없다. 이에 반해, 일부의 적극적 권리의 주장이 정당화되면, 다른 사람들은 소유하는 자격은 아무것도 가지지 않고, 다른 사람들의 부조에 기여할 의무를 지게 된다. 이러한 점에서 가령 테니스 대전 상대에 대한 권리는 없다고 해도 보통 정도의 식사나 기초교육에 대한 권리는 있을 것이다. 일부의 적극적 권리의 주장이 다른 사람들의 자유에 대한 지나친 간섭으로 인해, 자유존중주의자가 그러한 것을 거부해야 한다고 주장하는 것은 옳지만, 그러한 이유에서 모든 적극적 권리의 주장을 거부할 수 있는지는 한번 고찰을 요할 것이다.

실로 깊이 생각해보면, 기본적인 도덕적 권리가 소극적 권리만으로 하는 자유존중주의자의 주장은 거부될 것이다. 소극적 권리를 가정하는 분명한 이유가 적극적 권리의 경우에도 적용된다. 예를 들면, 다른 사람들에 의한 간섭에서의 자유라는 소극적 관리는 사는 방식에 대한 자기 선택의 권리를 부여하면서 자율을 인간의 중핵으로 간주하므로 중요하다고 생각된다. 이성적으로 자주적인 사람을 단순한 수단으로 간주되고 다수의 이익을 위해 부당하게 착취되어야 한다고는 생각하지 않는다. 소극적 권리는 다른 사람들이 간섭해야하지 않는 법위를 침해하지 않도록 금지하여, 금지보증에 따라 착취로부터 사람들을 보호하고 있다.

그러나 소극적 권리가 사람들의 자율이나 독립을 지키기 위해 필요하다면 적극적 권리도 또한 같은 기능을 다하기 위해 필요하다. 보통의 식사, 비호(庇護), 교육이 없이는 사람은 자율이나 독립을 할 수 없다. 자유존중주의자는 인간의 자율이나 숭고를 지키기 위해 적극적 권리를 받아들이면서, 가령 일부의 적극적 권리가 소극적 권리와 꼭 같은 기능을 다하더라도 모든 적극적 권리를 거부하는 것은 독선적이라고 할 수 없을 것인가.

이런 반면 자유존중주의자는 적극적 권리와 소극적 권리와의 사이에는 결정적인 차이가 있는데 적극적 권리는 다른 사람들의 자유를 침해하지만 소극적 권리는 그렇지는 않다고 응수할 수 있을 것이다. 그러나 이 자유존중주의자의 반대 답에는 더욱 난점이 있다. 가령 합법적인 적극적 권리가 있다면 그 권리의 집행에 따라 다른 사람들로부터 자원이 부당하게 양도되지 않는다는 앞의 주장을 유보하더라도 난점이 있다. 이점을 이해하기 위해, 다음을 고려해 보자.

우연히 무정부주의자가 되는 자유존중주의자는 별도로 하고, 다른 자유존중주의자는 누구나가 시민의 안전을 지키기 위한 치안 경찰이나 범죄자를 공정하게 심판하여 벌하기 때문에 국가나 재판제도를 규정해도 좋다고 한다. 만일 국가는 경찰이나 재판소의 규정을 집행하기 위해 시민에게 세부담을 하지 않으면 안 된다.

또한 바람직한 시민에게는 국가 경찰이나 재판제도 지지에 필요한 자원을 공정하게 부담할 의무가 있다고 한다. 그러한 기능을 유지하는 세부담이 시민에게 인정되어지면서 왜 독립되고 자율적인 시민의 육성에 필요한 다른 국가기능, 예를 들면, 기본적인 학교교육의 제공이라는 기능을 유지하는 세부담이 시민에게 인정되지 않을까.

자유존중주의를 완전히 거절하기 위해서는 상술의 논점을 상세히 검토하는 것이 필요하다. 만일, 여기서는 자유 존중주의에는 중대한 이의가 있다고만 얘기해 둔다. 그렇다고 해서 여기서 고찰한 자유존중주의자에 대한 반론이 결정적이더라도 더욱, 의론이 깊어지지 않으면 사람들에게는 스포츠의 기본이익을 받을 기본적 권리가 있다고 결론지을 수 없다.

몇 가지 적극적 권리가 있다는 이유만으로는 스포츠의 기본이익을 받을 권리가 그것에 해당되는 것은 아니다. 그러한 권리는 빠른 사람들의 자유에 너무 지나치게 침입할 가능성이 있다.

가령 자유존중주의가 정치철학으로 인정할 수 없다고 하더라도 스포츠의 기본이익을 받는 권리에 따라 무리하게 개인에게 간섭한다는 자유존중주의의 반론은 상당한 설득력이 있다. 그러므로 모든 적극적 권리의 주장을 예외로 하는 자유존중주의의 의론은 딱히 가능하지 않지만 그들의 배려 즉, 일부의 적극적 권리가 다른 사람들의 권리에 너무 개입하는 점은 스포츠의 기본이익을 받을 권리자격 주장이 미해결인 한, 진정으로 배제할 필요가 있을 것이다.

5) 권리와 가능성

제 2의 난점이 스포츠의 기본 이익을 받을 권리라는 견해에 있다. 건강,

즐거움이란 기본 이익의 대다수가 사회적 컨트롤에 따를 필요는 없다. 누구나가 시간이 지나면 결국에는 죽음을 맞이하기 때문에 모든 사람들에게 건강을 반드시 제공할 수 있는 것은 아니다. 또한, 스포츠 참가에 흥미가 있는지 어떤지는 다른 사람들의 부조와 마찬가지로 강한 개인의 퍼스낼리티나 성격에 의존하고 있다. 또한, 다른 사람들에게 너무 의존해서도 안 된다. 죤즈가 테니스를 즐긴다고 해서 스미스에게 그와 같은 영웅적 노력의 의무는 없다. 죤즈에게는 즐거움을 포함한 스포츠의 기본 이익을 받을 적극적 권리가 있더라도 다른 사람들이 그들의 책임을 다하도록 부당하게 요구되어야 한다는 뜻은 아니다. 다른 사람들의 힘에 겨운 것이다. 스포츠 이익을 제공하기 위해 영웅적 회생을 바래서는 안 되는데 다른 사람에게 그것을 하도록 지나치게 강요해서는 안 된다. 다른 사람들의 의무 때문에 우리들이 가지는 적극적 권리의 범위는 다른 사람들이 할 수 있는 것, 무리없이 요청되는 것의 양쪽에서 제한된다.

6) 권리와 기회

이러한 반론에서 스포츠의 기본 이익을 받을 근본적인 도덕적 권리 주장은 포기해야 할까? 아니 반드시 그렇지는 않다. 아마, 미케너가 제창한 표현에 따라서, 그 이익을 받을 권리보다 오히려 기본 이익을 얻을 기회 균등에 대해서 이야기할 수 있을 것이다. 후술하듯이 기회균등에 대한권리는 단순한 소극적 자유를 초월하고 있다. 누구나 간섭하지 않으면, 현실에서 그러 할 기회는 없다. 기회의 권리는 소극적 자유와는 다르다. 왜냐하면, 기회의 권리는 다른 사람에게 적극적 의무를 과해도 이익이나 서비스를 현실에 제공하도록 요구하지 않으므로 적극적 자유의 권리만한 요구는 없기 때문이다. 아마 스포츠의 기본이익을 받을 권리는 기회의 권리로 이해하는 편이 좋을 것이다.

기회 권리의 정확한 내용에 대해서는 확실히 의론의 여지가 있다. 그러나 타당하다고 생각되는 권리를 끌어내기 위해서는 최소한의 것을 학교에 요구하는 방법이 있다. 예를 들면, 어린이나 청년에게 운동의 가치를 전하거나, 좋은 체력 형성을 촉구하거나 '생애(carry over)' 스포츠, 즉, 생애 동안 계속되는 테니스, 골프, 수용을 가르치거나 일반론으로 학생에게 스포츠 참가의 적극적 가치를 전달하자라는 요구가 있을 것이다. 그와 같은 체육 프로그램의 강조점은 미래의 스타 선수를 만들어내는 것이 아니라 어느 수준의 스포츠에 참가하여 좋은 체력 육성을 높이는 중요한 기회를 어린이들에게 주는 것에 있다. 유감스럽게도 많은 학교에서는 현실적으로 체육수업이 줄어들고 있다. 남은 체육 프로그램의 일부도 그다지 신체적으로 혜택받지 못한 사람에게도 흥미가 솟도록 좋은 체력 형성으로 레크리에이션을 강조하는 경향이 있다. 미국의 어느 고교의 커리큘럼에서는 체육 수업 시간에 피노클(트럼프 놀이의 일종)놀이를 인정하고 있음이 전해져 주목을 끈 예도 있다.

최소 수준의 기본 이익을 받을 권리에는 학교에서의 체육 프로그램이 포함되어야 한다고 해석될 필요는 없으며 어차피 체육 프로그램을 받을 권리가 적정한 교원 급여 규정이나 필요한 과학기기의 구입이란 다른 것에 우선해야할 중요한 것과 충돌하면, 비평가는 지적할 것이다. 그러나 기본이익을 받을 권리를 진정으로 쟁취한다면 학교의 체육 프로그램은 그 권리를 집행하기 시작하기 위한 타당한 입장에 있다고 생각되며, 체육 프로그램을 여분의 것 즉, 커뮤니티와 거의 무관심한 내용으로 생각할 필요도 없다.

기본 이익을 보증하는 기회 균등의 권리는 커뮤니티에 대해서도 예를 들면, 공원, 놀이장, 조깅 코스, 농구장, 야구장이란 시설을 요구할 것이다. 더 넓게 이해한다면 그러한 권리에 의해 공공의 훌륭한 시설, 예를 들면, 수영풀, 테니스 코트, 골프 코스의 시설이 요구되어질 것이다.

그러나 여기까지 기회의 권리를 확대하지 않도록 그것을 거부할 근거도 있다. 이 권리가 넓어지면 점점 다른 사람들에 대한 부담이 커진다. 일부의 적극적 권리의 존재를 인정하더라도 비교적 풍부한 사회에서 공공의 골프 코스, 수영풀, 다른 시설을 제공할 수 없더라도 부정이라고는 할 수 없다.

그러한 시설을 바라는 사람들은 요금을 지불하고 여러 시설을 이용할 수 있으며 스포츠에 무관심한 사람들은 관심이 있는 사람들의 플레이에 조성금을 낼 필요는 없다고 반론할 것이다.

그러나 이러한 의론을 받아들이기 전에 납세자의 일부가 전혀 박물관이나 도서관을 이용하지 않더라도 그러한 시설을 유지하기 위해 이미 시민에게 무거운 부담을 가하고 있음을 잊어서는 안 된다. 커뮤니티 생활의 하나의 특질이 자신만으로는 제공할 수 없는 좋은 생활의 요소를 공동으로 제공하는 것에 있다고 한다면 왜, 문화시설 제공에 비해 공공 경기 시설을 제공하는 논거는 약할까. 뭐니뭐니해도 공공 경기 시설은 경쟁을 통해 건강, 플러스의 자기 이미지, 인간다움의 표현을 촉진한다.

앞에서 행한 구별로 돌아가면 유효할지도 모른다. 즉, 사람에게는 기본 이익을 보증하기 위한 기회의 권리가 있을까라는 문제와 사람들에게 기본 이익을 제공하는 것이 좋은 정책인가 라는 문제의 구별이다. 이것을 구별하면 스포츠 참가에 필요한 최저한의 시설, 예를 들면, 조깅 코스, 놀이장이나 공원, 학교에서의 건전한 체육 프로그램의 참가 권리가 있다고 논할 수 있다.

이러한 최저한의 시설은 다른 사람들에의 기본적인 부담을 강화하는 것이 아니라 스스로의 참가라는 기본 이익을 보증하기 위한 기회를 사람들에게 제공한다. 보다 대규모의 시설 제공은 문화적 시설(amenity)로 간주되어 각각의 지역 커뮤니티 멤버에 의해 그와 같은 시설 제공의 시비가 결정된다. 이상을 말하면, 문화적 시설 부조에의 세부담을 거부하는 사람들은 그와 같은 시설을 제공하지 않는 커뮤니티로 옮기는 선택을 해야 할 것이다.

그렇다고 한다면 보다 대규모의 경기 시설이나 레크리에이션 시설이 좋은 생활의 중요한 요소라 생각하고 있는 사람들은 같은 의견의 사람들로 구성되는 커뮤니티로 이행할 수 있으며, 의견이 다른 사람들에게 좋은 생활의 사고를 강요할 일도 없다(실제 문제로 그러한 선택을 하기 위한 진정한 기회를 제공하는 것에는 여러 가지 영역에서의 사회적 진보, 예를 들면, 빈곤의 시정이나 고용 기회의 확대가 요청되어질 것이다).

왜 스포츠의 기본 이익을 받을 기회의 권리가 우선 제 1에 있다고 생각해야 할까. 가령, 교육, 복지, 적절한 의료를 받을 권리가 근본적인 도덕적 권리 자격으로 간주되는 근거는 무엇인가. 근본적인 도덕적 권리가 인간다움을 기르고, 실현할 수 있는 조건을 보증하기 위해 필요한 권리 자격이라고 한다면 정당한 변호를 다음과 같이 할 수 있다. 최소한으로 해석된 스포츠의 기본 이익을 받기 위한 기회의 권리는 기본적이면서 도덕적으로 필요한 것(commodities) 속에 들기 때문이다. 우선 그 기회가 제공하는 운동이나 기분 전환은 많은 사람들의 건전한 건강에 부족하지 않다. 또한 더욱 중요한 것은 스포츠는 특히 인간다움을 기르고 표현할 수 있는 장에 다가서기 쉽다. 이제까지 해석해 왔듯이 스포츠 경쟁이나 그것에의 참가는 성격을 기르거나 그것을 표현할 수 있거나 다른 사람들의 선택이나 성격에 대응하는 테두리가 제공된다. 마지막으로 스포츠에 참가할 기회는 인간다운 생활에 결코 빠뜨릴 수 없는 중요한 요소의 하나이다. 플레이 특히 스포츠 상황에서의 플레이는 아마 인간다운 생활에 빠뜨릴 수 없는 중요한 일부이기 때문에 어떠한 원조도 없는 자유 시장에 그것을 방치할 수는 없다.

스포츠의 중요성은 상술한 것과 같은 의견에 기인하여 강조되어져 온 것일까? 음악, 예술, 교육, 그 외의 다양한 제활동은 인간다움을 기르고 표현할 수 있는 실천을 제공하고 있지 않을까. 대답은 명백하게 제공되어 있다. 그러나 이 점을 충분히 잘 알고 있으면서 스포츠도 또한 인간다움을 기르고 표현할 수 있는 실천 속에서 중요한 역할을 맡고 있다는 인식은 없다. 또한 스포츠 실천은 스포츠에 따라 공통의 테두리가 제공되어 연령, 성, 민족적, 사회적, 종교적 배경의 차이 생활수준의 차이를 문제 삼지 않는 점에서 독특한 실천이라고 할 수 있다.

여기까지의 의론을 요약하면 적극적 권리의 사고를 너무 넓힌다고 경고하는 점에 있어서는 자유존중주의자는 옳지만 그들의 의론은 그다지 견고하지 못하고 모든 적극적 권리 의 주장에 근거가 없다고는 보여지지 않는다.

적극적으로 근본적인 도덕적 권리의 일부에는 정당한 근거가 있다고 한다면, 스포츠의 기본이익을 받을 최저한의 기회 권리도 그 권리에 포함되면 옹호할 수 있다. 가령 그것이 옹호되어지지 않더라도 자유존중주의자에게는 다음의 증명을 할 수 없다.

공공 골프 코스, 레크리에이션 센터와 같은 비교적 고가의 시설 제공 시비가 논쟁중이라고 하더라도 시민에 대한 기본 이익을 보증하기 위한 기회를 커뮤니티가 진보적으로 제공해서는 안 된다는 증명이다. 권리의 문제로 그러한 종류의 대규모 시설에 대한 자격이 사람들에게는 없다고 하더라도 좋은 커뮤니티라면, 그러한 시설을 제공할 것이다. 그것은 좋은 커뮤니티 박물관, 도서관, 문화 센터를 제공하는 경우와 마찬가지이다.

이상에서 자유존중주의자는 적극적인 도덕적 권리를 처음부터 모두 거부하고 있는데, 그것은 너무 극단적이며, 한편, 모든 스포츠의 기본 이익을 받을 기본적 권리가 있다는 주장도 또한 마찬가지로 너무 극단적이다. 그곳에는 이상적인 사회가 제공을 선택하는 것과 타당하고 공정한 사회가 제공을 강화하는데 혼란이 있다. 그러나 기본 이익을 획득하기 위한 최저한의 기회 제공은 사회적 정의에 따라 요청되며, 스포츠 참가에서의 이익을 더욱 확대하는 기회는 좋은 생활의 중요한 구성요소이며, 그것을 보증하는 도움을 커뮤니티는 기대되고 있다.

3. 스포츠 평등과 탁월성의 대비

여기까지의 의론에서 알았던 점은 스포츠에 참가하는 최저한의 적절한 기회라는 근본적인 도덕적 권리는 만인에게 있는가. 아니면 그 권리의 주장이 정당화되지 않는다면 좋은 사회는 스포츠 참가의 기회나 대규모 시설을 제공해야 할까 아닌가의 무엇이다.

이 결론은 정당화하는데는 최저한의 보통의 인간 존재 수준에 호소하는 즉, 건강한 생활 습관을 기르거나 기본적 인 인간의 잠재능력이나 재능을 표현하는 기회라는 개개인의 주장에 호소할 수 있을 것이다. 참가의 기회를 넓히는 방책에 대해서는 결론의 여지가 있지만 이 영역에 관해서는 풍부한 사회가 개발도상의 사회보다도 막중한 책임을 담당하고 있음은 확실하다.

여기서 문제시한 사회는 스포츠의 기본 이익을 얻을 찬스였다. 그러나 스포츠 참가라는 기본 이익과 더불어 부나 명성이라는 희소 이익도 있다. 현대 사회에서는 희소 이익은 균등하지 않고, 재능이 있고 또한 동기부여가 강한 사람에게만 주어진다.

이러한 불평등한 배분은 당연히 페어하고 공정하다고 많은 사람들이 생각하고 있다. 결국, 무엇보다도 중요하게 정력적으로 활동한 사람 이외에 최대의 보수를 받는 사람은 없다. 그렇지만, 이 견해는 폭넓은 지지가 있더라도 중대한 비판은 면할 수 없다.

이하의 의론에서는 두 가지의 다른 종류의 비판을 구별할 필요가 있다. 한편의 비판은 미케너에게서 인용하의 시사하고 있는데, 엘리트 선수에 대한 지나친 칭찬이라는 나쁜 결과에 대하여 호소한다. 나쁜 결과에는 다음의 예가 있다.

❶ 재능을 가지지 못한 사람의 의기소침 한 것.
❷ 결과적으로 참가자가 감소하는 것.
❸ 건강하지 못한 사람들이 증가하는 것,
❹ 스포츠에 참가하면 사회 전체의 만족도가 높아지지만 그 수준이 저하하는 것,
❺ 달성도가 높은 사람과 낮은 사람과의 사이가 유해한 사회적, 경제적으로 불균형적인 신분으로 분화하여 그것을 강화해버리는 일이 있다. 정리하면, 이 비판은 경기 능력에 뛰어난 엘리트 선수에게 희소 이익을 불평등하게 배분하면 사회적 효용이 모자란다는 비판과 다름없다.

또 한편 경기 능력에 뛰어난 엘리트 선수에게 많은 보수를 주는 것이 바람직하지 않은가. 확실히 부정이라는 비판이다. 즉, 천성의 재능이나 잠재능력 등은 선천적으로 타고나는 것이므로 칭찬할만한 것이 못되므로 그러한 사람들에게 보수를 주는 것은 부정이라고 논하는 사람들도 있다.

그래서 시초에 스포츠 소년단(organized sports for children)의 검토가 유효할 것이다. 왜냐하면, 경기에서의 엘리트주의에 대한 비판은 스포츠 소년단과 관계에서 상당한 설득력이 있기 때문이다. 스포츠 소년단에 대한 비판이 보다 고도의 경쟁 수준의 장에서도 설득력이 있는지, 아닌지는 음미해야 할 여지가 있다. 그러나 어린이 스포츠 수준에 있어서는 약점이 되고 있더라도 학교, 대학, 프로 경기의 문제에 있어서는 그 약점이 반대로 강해지는 경우도 있을 것이다.

존과 제인은 벤치를 유유자적해야 하나, 스포츠 소년단을 비판하는 많은 사람들에 의하면, 예를 들면, 야구 리틀링이나 팝 워너 풋볼(Pop warner football)등은 우수한 선수의 경기능력을 매우 중시하면서 평등한 참가는 그다지 고려되고 있지 않다고 한다. 비평가들은 양친과 코치가 지나치게 승리를 강조하기 때문에 어린 아이에게 매우 큰 압력으로 되고 있다고 주장한다.

어른이 이기고 싶기 때문에 그들은 재능이 보다 우수한 아이를 어려운 포지션에 두어 대부분 그 아이만을 지도한다. 좀 어린 선수나 재능 수준이 떨어지는 선수는 시즌의 반을 벤치에서 보고 있을 뿐이다. 그들이 출장할 때도 중요한 역할이나 포지션을 차지할 찬스는 좀처럼 없다.

결과적으로 재능이 있는 어린이도 없는 어린이도 마찬가지로 해를 입든지 혹은 원래대로라면 참가에서는 더욱 큰 이익을 내는데 아주 근소한 이익밖에 내지 못하면 비난받는다. 발육이 늦은 어린이에게는 스스로의 재능을 높일 기회가 충분히 주어지지 않는데 충분한 기회마저 주어진다면 아마 그들은 조숙한 아이를 능가할지도 모른다. 더욱 나쁜 것은 벤치를 유유자적 하는 어린이는 희망을 잃거나 자존심을 손상당하거나 하여 스포츠 참가에 대한 흥미를 잃든지 또는 참가하기를 포기해 버린다. 또한 스포츠 참가에 의해 제공되는 기본 이익은 결코 얻을 수 없다. 그런 한편 보다 높은 기능을 몸에 익힌 어린이도 너무 압력이 많이 가해져 그것에 대처할 수 없는 상황하에 놓여질 우려가 있다. 이와 같은 상황 하에서의 스포츠는 주로 어른을 기쁘게 해주는 것으로만 행해져, 플레이가 아닌 일이 된다.

젊은 선수는 부모나 관객 앞에서 실패하지 않도록 안절부절 하게 되어 아주 경쟁을 즐기거나 기능 향상을 도모하지는 못한다. 많은 프로선수가 스포츠 소년단에 있어서 경쟁과 승리를 지나치게 강조하지 않도록 경고하는 것은 당연하다.

경쟁과 승리를 지나치게 강조해서는 안 된다는 비판은 지지를 얻고 있다. 중압을 가하는 리토링 선수의 부모나 어린이에게 부적절한 요구를 하는 코치는 전국 어디에서나 볼 수 있다. 그러한 비판을 더욱 강조해도 좋다. 리토링과 같은 전국조직도 학부형 그룹도 어린이에게 지나친 경쟁이 위험함을 인식하기 시작하여 많은 조직이 모든 어린이의 참가를 요구하는 룰 형성을 하고 있다(반드시 평등한 참가는 아니지만).

어느 정도의 경쟁이 어린이에게 지나친지를 논하기보다도 분별 있는 사람이라면 무엇에 동의하지 않을지를 의논하는 편이 어린이 스포츠 문제에서 대립하는 가치를 명확히 하기 위해서는 유효할 것이며, 최종적으로 어린이 스포츠에 관한 코치, 경기임원, 부모, 선수 각자가 충분한 설명에 기인하여 자기 결정을 할 수 있게 될 것이다.

어린이 스포츠에 있어서 경쟁과 승리를 너무 강조하면 위험하다고 한다. 그러나 경쟁에 반대하는 사람들 중에는 달성이나 경쟁을 전혀 중시하지 않고 완전히 평등한 참가를 지지하는 사람도 있다. 그들은 지나친 강조의 영향을 염려하여 경기 능력이나 달성의 차이를 거의 무시하도록 권고한다.

여기서는 이와 같은 견해 중에서 누구나가 극단적이라고 생각하는 의견을 고찰할 수 있다. 왜냐하면, 어린이 스포츠 수준에서도 경쟁이나 달성이 없는 스포츠가 어떠한 상태를 부를지를 검토한다면 경쟁과 달성의 가치를 올바르게 인식할 수 있기 때문이다.

스포츠 소년단에 속하는 어떤 어린이에게도 꼭 같은 플레이 찬스가 있어야 한다는 제안은 어떤 어린이에게나 기본 이익을 얻을 찬스가 같이 주어지는 것처럼 생각되기 때문에 매력적일 것이다. 그러나 곰곰이 생각해 보면, 이 제안에는 중대한 결점이 있다. 야구를 예로 들면, 어느 어린이나 모든 포지션을 구사할 신체적 능력이 있다고는 할 수 없다.

포구(捕球)의 경험이 전혀 없는 아이에게 일루수나 포수를 시키는 것은 위험할 것이다. 만일 제구가 나쁜 어린이가 투수가 되면 어느 타자나 만루 찬스를 만들어 수비 아이는 빨리 뒤쫓아 가지 못하면 물러날 방법이 없다.

이 입장에는 더욱 어려운 문제도 있다. 경기 능력이 높은 어린이에 대해서도 초심자나 그다지 재능이 탁월하지 못한 아이와 마찬가지로 그들의 행복을 생각할 필요가 있다. 지적 능력이 우수한 어린이 능력은 최대한으로 발휘시킬 것을 전제로 수업 중에 특별한 문제가 필요로 된다. 그것과 같은 예에서 생각하면 경기 능력이 탁월한 어린이에게는 스포츠의 장에서 특별한 문제가 필요해질 것이다. 학업면에서도 경기면에서도 특별한 능력 등이 없다든가 재미없는 것으로 판단하여 재능이 있는 사람을 다루는 것은 적절하다고는 생각지 않는다.

또한, 스포츠가 단순한 운동이 아닌 점을 염두에 두는 것도 중요하다. 특히, 오묘한 경기력의 기준은 스포츠에서는 각별하게 중요시되고 있지만, 운동에서는 그렇지는 않다. 스포츠를 즐기고 그것을 올바르게 이해 할 중요한 점은 선수가 기능을 인식하고 그것을 올바르게 이해하는 것이다. 똑같이 다루는 것은 기능이나 탁월성의 차이를 무시하지 않는 한, 본래라면 인식되어 올바르게 이해되어야 할 질(quality)을 무시하는 것으로 된다. 그러한 질이 인식되어 올바르게 이해되어져야 한다는 시점이 건전하다면, 어린이에게 스포츠 참가의 중요한 목적의 하나는 기능을 가르치고 장래 참가를 고무할 뿐만 아니라, 올바른 탁월성의 평가 능력도 높임으로써, 그 평가 능력이 선수, 관객 양쪽에서 일생 동안 스포츠의 즐거움을 촉진하게 된다.

어떤 어린이나 같은 수준으로 참가해야 한다고 말하는 사람들은 평등한 참가는 실제로 기능차를 무시하는 것이 아니라 기능차가 있더라도 어떤 어린이에게나 평등한 찬스가 필요하다고 응할 것이다. 그러나 참가 목표의 하나가 기능적인 플레이를 촉진하거나 그 플레이의 올바른 이해를 생각하는 것이라면 경기적 성공에 대해 어떠한 강조점을 주는 것은 중요하다. 경우에 따라서는 가장 우수한 선수가 함께 플레이 하거나, 스스로의 능력을 대전 상대에게 시도해 보는 것은 중요하며, 그러한 것이 어떤 어린이에게나 유익 할 것이다.

스포츠 소년단에서는 승리나 스타 선수의 육성이 일반적으로 강조되고 있기 때문에 그것을 비평가들이 부정하는 것은 확실히 옳다. 그렇지만, 탁월성의 차이를 인식하거나 그것에 대응하는 것의 중요성까지도 부정한다면 도를 넘는다. 오히려 어린이 스포츠에 관한 어른들이야말로 감수성이나 능력을 발휘하여 위기에 처해 있는 많은 경쟁 가치에 중점을 둘 필요가 있을 것이다. 복잡한 도덕적 문제에 얽힌 다른 영역에서도 행해지고 있듯이 사물을 판단하는 비결은 빈번하게 대립하는 가치의 다양성에 대해 인정해야할 점은 인정하고 그것을 정당하게 다룸으로써 다른 것에서 적용되는 가치를 희생하여 승리이든, 취급 동일성이든 대립적인 가치 부여를 해서는 안 된다.

1) 관객 왕국

여기까지에서 확실해진 점은 특히 어린이 스포츠 장면에서는 엘리트 선수를 너무 강조해서는 안 된다는 미케너의 경고에 충분히 배려하면서도 개인차가 있는 어린이를 똑같이 취급하거나, 경기 능력의 탁월성에 대한 관심을 비밀스럽게 배려해야 할 것이다. 앞으로 검토하는 미케너의 제 2의 주장도 물론 고찰할 만한 가치가 있지만, 최초의 주장과 마찬가지로 도를 넘을 우려가 있다.

이 점에 유의하여 미케너가 제안한 참가자 왕국이 아니라 관객 왕국이라는 비판을 검토할 필요가 있다. 우리나라 스포츠 비평가는 몇 백만인의 사람들이 주말에 스스로 스포츠를 즐길 뿐만 아니라, TV앞에서 꼼짝 않고 앉아 축구, 야구, 농구를 관전한다고 지적한다. 또한 대부분의 사람들은 지방공공단체가 제공하는 지연 고교의 게임을 관전하기 보다도 지역과는 그다지 관계가 없는 형태로 가정에서 일류 게임을 제공하는 위성통신 방송망 스포츠를 관전한다. 사람들이 스포츠에 참가하는 것이 아니라 그 관전에 시간을 소비하는 점을 비평가는 불행하다고 생각한다. 왜냐하면, 앉아서 관전하고 있는 것만으로는 몸에 나쁘고, 참가에 따르는 다른 기본 이익을 받을 기회를 피하고 있기 때문이다. 이 견해에 준하면, '리트링 등에서 시작한다', '스타' 시스템이 가져오는 진정한 결과는 경기장에서의 참가로 관객 스탠드나 거실 소파에서 사람들을 묶어두게 된다.

이러한 국민 스포츠의 비판은 부당한 것인가. 이러한 비판에는 적어도 두 가지 가설이 있는데, 양방 모두 올바르지 않은 점에 유의하자.

첫째, 관람하는 스포츠는 참가를 막는다는 가설, 즉, 관객은 정말 관객이어서 플레이 하려고는 하지 않는다. 그러나 이 가설은 전혀 뚜렷하지 않다.

팬인 것이 참가에 악영향을 미치는가는 실제로는 알 수 없다. 반대로 많은 팬, 특히 어린이들은 TV에 등장하는 우수한 선수의 동작을 흉내낼 것이다. 교정에서의 농구에서 마이클 죠던(M. Jordan)이나 닥터 제이(D. J)의 동작을 흉내내지 않는 어린이는 없다. 마찬가지로 특히 테니스나 골프의 펀은 최고의 프로 선수의 기술을 관찰하여 그것이 자신의 게임에 사용하려고 흔히 관전한다. 이와 같은 경우, 스포츠 이벤트의 관전은 참가를 막을 것이 아니라 촉진해야 한다. 본질적으로 아놀드 파머나 슈테피 그라프와 같은 스타 선수는 관전(의 대상)만이 아니라 모방(의 대상)으로도 되고 있다.

그렇다면 팬은 참가자는 아닌가. 여기서 주의해야 할 점은 팬은 팬이지 참가자는 아니라는 결론으로 비약하지 않는 것이다. 만일 그들이 팬이 아니었다면 아마 참가자가 아니었을지도 모른다. 그들은 지금은 숙련된 선수의 관전을 즐기고 있지만 과거에 관전하고 싶은 일류 선수가 없었든지 아니면 있었지만 도시의 많은 골퍼를 위한 적절한 시설이 없기 때문에 스스로 플레이할 동기가 주어지지 않았던 것이다. 그러므로 인기 스포츠나 엘리트 선수의 기능 강조가 일반 참가를 감소시킨다는 단순한 가설은 중대한 의의를 부르게 된다.

스포츠 참가와 스포츠 관전에 관한 제 2의 가설은 제 1의 가설보다 더욱 중대한 의의가 있다. 이 가설에 의하면 참가자가 되는 것은 관객으로 되는 것보다도 더욱 가치가 있다. 즉, 플레이 하는 것은 관전보다 더욱 우수하다. 가장 극단적인 형태의 견해에서는 스포츠 관전은 약간의 지적, 정서적 능력을 필요하더라도 수동적이고 아주 게으르다고 할 수 있는 활동이 된다.

TV앞에서 게임을 보고, 주말 중 계속 시간을 보내는 풋볼 펀은 맥주로 너무 뚱뚱해진다는 고정 관념이 있지만, 그러한 관념은 단순한 팬에 대한 경멸을 표하고 있다.

이 제 2의 가설에도 의론이 있다. 첫째, 누구나 모든 활동에 참가할 수 있다는 뜻은 아니다. 대부분의 사람들은 스포츠, 음악, 댄스의 관객이다. 발레나 연극의 경우에는 일반적으로 청중이라고 할 수 있지만 청중 대부분의 사람이 지금 보고 있는 활동에 참가하지 않더라도 조소할 일은 아니다.

더욱이 스포츠 관객은 다른 분야의 청중과 마찬가지로 비판적인 판단을 행하거나 탁월성의 기준을 적용하거나 할 것이 빈번하게 요구된다. 예를 들면, 모든 야구 시합의 중대한 국면에서 달성된 중대한 더블 플레이를 생각해 보자. 야구에 친숙하지 않은 관객은 선수들의 동작이 우아하고 순조로운 것임을 알더라도 선수들의 동작이 야구의 탁월한 규범으로까지는 이해할 수 없을 것이다. 충분한 지식을 가지지 못한 관객에게는 야수가 2루 베이스를 터치하고 놓친 것을 알아차리지 못하기 때문에 더블 플레이의 성부를 구별할 수 없다.

게임의 관전이 플레이와 비교하여 가치가 없는지는 알 수 없으며, 그것은 발레 감상이 발레를 추는데 비해 가치가 없다고 판정할 수 없는 경우와 마찬가지이다. 만일, 참가보다도 관전 쪽이 가치가 없다고 해도 탁월성이 보이는 스포츠나 다른 인간적 활동을 지적으로 관찰하는 것에 가치가 없는지는 불명확하다. 스포츠 이벤트 관객은 父喘法, 무지, 수동적일지도 모르지만, 다른 활동의 청중도 그 점은 마찬가지 일지 모른다. 다른 면으로 눈을 돌리면, 경쟁적인 경기의 시합을 올바르게 평가하기 위해서는 지성을 적용시키고, 관찰력을 구사하여, 뛰어난 논설성의 기준을 비판적으로 적용하는 것이 그곳에는 포함되어 있다.

이러한 논점에 설득력이 있더라도 이것은 스포츠 팬이 지켜야 할 자세를 지적으로 너무 치우쳐 설명하고 있다. 라는 반론이 나올 것이다. 관객들은 단순히 뛰어난 경기 능력을 올바르게 이해할 뿐만 아니라 편을 드는 팀이 이기도록 응원도 하고 있다. 확실히 중요한 대학 대항 농구 게임의 분위기

등은 스포츠의 탁월성에 대한 연구회보다도 확실히 종교 부활 활동의 집회와 유사한 경우가 많다.

응원 팀이나 선수에 대한 충성이나 응원에서의 감정 표현은 확실히 스포츠 중에서 중요한 역할을 맡고 있으며, 또한 맡아야 할 것이다. 스포츠 이외의 생활 영역에서도 마찬가지이지만, 우리들은 관심 있는 사람들과의 사이에 특수한 관계를 만든다. 만일, 관심 있는 사람들에게 충성을 맹세하지 않거나, 그들의 성공에 무관심하다면 생활에 풍부함도 재미도 없어질 것이다.

그러나 충성이나 감정이 도를 지나쳐서는 안 된다. 축구 팬은 많은 국가에서 난폭하거나 사람이 부상당하거나 생활을 위협하거나 하고 있지만, 그들의 행동을 심각하게 보는 것은 아니다. 스포츠 팬에 의한 폭력이나 악행은 우리나라에서도 아주 심각한 문제가 되고 있다. 가령 노골적인 폭력이 없더라도 많은 스포츠 이벤트에서는 지역연고 팀을 응원하는 적대적인 대중의 태도에 따라, 원정 선수도 심판원도 두려워하고 있다.

팬에 대한 비판적 시점은 편에 기인하지만, 스포츠 전체의 극히 일부이고, 스포츠 전체를 이상화 하고 있는 점은 분명하다. 그러나 이러한 시점은 편협된 향토애나 명백한 악행에서 생기는 감정표현에 대해 도덕적이면서 지적인 제약에 도움이 된다. 즉, 팬에게 요구되어지는 좋은 스포츠맨쉽의 도덕적 요건이란 스스로의 비판적 시점을 잊지 않는 것이다. 응원팀의 말로를 걱정하거나, 승리의 갈망을 부끄러워할 필요는 없다. 그렇지만 응원이 너무 심해 대전 상대의 훌륭한 플레이가 정당하게 평가될 수 없을 때에는 대전 상대를 인간으로 존중하지 않을 뿐만 아니라, 밀접하게 경쟁의 정당성도 손상당하게 된다. 스포츠 경쟁이 탁월성에 대한 상호 추구라고 한다면, 도전을 만족하는 제일 좋은 사람을 올바로 평가하기 위해서는 공평함이 충분히 유지되어져야 할 것이다. 그렇지 않으면, 스포츠는 자신의 에고를 만족시키는 수단으로 영락하거나, 관객, 선수모두 경기 면에서의 중요한 기능을 이해하여 그것에 대해 만족하지 못하는 도전으로 인해 공부하고, 성장할 수 있는 장을 구성하는 수단은 없어질 것이다.

이상의 점에서 스포츠를 관전하는 탐욕스런 팬의 관심이 참가의 저하를 부른다는 주장은, 아무리 좋게 해석해도 의론을 부른다. 그러나 만일 그것을 받아들이더라도 스포츠 시합의 관전 그 자체에 가치가 있다고 결론 짓는다. 스포츠를 좋아하는 관객에게는 다른 분야의 청중과 마찬가지로 탁월성을 올바로 평가하여 비판적인 판단 기준을 적용할 것이 요구되어진다. 응원팀이나 선수와의 정서적 유대가 인간에 대한 존엄이나 탁월성의 평가라는 규범에 의해 제약되어질 때, 그 유대에 의해 존재가 풍부해지거나 최선을 다하는 동기부여가 된다.

2) 스포츠의 내재적 선(善)

이제까지는 스타 선수가 너무 강조되어 많은 사람들의 스포츠 참가가 거의 주목되고 있지 않는다는 주장을 고찰해 왔다. 어느 정도 강조되고 있는지에 대해서는 의론이 여전하지만 이제까지의 의론에서 몇 가지 평가 원리가 나왔다. 특히, 보다 많은 참가를 촉진하는 노력을 지지해 왔지만 그런 한편, 참가를 강조한다고 해도 선수 전체를 획일적으로 다루거나 경기의 탁월성을 무시하지 않는 점도 지적했다.

탁월성에 주목한 스포츠의 기본 이익과 희소 이익이라는 당초의 분석에서는 의론의 테두리가 너무 좁음을 알았다. 희소이익과 기본이익의 배분에서만 문제를 삼으면, 즉시, 기본 이익을 추구할 기회가 거의 없는 대다수의 사람들과, 리드 선수와의 긴장관계가 부각된다. 그러나 엘리트 선수와 남은 사람들과의 대립을 강조하면, 이 상황의 중요한 부분이 애매해진다. 철학에서는 문제 설정에 따라 어떠한, 회답으로 되는가가 결정된다. 희소이익과 기본이익과의 문제만으로 한정하면, 소수의 사람에 의한 걸출한 경기 능력과 다수 사람에 의한 즐거움이나 평가 능력 사이의 관계가 분단되어질 것이다.

특히, 스포츠에서 본다면, 희소이익도 기본이익도 외재적 이고, 논리적으로는 각각의 선은 스포츠 그것과 분리되어 생각되어지며 획득도 할 수 있다. 즉, 스포츠에 몰이해적인 사람들이나 무관계한 사람들이라도 건강, 재미, 명성 부라는 선(善)은 이해할 수 있으며 획득할 수도 있다.

그러나 스포츠에는 외재적인 선과 함께 내재적인 선도 있다. 연습이나 활동에 선이 내재할 때란 논리적으로는 연습이나 활동 그 자체와 분리해서는 그런 것을. 이해할 수 없지만 즐겁지 않은 때이다. 예를 들면, '홈런'이라는 개념은 야구의 실천이나 룰과 분리하면 이해할 수 없다. 또한 체스에서의 승리와 연결되는 말다루기는 체스 게임의 룰이나 작전을 알지 못하면 이해할 수 없으며 즐길 수 없다.

스포츠의 내재적인 선과 외재적인 선의 구별은 이 장에서의 중심적 관심이다. 왜냐하면, 다양한 스포츠에 포함되는 탁월성의 기준이 일치한다면 어느 커뮤니티에서나 공통적으로 입수할 수 있는 내재적인 선이 만들어지고 관객은 어느 경기 수준에서나 톱 선수들이 만드는 내재적인 선의 향수를을 바로 이해하여 공유할 수 있기 때문이다. 이렇게 생각하면, 엘리트 선수에 대한 지나친 강조를 두려워하는 사람들을 무시한 점은 다음과 같이 된다.

뛰어난 스포츠 참가자는 대다수의 사람들에게도 공유되는 듯한 내재적 선을 창출하며, 그것은 다른 실천, 예를 들면, 댄스나 연극 참가자가 창출되는 경우와 꼭 같다. 폭넓게 공유할 수 있는 듯한 내재적인 선을 만듦으로써 우수한 기능을 가진 선수는 그 달성을 올바로 이해하는 모든 사람들에게 도움이 된다.

3) 보수, 가치, 경기능력

가령 내재적인 선을 만드는 점을 인정한다고 해도, 경기에서의 희소 이익, 특히 부와 명성의 배분에 대해서는 도덕적인 문제가 필요하다. 결국, 프로의 톱 선수는 매년 일정하게 몇 억 원을 벌지만, 간호사, 교사, 연구자, 단순작업 노동자는 정년까지 일해도 그들이 버는 액수는 되지 못한다. 또한, 같은 대학 중에서 학업이 우수한 학생과 스타 학생 선수에게 향해지는 주목도를 비교해 보자. 경기의 세계에서는 대부분의 사람들에게는 꿈이라고 밖에 할 수 없는 보수를 극히 소수의 톱 선수는 벌고 있지만, 그러한 회소이익의 배분에 대해 정당화할 수 있는 근거가 있다면, 그것은 어떠한 근거 때문인가.

불평등한 배분을 옹호하는 중요한 논거는 불평등함의 사회적 효용이다. 사회적 효용이 없다면, 그러한 불평등은 어떠한 선도 없기 때문에 정당화되지 못한다. 반대로 여기에서 문제 삼는 불평등이 영향을 주는 모든 사람들이 선택하는 다른 선택항목보다도 높은 결과가 된다면, 그 불평등은 효용을 근거로 정당화될 것이다.

그러나 스포츠의 희소이익(또는 다른 선)의 불평등적인 배분에 사회적 효용이 있더라도 그것이 공정 혹은 불공정하게 된다고는 할 수 없다. 전술했듯이 최고선의 촉진과 페미니스나 정의의 규범의 일치는 별문제이다. 불평등한 배분을 정당화하는 문제는 너무 문제가 크기 때문에 여기서는 깊이 다루지 않지만, 스포츠의 희소가치에 해당하는 논점, 즉, 희소이익의 가치 (desert) '진정으로 칭찬할 만한가치'의 고찰이 흥미 깊다. 개인의 진가라는 견해를 전면적으로 비판하는 철학자는 성공을 결정하는 천성은 단순한 '천부적 (gifts)'이고, 대체 그 사람에게 어떠한 진가도 없다는 의문을 보인다.

죤 롤즈는 정의론 속에서 "사회에 있어서 최초의 출발점이 되는 위치를 차지하기 위해 누구도 가치가 없다는 것과 마찬가지로, 천부적인 재능 배분에서의 위치를 차지하는데 누구도 가치가 없다는 점은 여기서 고찰한 판단의 확고한 주장의 하나일 것이다."라고, 주장한다. 선천적인 재능이나 태어난 환경은 스스로 창조하는 것이 아니기 때문에 칭찬할 만한 것이 못되며, 반대로 그것에 대한 책임은 없다. 그렇기 때문에 롤즈의 의론은 운좋게 계속 받아들여지는 것에 관한 것은 칭찬할 만하지 못하며 책임도 없다, 라고 계속한다. 예를 들면 죠던이 우리보다도. 농구에 적합한 신체를 가지고 태어났다고 해서, 이 선천적인 우연성에서는 우리보다도 다른쪽에서 부나 명성을 얻을만하다는 주장은 정당화될 수 없다. 단순한 우연이나 행운으로는 무엇을 받을만하지 못한다.

그러나 경기는 천성 이외에도 많은 노력을 하여, 그 재능은 성공을 결정하는 요인의 극히 일부에 지나지 않는다고 반론하고 싶어진다. '소질이 있는' 선수라도 동기부여나 지성이 없기 때문에, 그 능력에 적합한 만큼의 성공을 거두지 못하는 것은 잘 알고 있는 사실이며, 반대로 소질이 없는 선수라도 다른 것을 억누르는 적극성, 용기, 원망을 가지고 최고의 경기 능력에 달하고 있는 경우도 흔히 있다. 몇 시간의 맹훈련, 압박 속에서의 냉정함, 자신의 약점의 지적 분석, 적절한 전술 감각, 다른 성격 특성은 적어도 천성과 병행하여 스포츠나 다른 많은 분야에서의 성공과 관계하고 있다.

유감이지만 이 응답에서는 충분하다고는 할 수 없다. 왜나하면, 다른 단계에서 과해지는 롤즈의 이론에 대해 약점이 너무 많기 때문이다. 즉, 압력 속에서의 냉정함, 용기 그리고 다른 성공을 낳는 특질도 또한 천적인 생물로서 무엇에도 필적할 수 없는 보수라고 간주된다. 롤즈는 다음과 같이 말한다.

"어떤 사람의 능력을 개화시키는 노력을 가능케 하는 우수한 성격을 그 사람이 받을 만하다는 주장도 또한, 역시 의심스럽다. 라는 것은 그와 같은 성격은 행운의 가족이라든가 사회적 제환경에 매우 의존하고 있어, 어떠한 공적도 주장할 수 없기 때문이다."

논리적으로 파고들면, 이 이론은 개인의 진가라는 사고가 배분적 정의의 기본적 요소로는 되지 못한다는 의미가 된다. “나는 그것을 받을 만하므로 그것은 나의 것”이라는 논법은 과거에 페어 또는 공정하다고 판정된 기존 룰의 체계 범위내라면 합법적인 정당성의 형식으로 가능하더라도 페어니스 혹은 정의 그 자체의 근본적 기준으로서는 가능하지 못한다.

다른 근거에 기인하여 공정하게 판단된 룰이나 실천과 관계없다면 진가를 근본적으로 주장할 수 없다. 왜냐 하면, 개개인 참가자의 지배를 훨씬 초월한 정말 운명적 요인에 의해 여러 가지 결과를 결정 짓기 때문이다.

이 주장을 인정하면, 어떤 비평가가 말했듯이 재능이 있는 사람에게는 소질을 없애게 하기 위한 핸디캡을 가지게 해야 할까. 이 제안을 추진하면, 누구나가 동등해지듯이 매력적인 사람은 추악하고, 지적인 사람은 마약을 하고, 건강한 사람은 쇄약하게 해야 한다는 극히 바보스런 의미가 된다. 스포츠의 경우에는 이러하다. “꼭 같은 사람끼리 테니스를 하지만 어느 쪽도 영원히 이기지 못한다. 즉, 게임은 40-40 득점에서 전혀 진전되지 않든가, 아니면 어느 쪽의 기량도 우열을 가리기 어려우므로 시합 최초의 랠리가 제한 없이 계속되든가, 적어도 두사람이 거의 동시에 힘을 다해 쓰러질 때까지 계속될 것이다.”

다행히도 이처럼 어리석은 제안을 옹호하는 연구자는 극히 드물다. 실제, 롤즈 자신, 진가라는 사고의 채용을 권장하지 않고 오히려, 롤즈의 이론에 있어서 마저 다른 근거에 기인한 공정한 룰과 일치할 것을 조건으로, 사람들에게는 무엇을 받을만할 가능성을 시사한다.

그러므로 남자 전미 오픈 골프 선수권을 운영하는 룰이 페어하고 또한, 우승자에 대해 거액의 상금지불도 공정하다면, 어떤 의미에서는 우승자는 그 상금을 받을 만하다. 그러나(정의라는 독립된 제원리에 기인하여) 선수권과 그것에 따르는 배분시스템이 페어하고 공정하다면 우승자는 그 보수를 받을만하다고 할 수 있고, '정의라는 독립된 제원리가 아니라' 선수권이 나 배분 시스템이 승자에게 그가 받을만한 것을 준다는 이유에서는 페어하고 공정하다고 할 수 없다. 왜냐하면, 롤즈의 이론에 의하면, 출발로 되는 진가의 주장 그 체제가 정당화되지 않기 때문이다.

그렇다면, 룰 체계를 페어하고 공정하게 하는 것은 무엇일까. 롤즈에 의하면 유전적 사회 환경적인 행운은 핸디캡 시스템으로 인도하지 않고, 또한 더욱 이치에 필적한 선택사항으로 이끈다. 롤즈는 정의의 제원리(이 경우, 격차 원리)를 다음과 같은 결과로 생각해야할 것이다. "선천적 재능의 배분을 공통의 자산으로 간주하여 어떠한 결과가 된다면 이배분의 보정에 따라 가능해진 보다 큰 이익을 분담하는데 동의한다. 천성으로 혜택 받은 입장에 놓여진 사람들은 누구나 져버린 사람들의 상황을 재선한다는 조전에 기인해서만, 그들의 행운에서 이익을 얻을 수 있다."

이 직감적인 이론은 롤즈의 이론 체계 속에서 정의에 관한 적절한 추론방법으로 설명되고 강화되고 있다. 그의 견해에 의하면, 단순한 자기이익이아니라 정의의 시야에서 추론할 수 있다면,스스로의 인종, 성별, 종교적 가치적인 치우침(commitments)라는 개인적 특질, 자기이익, 사회적 환경에 대해 마치 무지하듯이 추론하지 않으면 안 된다.

개인적 시야에서 사물을 이해하면, 자기 자신이나 자신이 속한 집단, 커뮤니티에 가담하여 치우치는 경향이 있지만, 이 '무지의 골짜기'에 의해 개인적시야보다도 오히려 보편적 시야에서 사물을 이해하지 않을 수 없게 된다. 롤즈에 의하면 정의의 제원리는 무지의 뒤에선, 편견이 없이 깊이 숙고한 사람이 사회의 기본 구조를 치유하는 근본적 룰로 채용하는 듯한 제원리라고 한다. 무지의 뒤에 선, 의론을 진행하여 선천적 재능을 공통의 자산으로 간주하여 만인의 이익이 되도록 사용하는 것이 합리적으로 된다. 왜냐하면,

깊이 숙고하는 사람은 개인적으로 누가 어느 정도 재능이 있는지 없는지 알지 못하며, 순수한 능력주의 속에서 재능이 없는 사람으로 되지 않도록 자기를 방어했으면 하기 때문이다.

롤즈의 견해에 따르면, 스포츠의 회소이익 배분이 불평등하더라도 그것이 정당화되기 위해서는 조건이 필요하며, 예를 들면 자유 시장의 시스템 내에 있는 프로 스포츠와 같이 불평등하게 이끄는 실천을 받을 수 없는 사람들의 장기적 이익으로 된다는 조건이 필요하다. 이와 같은 견해는 확실히 받지 못한 사람들에게 핸디캡을 준다는 생각이나, 자유존중주의의 견해보다도 옹호할 수 있다.

왜냐하면, 이 견해는 꼭 같은 결과를 엄격하게 과하도록 주장하고 있지 않으며, 다른 사람에게 대한 모든 적극적 의무도 부정하지 못하기 때문이다. 다시 말하면, 롤즈의 정의는 타당한 절충안이라 볼 수 있다. 즉, 자유시장의 적용에서 위해를 고려하지 않고 그 적용에 찬동하는 사람들과 실질적으로 무엇인가 결과의 차이가 생기면 부정으로 언페어하다고 주장하는 사람들과의 사이를 절충한다.

그러나 롤즈 정의의 권리 자격을 초월하여 가치(merit)에 기인한 개인진가의 주장은 정당화될 수 없다고 결론지어야 할까. 이처럼 결론지으면 우수한 신체제기관의 소유는 빨리 달리는 능력이나 높이 뛰는 능력과 마찬가지로 정말로 선천적인 운이라는 진가에 상당하지 않는 이익으로 되어 버린다.

사람들에게 우수한 신장을 유지하는 것을 허락된 것은 결국, 축복받지 못한 사람들을 유리하게 하는 경우에 한해야 할까. 뛰어난 신체 제기관을 공통의 자산으로 간주하여 모든 사람들의 이익을 위해 사용해야 할까. 아니면, 우수한 신체 제기관에 대한 독자적인 자격을 개개인에게 가지게 해야 할까.

롤즈의 접근은 결과적으로 개인을 국유화한다는 비난이 있다. 왜냐하면 이 접근은 롤즈 이론의 중핵이라고 할 수 있으며, 그가 주장한 인간의 존엄이라는 사고와는 전혀 일치되고 있지 않기 때문이다. 그러나 이러한 비판도 롤즈의 이론에 대해 완전히 페어한다고는 할 수 없다.

결국 롤즈는 사람들의 신장을 압류하거나, 사람들을 포착하여 공통선을 위해 사람들의 자산을 강제 집행하려고 해서는 안 된다. 오히려 롤즈의 제창에서는 사람들이 선택을 하여 자신의 능력을 강화시켜도 좋다고 한다. 만일, 사람들의 재능의 소유가 행운에 근거할 경우, 그다지 재능이 없는 사람들도 획득할 수 있는 범위에 한하여, 사회는 재능있는 사람들의 기능에 대한 보수를 인정하고 있다.

이 반대 답을 타당하다고 할 수 있으며, 롤즈의 이론이 완전히 난점을 해결한다는 뜻은 아니다. 첫째, 롤즈는 성격이나 동기부여와 병행하여, 능력이나 재능이 우연한 특징으로, 운좋게 소유하는 것이라 보았다. 그렇지만, 성격, 재능, 퍼스낼리티 등등이 개인으로부터 소거되면, 무엇이 남을까. 그 곳에는 존경해야 할 인간은 없다고 생각된다.

본서의 목적에 따라 중요한 것은 참가자가 스스로의 성격, 퍼스낼리티 재능, 기능을 통해 자기표현을 하기 위해 그러한 것을 타당하게 다루지 않으면, 인간성에 대한 존엄이 손상되어져 중대한 실패로 되어버리는 점이다.

예를 들면, 갑과 을 양쪽이 테니스 경기 능력을 높이려고 하지만 갑은 을보다 아주 현명하게 연습하여 그것에 몰두하고 또한 재능이 있다고 하자. 아마 갑을 인간으로 다루는데 실패할 것이다. 그러므로 가치에 기인하여 가치의 주장을 인정하는 것에는 중요한 작용이 있다. 그것은 사람들의 선택이나 현명한 노력을 인정하여 결과적으로 상당한 영향을 미친다고 해도 개화를 선택하는 개인의 자산을 인정하는 것이다. 즉, 이 적용에 의해 사람들은 자신의 생애를 어느 정도 컨트롤할 수 있게 된다.

개인의 자산이나 능력을 가지지 못한 사람들의 이익에 사용되는 공통자산으로 차는 시스템은 아마 수행자나 행위자, 또한 다른 사람들의 경기, 연기 능력에 대한 응답자 '스포츠의 경우, 대전 상대를 가리킨다.' 비평가, 소비자

'관객, 청중을 가리킨다.' 라는 가람들에 대한 존경을 손상받게 될 것이다. 이 점은 다음에서 알 수 있다.

소규모 대학에 신임 교수인 죤즈가 도임했다고 하자. 그는 매우 재미있으며, 통찰력도 예리하고 흥미도 돋꾸는 인물이다. 이미 많은 학생이 서서히 그의 강의를 수강하게 되어, 반대로 동료의 강의에 나오는 학생은 줄어든다. 다른 연구 기관이 죤즈의 능력에 대한 소문을 듣고, 그곳에 참가하도록 설득한다. 그 결과, 그는 대부분의 동료들보다도 많은 기회를 얻게 된다. 또한, 다른 교수들은 자신의 지도법을 개선하기 위해 단순한 강의가 아닌 이론을 도입한다는 그의 새로운 지도법의 일부를 채용하여 최종적으로 지도의 전체적인 질을 높인다. 또한, 죤즈는 다른 동료들보다도 특수한 교수라는 명성과 높은 급료를 받게된다.

이와 같은 결과의 불평등으로 이끈 것은 죤즈가 그의 지도 능력을 행위로 표현했기 때문에, 그리고 지도자로서의 그의 능력에 저촉된 사람들이 그것에 대응했기 때문이다. 이 예의 포인트는 교육 대신에 체조경기, 죤즈 대신에 메리 루 레튼(M. L. Retton) '1984년의 로스엔젤레스 올림픽 체조경기 여자 개인 종합 우승자'를 옮겨놓은 경우와 마찬가지로 된 점일 것이다. 결과의 불평등이 생기는 것은 다른 사람의 다양한 능력에 대해 우리들이 다른 대응을 하기 때문이다.

국내에서는 체조경기가 어느 정도 일반적으로 되어 왔다. 그 이유는 전 올림픽 스타 선수, 레튼과 같은 선수들이 체조 경기의 대중화시기에 사람들의 상상력을 매료시켰기 때문이다. 만일, 적절하게 대응하는 자유가 없이 레튼의 가치를 인정한다면, 이성적인 행위자로서의 자유는 서로 인간으로서 대응할 수 있는 명분이 줄어든 것처럼 현저하게 제한될 것이다.

시내의 학교에선 지도하는 교사 중, 우수한 교사에게 특별히 장학금을 제공하는 것은 교사 사이의 경제적 불평등과 연결될 우려가 있지만, 동시에 많은 저소득 그룹 출신의 어린이들에 대한 교육의 질도 높일 것이다. 그러나 이것은 불평등이 때로는 부정하게 되지 않는 유일의 이유라고는 할 수 없으며, 반드시 중요한 이유는 아니다. 오히려, 불평등이 사람들의 자유로운 상호 작용을 통해 생겨나고 적어도 그 상호작용이 페어한 배경적 선택 조건의 범위 내에서 생긴다면 조건의 범위 내에서 생긴다면 그러한 불평등은 정당화 찰 수 있다. 왜냐 하면, 그러한 불평등은 인간성에서 파생한 인간성의 표현이기 때문이다. 양해된 가치를 인정하여 보수를 주는 시스템을 개개인의 자산, 즉, 반드시 단순한 우연에서 투여되는 것이 아니라, 동시에 인간성도 표현하는 것과 같은 자산을 사람들이 어떻게 대처하는가에 대한 우리들의 자유로운 평가가 반영될 가능성이 있다. 그러한 결정(arrangement)에서 가장 이익을 많이 받은 사람들은 당연히, 최악의 상태 개선에 기여한다는 특수한 의무를 지게 될 것이다. 만일, 가치를 인정하는 유일한 이유는 혜택 받지 못한 사람들에 대한 이익이라고는 할 수 없다.

롤즈 자신은 상기한 결론에 반론하지 못할 것이다. 그러나 성격이나 동기부여된 특성을 포함하여 선천적 능력을 공통의 자산으로 한다는 그의 강조에서는 재능 있는 사람이 다른 사람의 지위를 개선하기 위한 하나의 수단으로 가치지워야 할 것이라는 형태의 제안을 할지도 모른다. 그렇지만 현실적으로 롤즈는 재능이나 능력을 어떻게 이용하여 개화시킬지를 커뮤니티가 지령한다는 의미에서 그러한 능력이 커뮤니티의 재산이라고는 하지 못한다. 오히려 그가 주장한 것은 그의 능력이 커뮤니티에 따라 보급되는 사람들은 스스로가 무지의 뒤에 서서 최악의 상태를 탈피하려고 하는 다른 사람들에 대해서 책임이 있는 점이다. 그러므로 롤즈의 견해가 적절하게 이해되어지더라도 역시 선천적인 개인적 전자산의 소유는 우연이라고 주장될지도 모른다. 그러나 그러한 전 자산을 어떻게 사용하여 개화시킬까, 라는 개인의 선택에 대해 적절하게 대응하지 못하면, 인간을 주체적 행위자로 존경하지 못하는 것과 통할 것이다.

이 점을 고찰할 때, 선천적인 악운뿐만 아니라 가치가 인정되지 못하고 재능이 개화되지 않고 끝날 가능성이나 혜택받지 못하는 사람들의 개선에 이익이 없기 때문에 표현되지 못하고 선호한 채로 끝날 가능성에 대해서도 자기 방위하고 싶은지를 물을 것이다. 만일, 사회적 계약 중에 개인의 가치에 대한 어떤 종류의 방위를 한다고 하면, 롤즈의 의론은 당초에 제시된 이론은 인정될 수 없는 방법이지만, 가치나 진가가 어느 정도의 여지를 남기도록 확대 해설되어질 것이다. 그렇지만, 가치의 존중은 우리들이 인색해야 할 사회적 정의의 유일한 원리라는 의미에서도 타당한 안전망의 준비 이상에 우선해야 한다는 의미도 아니고, 단순한 사회적 정의의 하나의 요소에 지나지 않지만, 인간으로서의 성격을 인정하고 그것을 표현하기 특히 중요한 요소임에는 차이가 없다.

4) 진가에 대한 다른 옹호

여기까지는 천성에 기인하는 진가에 대한 비판은 혜택받지 못한 사람들의 이익이 되듯이, 사람들의 재능, 성격, 퍼스낼리티를 공동이용재(Pool)의 일부로 하기 위해 인간을 존경하지 않게 된다는 이유에서 반론되었다. 여기서 주목할 만한 제 2의 비판은 죠오지 쉐어(G. Sher)의 기사, '노력, 능력 개인의 진가' 중에 있다.

제일 먼저 쉐어는 예를 들면 농구 연습을 한다는 공통의 과제를 반드시 사람들이 같이 노력하지 않는다고 해도 더욱 열심히 노력할 수 있는데, 그렇지 않았던 것은 아니다. 라고 주장했다. 나보다 당신이 열심히 노력한 이유는 내가 노력하기보다도 당신이 선천적 능력을 가지고 있기 때문이 나이라 농구를 하는 것이 나보다 당신에게 의미가 깊기 때문이라고 한다. 쉐어의 주장이 옳다고 한다면 천성을 이유로 사람들이 노력 때문에 선천적인 능력이 달라진다고 가정하는 것은 오해일지도 모르며, 또한 그 능력이 같다면 개인의 진가에 구별을 설정하는 타당한 기반이 있을지도 모른다. 우리들의 능력은 이미 같더라도 자신을 연마하기 위해 열심히 노력했다는 이유로 당신은 선발 멤버가 될 만하다.

그렇지만 쉐어는 개인 사이에서 노력하는 능력이 다른 경우에도 진가에 대한 공정한 비판을 할 수 있는가에 대해 논했다. 상대적으로 보아 어떤 영역에서 재능이 없는 사람들이 다른 영역에 있어서 재능이 있다면, 그대로일 것이다. 나와 비교하여 당신이 농구에 우수한 능력이 있다고 해도, 나에게는 우수한 민첩성이 있을지도 모르며 한편, 스미스에게는 당신이 노력하는 능력이나 나의 민첩성이 없더라도 게임 상황의 분석이나 적정한 전술 판단에 뛰어날지도 모른다. 3인 모두 모든 면에서는 다른 사람보다 우위라고는 할 수 있다. 그렇지만 다른 측면이라면 3인 모두 농구를 우수하게 하기 위한 전반적인 능력을 가지고 있다. 또한 농구가 맞지 않는 사람은 그것을 할 필요는 없으며, 다른 여러 가지 능력을 요하는 스포츠도 있다. 마지막으로 사람들은 스포츠에서의 성공을 목적으로 할 필요는 없고, 스포츠 이외의 분야에서도 노력할 수 있다.

쉐어 이론의 시사는 이러하다. 진가의 판단은 천성적 이라고 해도 부정은 않지만 그곳에는 두 가지 조건이 있다, 하나는 재능의 겸비가 무엇이든 다른 사람과의 경쟁에 있어서 인정되어지는 방법으로 개개인의 그러한 재능을 사용하더라도 이치에 상응할 것, 또 하나는 사회 전체에 충분한 수의 실천, 직업, 활동이 있어 각 분야에 있어서 다양한 재능의 겸비에 따라 이(理)에 상당한 성공을 달성할 수 있다. 이것은 어떤 달성에의 장해, 예를 들면, 빈곤이나 차별이 불공평하고 부정이라는 점을 부인한다는 뜻은 아니다. 그러므로 천성에서, 가치에 기인하는 진가의 모든 판단이 독단적이면서 부정하게 된다, 라는 주장에는 의의가 있다. 이처럼 쉐어의 이론은 확실히 비판되어 지겠지만, 상술한 인간의 존엄이라는 고찰과 병행하여, 다음의 점을 시사한다. 천성에 관계하는 의론 그 자체에 중대한 반론이 있으며, 그 의론은 가치나 개인의 진가에 기인하는 스포츠의 희소 이익이 불평등한 배분으로 된다는 주장을 부당하다고 판단하여 제외할 필요는 없다.

4. 스포츠의 불평등

스포츠나 다른 분야에서의 결과의 불평등은 때로는 심한 부정으로 될 경우도 있지만, 그것을 언 페어나 부정하다면 선천적으로 동일시해서는 안 되는 점을 명확히 해 왔다. 실제, 스포츠의 희소 이익에 불평등한 배분이 생기는 것은 숙련된 선수가 스포츠의 내재적인 선을 창출하기 때문에 우리들이 가치를 부여하여 그 배분을 바라고 있기 때문이다. 블평등한 결과의 배분이 페어한 배경 설정내에서 생기고 아마 롤즈가 말하는 혜택받지 못한 사람들에 대한 재배분의 필요 요건을 만족한다면, 그러한 불평등을 부정하기란 어렵다.

그렇지만 이 결론은 결과의 불평등이 아무리 두드러지더라도 이(理)에 필적한 안전망이 정당함을 근거로 그 불평등이 도덕적으로 인정되어진다는 의미에서는 아니다. 아마 부의 지나친 집중은 풍부한 사람들에게 부당한 정치적 영향력을 미쳐 결과적으로 민주주의의 가치를 서서히 침해할지, 아니면 저변의 사람들을 존경하지 않게 되는 유해한 사회적 계급 구조로 이끌 것인가. 여기서의 의론에서는 어떤 주장이 정당화될 수 있을지를 검토하고 있지 않기 때문에 결론적으로는 스포츠나 다른 분야에서의 결과의 불평등은 인간의 존엄이라는 진정한 가치, 즉 최초로 평등에 도덕적인 힘을 준다는 가치에 따라 정당화되는 때도 있다는 정도의 결론 이다.

이상의 의론에서 우리나라 스포츠 정책은 두 가지 목표를 언급해야 한다고 생각된다. 최초의 목표는 건실한 사회는 모든 국민에게 적정한 운동의 기회를 제공하도록 노력해야 할 것이다.

국민에게는 그러한 기회에 대한 도덕적 권리가 있다는 견해가 있다. 이 견해에서 보면, 그러한 기회가 제공될 수 있는 상태에서 정당한 이유도 엄이 그것을 표현하지 않는 사회는 국민을 부정하게 취급하게 된다. 그러나 개인의 자유에 관심을 가지는 자유존중주의자라면, 다른 사람에게 제공해야 할 의무에 제한을 가할 것이다.

그러므로 사람들이 현실적으로 그러한 선으로의 확대된 권리를 가질지, 아닐지에 대해서는 의론의 여지가 있다. 스포츠에서의 레크리에이션적 기회라는 최저 수준의 권리가 있다고 하더라도 비교적 대규모의 스포츠 시설이나 스포츠 참가를 위한 사치스런 기회의 제공에 대해서는 자유시장이나, 각 커뮤니티 재량 등 어딘가에 남겨질 것이다.

제 2의 목표도 전술했듯이 스포츠의 기본 이익과 회소 이익과 더불어 그곳에는 커뮤니티 전체에 배분할 수 있는 내재적인 선이 있는 점이다. 우수한 경기, 연기 능력을 올바로 평가하거나 적절하게 대응하는 능력은 우리들의 생활을 풍부하게 한다. 이리하여 많은 사람들에 의한 많은 기회라는 관심에 눈을 향하여, 보통이상의 재능이 풍부한 사람들의 탁월성이나 달성을 무시할 수는 없다.

메이저 리그, 리트링을 막론하고 스포츠의 탁월성을 널리 알리는 훌륭한 선수는 모든 선수가 목표로 하는 기준이나 일반 대중 누구나가 올바로 평가할 수 있는 기준에 집착하고 있다. 이러한 경우, 합법적인 평등에 대한 관심에 의해 취급되는 동일성과 평등을 같이 할 것이 아니라, 반대로 결과의 불평등은 부정, 오해, 그렇지 않으면 언 페어가 아니라 오히려 그 불평등이 선택이나 행동에 기인한 자율성의 반영일 때, 정의나 공정의 기준에 일치할 뿐만 아니라, 탁월성으로의 치우침도 표현할 수 있을 것이다.

08 스포츠와 인종차별

'어떠한 나라, 또는 개인에 대해서이건 인종, 종교 혹은 정치를 이유로 차별해서는 안 된다'(올림픽 헌장 제 1장 제 3조)라는, 근본원칙이 정해져 또한 남아프리카 공화국과 같은 인종격리정책 국가에서 세계적으로 비난받는 국제 정세에도 불구하고, 세계의 스포츠계에는 여러 가지 차별, 예를 들면, 성차별, 직업차별, 출신지차별, 인종차별, 민족차별 등이 여전히 존재하고 있다.

1968년, 멕시코 올림픽에서 육상 남자 200m에서 1위와 3위로 달린 미국 흑인선수, 토미 스미스와 죤 카를로스는 전 세계의 사람들이 주목하는 표창대 위에서 국가가 흐르는 동안, 성조기에서 얼굴을 돌리고, 검은 장갑을 단 깃발을 높이 휘날리며 익숙지 않은 행위를 취해, 스탠드의 관중 및 TV를 보고 있던 세계의 사람들을 많이 놀라게 했다. 이 깃발을 잡고 머리위에서 휘날리는 행위는 흑인의 고유의 것으로, 정확하게는 블랙 파워 사인(Black power sign)이라고 하는데, 1960년 경부터의 인 시민권 운동 속에서 생겨났던 것이다. 후에, 카를로스는 이 검은 장갑의 의미에 대해서 '미국에서의 흑인 차별, 흑인 사회의 빈곤을 고발하는 것'으로 얘기했지만, 이 사건은 흑인 스포츠 선수 자신이 세계 속의 사람들로 미국에서의 흑인차별을 고발한다는 점에서, 역사상 매우 중요한 의미를 가지고 있다.

이 역사적 사실에 입각하여 이 소론에서는 스포츠계에서의 차별 문제를 정리, 검토하기 위해 미국 프로 스포츠계를 제제하는 흑인 차별 문제에 대한 역사적 분석 및 현상 분석을 행한다. 이 흑인 차별 문제에 초점은 맞춘 소론은 스포츠계에서의 차별 문제를 해명하는 단서로 말하자면 서론으로 자리를 잡은 연구이다.

이 소론의 전개는 미국에서의 흑인 차별의 사적 개관을 행하여 계속하여 프로 야구, 프로 복싱, 어메리컨 풋볼, 골프를 언급하여 각 종목의 흑인 차별의 역사 및 실태를 살펴보면, 그때에 표면상으로는 나타나기 어려운 차별 문제나 흑인 선수의 자기 방어 수단에 대하여 언급한다. 그리고 마지막으로 스포츠계에서의 차별 문제와 일반 사회에서의 차별 문제가 상관관계에 있다는 것 및 양자의 문제 극복을 위한 시점의 일단이 얘기되어진다.

1. 미국에서의 흑인차별의 사적 개관

미국의 독립 선언(1776년)에는 "우리들은 자명한 진리로, 모든 평등을 만들고, 조물주에 의해 일정한 빼앗기 어려운 천부의 권리가 부여되어, 그 속에 생명, 자유 및 행복 추구가 포함됨을 믿는다"라는 한 구절이 있다. 이 선언대로라면, 독립 후 미국에는 '노예'라 불리우는 사람들은 존재하지 않았어야할 것이다. 그러므로 아프리카에서 연행되고 매매된 흑인 노예 그리고 그들을 법률적으로 구속하는 노예 제도는 틀림없이 존재하고 있다. 실제, 상술한 독립선언의 주된 초안자인 토머스 제퍼슨마저도 반치니 어의 플랜터에 많은 노예를 소유하고 있었다고 한다. 이것에서 선언문의 '우리들'이라는 주어에는 흑인 노예는 해당되지 않았다고 추정할 수 있다.

남북 전쟁을 계기로 링컨에 의한 노예해방선언(1863년)이 나와 흑인들에게 자유가 주어지지만 이것으로 백인과 흑인이 평등하게 되었다는 뜻은 아니었다. 링컨은 '저는 분명히 알립니다. 저는 어떠한 방법에 의해서도 백인과 흑인의 사회적, 정치적 평등을 초래하는데 찬성하고 있지 않으며, 또한 지금까지 찬성하지도 않았다.'라고, 연설하고 있다. 즉, 단순히 형식면에서의 백인과 흑인의 '주·종'관계가 언급되지 않은 만큼 완전한 차별의 철폐로는 되지 않았다. 오히려 백인에게는 자유롭게 된 흑인을 어떻게 통제해 갈지가 새로운 문제가 된 한편, 흑인에게는 노예 해방선언 후, 말하자면 실업 상황의 타파가 과제가 되었다. 또한, 남북전쟁에서 패한 남부의 백인들의 북부에 대한 불만과 흑인 해방의 반동은 'KKK(Ku Ku Klan)단'으로 대표되고 있는 비합법적인 비밀 결사라는 형태에서 나타나는 전신이 새하얀 복장과 악하기 짝이 없는 비도덕적인 행위는 흑인들을 진노케 했다.

이러한 불만, 반동의 결과, 19세기말의 15년 동안에 1500인 이상, 1900년부터 1910년 동안에는 약 900인의 흑인이 반동 조직에 의해 살해되었다고 일컬어지고 있다.

백인의 흑인에 대한 우월은 이것을 제도화함으로써, 사회에 정착되고 있다. 예를 들면, 1896년 5월 18일에는 루이지아나주의 열차 내 흑인격리에 관해 내린 최고재판소의 판결이 있다. 그것은 '분리하면 평등(separate but equal)'이라면 차별은 아니라는 원리로, 흑인과 백인을 평등하게 다루기조차 한다면 사회제도상 분리해도 좋게 된다. 이리하여 법적 지주가 주어지고 흑인을 차별 분리해가는 주법이 남부를 중심으로 제정되었다. 이것이 말하자면 '짐 쿠리어법'으로 제 1차 세계 대전 전까지 이 법률은 남부 전주와 북부의 일부에서 시행되게 된다.

실제로는 백인과 흑인은 공립학교, 교통기관, 식당, 호텔, 스포츠 시설

등에서 분리되고 분리당하는 동안에 평등이라는 형태가 침투되어 있었다. 이 '분리된 평등'이라는 사고방식은 공연하게 차별로 이어지고, 당연히 스포츠계에서도 큰 영향을 주게 된다.

2. 미국 스포츠계에서의 흑인차별

미국에서 메이저 프로 스포츠는 무엇인가 하고 묻는다면, 아마 많은 사람은 야구, 어메리컨 축구, 그리고 농구 세 가지 중 어느 것을 들 수 있을까. 국제적인 통신망의 발달과 함께 미국 스포츠도 일상적으로 관전할 수 있도록 되었지만, 위에서 예를 든 이른바 미국 3대 스포츠에서는 흑인 선수가 차지하는 비율이 매우 높다고 알고 있는 사람도 있을 것이다.

그 눈부신 진출을 자료를 통해 보자면, 1970년대 전반에는 메이저리그 선수의 25%(1970년), 프로 어메리컨 축구 선수의 32%(1971년), 프로 농구 선수(NBA)의 약 54%(1971년)가 흑인 선수였다는데 대해, 1970년대 후반에는 메이저리그 선수의 등록 선수 중 73%(1979년), 프로 어메리컨 축구 선수의 48%(1978년), 프로 농구 선수의 75%(1978년)로 증가하고 있다.

미국 인구에서 흑인이 차지하는 비율인 11%라는 숫자와 비교하면 상당히 높다고 할 수 있겠지만 현실의 흑인 선수 증가 경향을 프로 스포츠계의 역사에서 해석한다면, 그 흑인 차별의 실태가 부각되어진다.

1) 프로 야구에서의 흑인 차별

(1) 흑인 야구 리그 탄생과 쇠퇴

미국 프로 야구에서 흑인 선수가 팀에 관계를 맺기 시작한 것은 1880년대

중반이라고 한다. 이것은 백인과 평등한 생활을 흑인에게 주어지지 않는다는 당시의 풍조를 반영하고 있지만, 흑인들은 이것에 대해 흑인만으로 팀을 만들어 리그를 결성해 가는 방법으로 대항했다. 이른바 '흑인 야구 리그'의 탄생이다. 이러한 흑인 선수에 의한 팀은 인디아나 폴리스, 캔사스 시티, 디트로이트, 센트루이스 등의 여러 도시를 중심으로 발전했지만, 흑인 선수 팀에게는 구단의 소유권은 없고, 재정적으로도 백인 선수 리그와 같은 안정은 바랄 수 없었다.

결국 1929년 대공황으로 인해 일부의 지방구단을 남기고 그 대부분은 해체되었다.

1930년대가 되면서 도시의 흑인계의 신문사와 백인계의 여러 회사가 프로 야구에서의 인종 차별을 비난하게 되었다. 그러므로 재능 있는 흑인 선수를 메이저리그에 참가시키는 것에 대하여 야구계의 대변자들은 두 가지 견해에서 이에 반대했다.

하나는 '피부색에 의한 차별제도는 이유는 어떻든 존재한다.'라는 현실추종의 견해이고, 또 하나는 '차별 철퇴는 흑인 스타 선수의 부재에 의해 흑인 리그의 철퇴를 불러일으켜, 결과적으로 흑인 선수의 불이익과 연결된다.'라는 견해였다. 그렇지만, 비난이나 반론이 복잡하게 얽혀있는 동안, 흑인 선수는 1940년대 중반까지 흑인 선수만의 내셔널 리그와 어메리컨 리그양리그만으로 밖에 플레이 할 수 없다. 또한, 관객으로서도 흑인은 '분리된 평등'라는 형태의 차별과 백인 우선 사상의 폐해라고 하고 있다. 예를 들면 백인 팀이 시합을 할 때에는 흑인과 백인의 관객석은 명확히 분리되었다.

그러나 역시 구장에서 흑인 팀의 시합의 경우, 백인에 한해서는 흑인의 관객과 함께 앉을 수 있게 되었다. 이 점에 대하여 J. A.루카스와 R. A 스미스는 "흑인은 백인에게 아주 양호한 경우에는 인종 차별을 받아들이도록 가르쳐 왔다. 이 양대전 동안의 시기에는 흑인은 명예를 억제하고, 쓰라린 기분과 원한을 품으면서 흑인차별주의의 관습을 받아들였었다."고, 논하고 있다.

(2) 인종적 장벽의 타파~재키 로빈슨

제2차 세계 대전 후, 전쟁의 영향으로 메이저리그 선수가 부족한 사태를 초래하여, 1945년에는 흑인 선수의 입단 테스트가 행해지지만, 역사 어느 구단도 계약을 결정하기에 이르지는 못했다. 그러나 "스포츠계 이외의 흑인으로부터의 압력, 흑인 정계실력자의 주장과 국제동향, 흑인에 대한 백인 태도변화와 스포츠 흥행주의 이익 추구의 동향, 등"에 의해 1946년 재키 로빈슨이 브루클린 다저스 입단을 맡고, 다음 1947년 드디어 메이저리그 선수가 되었다.

재키 로빈슨의 메이저리그 입단에는 그의 야구에 있어서 재능뿐만 아니라, 그의 내력이나 경력이 매우 커다란 요인으로 되어 왔다. 즉, '로빈슨은 훌륭한 미국인의 젊은이로 적합한 백 그 라운드를 가지고 있었다. 궁핍한 부모, 근로 학생, 우수한 운동면에서 의 실적과 UCLA재학 시절의 경험, 기병대의 정예로서의 명예재대, 프로 축구의 경험, 육상 경기의 성적, 그리고서 해안의 최우수 농구 선수에게 제출된 경력(또한, 그는 당시 흑인 야구리그의 선수)이 있었던 것이다. 말하자면, 로빈슨은 '백인이 받아들인 흑인' 한 사람이었다고 할 수 있을 것이다.

실제, 그가 대리그에 처음 등장했을 때, 우려했던 폭력 사건이나 소동은 일어나지 않았다. 물론, 그 후의 시합에서 백인 선수나 팬으로부터의 굴욕적, 차별적인 행위나 언동은 보였지만, 그는 그에 감정적으로 반격을 가하지 않아 '겸허의 맨트(cloak ofHumility)'를 지닌 인물로 장식했다.

이와 같이 백인에게 결코 반항하지 못한다는 행동, 그리고 그라운드에서의 실적에 의해 최초는 차가운 눈으로 보고 있던 팀메이트들이 서서히 그를 팀메이트로 받아들이게 되었다. 그렇지만 언뜻 음화상황이라 생각하던 변화에 대하여 로빈슨은 "그들에게 내가 호감을 가지게 되었다는 뜻은 아니다. 내가 돈지갑을 두둑하게 하는데 도움이 된다는 것을 앎으로써 태도를 바꾸었을 뿐."이라고 쌀쌀하게 술회하고 있다.

사실 그는 다저스 재적 중에 6회 동안 내셔널 리그 우승에 크게 공헌했다. 또한 로빈슨이 나오는 시합에는 다수 흑인 팬이 쇄도했기 때문에 경영자측은 고액의 수익을 올릴 수 있었다. 백인과 흑인의 관객석을 별도로 지정해 왔던 현장에서는 흑인 팬을 수용할 수 없게 되거나 수익으로의 손실이라는 판단에서 결과적으로 그러한 분리좌석 제도를 폐지하는 구장도 나타나기 시작했다.

로빈슨의 프로야구계로의 입단 후에 서서히 다른 흑인 선수도 각 구단에 들어가기 시작했다. 그러나 로빈슨의 입단 후 몇 년 동안은 어떠한 팀도 어떠한 구단에도 반수를 넘는 흑인 선수를 쓰지 않는 즉, 필드 내에 4인 이상 흑인 선수를 출장시키지 않는다는 암암리의 협정이 1954년까지였다. 라고 말하고 있다.

이처럼 흑인 선수에 대한 백인 경영자 측의 차별 행위에 방해받는 흑인 선수의 비율은 좀처럼 증가하지 못했다.

대리그에서의 흑인 선수가 차지하는 비율이 총인구에서의 비율과 같은 정도인 11%로 된 것은 로빈슨의 입단에서 약 10여년을 지났다.

(3) 수비위치에서의 차별~스태킹(Stacking)

1960년대에 접어들면, 프로야구계에서의 흑인 선수의 비율은 점점 증가했다. 또한 사회에 있어서도 그때까지 '백인 점유'였던 영역에 서서히나마 흑인이 진출하게 되었다. 여기에는사회 전체의 차별 철폐에 대한 움직임이 배경에 있다. 예를 들면, 1954년 5월의 연방최고재판소에 의한 '학교에서의 인종격리제도의 위법성'이라는 판결 또는 1946, 47년에 북부의 여러 주와 몇몇 도시가 '반짐 크리어법 및 조례'를 통과시킨 것, 또한 1964년 공민권법의 성립 등에 기인한다고 생각된다. 그러므로 스포츠계에서의 흑인 차별은 다른 형태로 공표되게 된다. 그 하나가 '스태킹'이라 불리우는 수비위치별 인종분리 방침이다.

그림 1은 1974년도의 그림 2는 1985년도의 메이저리그에서의 수비 위치별 흑인선수 대 백인선수의 비율을 나타낸 것이다. 검은 부분이 당해 수비위치에 흑인 선수가 차지하는 비율이고, 흰 부분이 백인 선수의 것을 나타내고 있다. 이것을 보면, 흑인 선수가 야구에서의 중심적 수비위치인 포수, 유격수, 2루수를 차지하는 것은 드물고, 1루수 또는 외야수라는 비중심적 수비위치로 된 비율이 높음을 알 수 있으며, 그림 1과 거의 10년 후의 그림 2를 비교해도 상황은 거의 변하지 않는다. 또한, 표 1은 백인 선수와 흑인 선수의 수비 위치에 차지하는 비율의 추이 자료이다. 이 표를 보면, 1960년에서 1980년으로 시간을 경과함에 따라서, 흑인 선수의 비중심적 수비위치로의 격리, 이른바 스태킹 상황은 개선되겠지만, 점점 성장하고 있음을 알 수 있다.

예를 들면, 내야의 중심적 수비 위치에 대하여 보면, 1960년에 25%를 차지하고 있던 흑인 선수는 1980년이 되면 불과 15%로 감소하지만, 한편, 외야수에서는 1960년에 54%였던 것이, 1980년에는 68%로 약 7할 가까이 증가하고 있다. 그리고 필립스는 이와 같은 경향에 박차를 가하고 있다고 결론 짓는다.

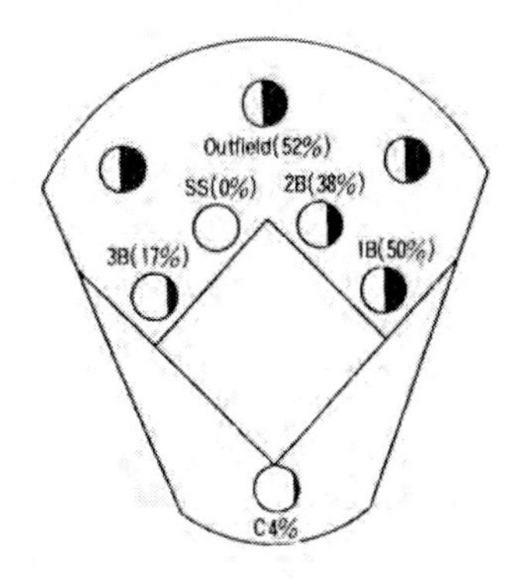

[그림 1] 메이저리그에서의 수비워치별 흑인선수대 백인 선수의 비율 (1974년)

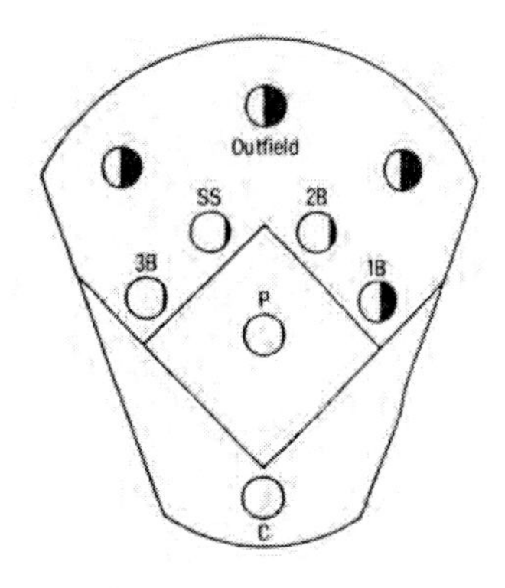

[그림 2] 메이저리그에서의 수비위치별 흑인선수대 백인선수의 비율 (1985년)

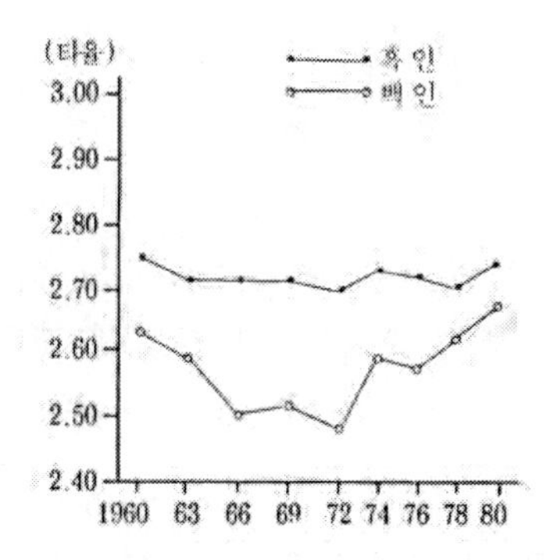

[그림 3] 메이저리그에서의 흑인선수대 백인선수의 평균 타율의 추이

[표 1] 메이저리그에서의 수비위회별 흑인선수와 백인선수의 추이

	인종	포수, 유격수, 2루수	1루수, 3루수	외야수
1960	백인	40	27	34
	흑인	25	21	54
1966	백인	45	22	33
	흑인	18	24	58
1974	백인	44	31	25
	흑인	13	30	57
1980	백인	44	31	25
	흑인	15	18	67

[표 2] 메이저리그에서의 흑인선수대 백인선수의 평균 타율의 추이

	백인	흑인
1960	2.64 (176)	2.74 (28)
1963	2.56 (178)	2.71 (39)
1966	2.50 (172)	2.71 (55)
1969	2.52 (210)	2.71 (67)
1972	2.47 (208)	2.70 (73)
1974	2.57 (202)	2.72 (98)
1976	2.54 (221)	2.71 (100)
1978	2.59 (241)	2.69 (103)
1980	2.66 (233)	2.74 (105)

이와 같은 차별이 행해지는 이유로, J. J코크리는

❶ 백인선수와 수뇌 진에서는 팀에서의 흑인과 백인의 사회적 거리를 유지하도록 하는 의향이 있는 것,
❷ 수뇌진은 중요한 협동이나 의지 결정을 필요로 하는 수비위치의 책무 능력에 흑인 선수가 백인 선수에 비해 열등하다고 생각하고 있다는 두 가지 요인의 연쇄로 인해 설명하고 있다.

야구에서의 흑인 차별을 보이는 다른 자료로 흑인 선수와 백인 선수의 평균타율 비교 연구가 있다. 표 2는 필립스의 전술 자료를 근거로 필자가 다시 작성한 것으로, 그림 3은 또한 이것을 그래프화한 것이다. 이것을 보면 1960년대부터 1980년대까지의 흑인 선수의 타율이 모든 백인 선수의 그것을 능가하고, 또한 흑인 선수의 타율은 백인 선수의 그 변동적인 타율에 비해, 2할 7푼 이상이라는 높은 숫자로 안정되어 있음을 알 수 있다. 즉 흑인 선수가 메이저리그로 되기 위해서는 백인 선수보다도 실적면에서 확실히 우수하지 않으면 안 됨을 의미하고 있다. 그리고 이것은 어메리카 메이저리그

에는 이류 흑인 선수가 극히 적다는 사실에 의해 뒷받침되고 있다.

이와 같이 흑인이 메이저리그 선수가 되는 것 및 중심적 수비 위치를 차지하는 것은 그 이상의 어려움이 극히 많다. 예를 들면, 최초의 메이저리그 흑인 감독 취임자는 클리블랜드 인디언스의 프랭크 로빈슨이지만 그것은 1975년의 일이다. 1876년에 메이저리그 결성 후에 1세기를 지나서야 겨우 흑인 감독이 탄생하게 된 것이다. 그 후에도 흑인 구단 관계자나 수뇌진은 매우 드물고, 1980년의 시점에서 메이저리그 감독은 그를 포함하여 불과 두 사람으로 보고되고 있다.

이상과 같이 프로야구계의 흑인 선수나 수뇌진의 차별 대우에 대해 전술해왔지만, 이 상황을 단적으로 차별상황으로 판정하기 위해서는 귀중한 의론을 요한다. 예를 들면,중심적 수비 위치와 비중심적 수비 위치의 점유비율을 근거로 차별 상황이라고 판정할 수 없는 점도 있다. 그것은 수비 부담의 경감이라는 의도이다. 중심적 수비 위치로의 배치는 선수에 대한 부담 증가를 부인할 수 없으며, 타격면에서의 마이너스 요인으로 될 수 있는 것이다. 전략상의 총채인지 또는 차별 의식이 명백히 나타나는지에 대한 판단은 어렵다. 고도화된 스포츠계의 완전분업 체제는 야구뿐만 아니라 다른 팀 스포츠에서도 현저하게 보여진다.

또한 흑인 선수와 백인 선수의 타격 성적에 대해서도 그것이 차별 상황인지의 판단도 어렵다. 즉, 흑인 선수는 타격면에서의 우위 때문에 메이저리그가 될지, 혹은 타격면에서 의 우위만큼 메이저리그가 될지의 판단이다. 이 예도 전례의 스태킹과 같은 견해가 성립하여, 전자는 전략상의 총채와 관련되고, 후자는 차별에 기인하는 가능성이 있다. 그러므로 이러한 예에서의 기본 원칙은 흑인 선수, 백인 선수를 막론하고 모든 선수에게 마찬가지로 경합할 기회가 제공되는가 아닌가이다.

인종이라는 기준이 아니라, 개인의 능력을 기준으로 하여 개개인의 능력을 최대한으로 발휘할 수 있기 위한 기회 균등의 보장, 그것이 평등의 원칙이다. 이 원칙을 가지고 전략상의 총채인지, 차별 대우인지의 판단을 행할 필요가 있다.

무엇이라고 해도 차별을 공공연히 긍정할 경우는 드물다. 만일 전략상의 총채라는 구실로 차별 의식이 '스태킹'이나 '타격 우위의 흑인 선수만의 채용'이라는 형태에서 현실화되고 있다면, 중대한 문제를 야기하고 있음은 틀림없을 것이다.

2) 프로 복싱에서의 흑인 차별

프로 복싱에서의 흑인 선수의 역사를 회고할 때, 잭 존슨(Jack Johnson), 죠 루이스(Joe Louis),무하마드 알리(Muhammad Ali) 세 사람을 제외하고 얘기할 수는 없다. 잭 존슨은 흑인으로서 최초로 헤비급 챔피온 자리에 올랐다는 점, 또한 죠 루이스는 11년 8개월이라는 오랫동안의 챔피온 재위 기간과 반 나치스 운동의 대행자라는 점, 그리고 무하마드 알리는 링그 위의 파워도 늘어나 그의 변설이 흑인의 시민권 투쟁을 고양시킨 상징적 인물이라는 점에 있어서 각각의 인물은 극히 중요한 의미를 가지고 있다.

(1) 잭 존슨

존슨은 1908년 12월, 오스트리아, 시드니에서의 타이틀 매치에서 토미 번스(Tommy Burns)를 녹아웃으로 물리친 최초의 흑인 헤비급 챔피온 자리에 올랐다. 이 사건은 미국 사회에 커다란 파문을 몰고 왔다. 즉, 이 흑인 챔피온의 출현은 그때까지의 백인 우위성의 자부를 근본적으로 뒤흔드는 계기가 되었던 것이다. 백인들은 우위성의 위신을 회복하기 위해 '커가란 백인의 희망'(The

Great White Hope)의 성을 부수기 시작했는데, 5인의 도전자를 완전히 제압했다. 그리고 이미 은퇴한 불패의 챔피온, 짐 제프리스(Jim Jeffries)를 등장시키게 된다. 이때, 뉴욕 헤럴드지는 "제프! 군에게 걸고 있다. 백인 남성을 위기에서 구출시키지 않으면 안 된다." 라고, 외쳤다.

이리하여 1910년 7월 4일, 미국 독립 기념일 날, 유일하게 복싱이 합법화되고 있던 네바다주의 리노라는 인구 1만인 정도의 작은 도시에서 '세기의 대결'이 행해졌다. 그리거 '거대한 백인의 희망'인 제프리스는 존슨의 일격에 어이없이 매트에 쓰러지게 된다. 이 흑인 복서의 승리의 의미는 매우 컸다. 이 시합을 지켜본 많은 관중들에게도 이 타이틀 매치는 자신들의 승리이자, 또한 패배가 되었다.

이 시합 후의 상태에서 승리와 패배라는 양면의 의미를 이해할 수 있다. 예를 들면, 시카고에서는 흑인 군중이 '잭 잭'을 연호하면서 시가지를 메웠고, 도한 피츠버그나 다른 북부 도시 또는 서인도제도나 남아프리카에서도 난무하는 흑인 군중이 거리로 솟아졌다. 한편, 백인에게 이 허무한 패배와 그것에 따르는 굴욕감은 몇 시간 후에는 보복의 노여움이 되어 폭발했다.

수도 워싱턴에서는 '백인 악동이 불씨를 터뜨려 길에서 지켜보던 흑인을 구타하거나 차츰 습격하고 있다.' 라고 전해져 뉴욕을 시작으로 하는 전국 각지에서 백인에 의한 습격 사건이 계속 일어나, 그것에 호응하는 흑인측의 응전도 확대되었다. 결과적으로 타이틀 매치가 끝난 후의 밤만해도 적어도 11명의 사망자가 확인되었는데 그 피해자의 대부분은 흑인이고 최종적인 피해자 총수는 불명확하다고 되어 있다.

그 후 존슨은 백인측에 의해 쳐진 그물에 결려 국외 도망을 강요받게 된다. 결국 1915년 쿠바에서의 시합에서 백인의 제스 윌라드(Jess Willard)에게 타이틀을 빼앗겨 1920년, 오랜 도망 생활에서 미국 본토로 돌아옴과 동시에 1년 1일의 연방형무소에 수감된다. 그 후, 그는 다시 챔피온으로 복귀를 시도하지만 두 번 다시 영광의 자리를 차지할 수는 없었다. 흑인이라는 이유로 어쩌면 시대의 희생자라고 할 수 있을 것이다.

(2) 죠 루이스

죠 루이스 흥행주들은 그에 대해 결벽한 생활을 하고, 깨끗한 시합을 요구했다. 또한, 그의 매니저도 "챔피온이 되기 위해서는 우선, 신사가 되지 않으면 안 된다. 진정한 투쟁은 링 속에서가 아니라, 링 밖에 있는 것이다. 절대로 상대의 악담을 하지 말고, 시합 전에는 상대를 칭찬하라. 한결 같이 칭찬해라. 그리고 백인을 넘어뜨린 다음은 절대로 웃지마라." 라고, 애기했다. 이들은 전술한 메이저리그인 재키 로빈슨의 교훈을 근거로 백인에게 인정받기 위한 지혜였다. 당시의 스포츠 기자는 그에 대해 "이 젊은 사람은 청결하고 아주 우수하고, 전속 운전수나주에 한번 잔디를 깎으러 오는 남자처럼 겸허하고 위선이 없다." 라고 평가했다.

루이스는 또한 1930년대 국제적 반파시즘의 세계적인 흐름에 편승했다. 1935년 당시 이탈리아 독재자 무솔리니에 의한 이디오피아 침략이 정말로 행해지려고 했었다. 미국 국내에서도 반이탈리아 감정이 고조되고 있는 동안에 이탈리아의 챔피온을 KO로 물리쳐 백인과 흑인 양쪽에서 칭찬을 받았다. 또한 1938년에는 나치스 독일의 챔피온, 막스 슈멜링을 제 1라운드에 KO로 물리쳐 2년 전의 타이틀 매치에서의 설욕을 씻었다. 이때에 미국 국민의 약 2/3가 이 시합을 라디오로 들었다고 일컬어지고 있다.

이 시합에 이상적으로 관심이 집중된 배경에는 히틀러의 오스트리아 합병과 체코슬로바키아 침략에 대한 미국인의 파시즘에 대한 노여움이 있어, 그의 승리는 "미국의 아들이 나치스의 지지자를 물리친 것에 대한 과시"였다. 이리하여 그의 인기는 흑인, 백인 양방에서 계속 높아져, 또한 스스로 제 2차 세계 대전 중에 육군에 지원 입대함으로써 더욱 증대되었다. 결국 루이스는 1949년 은퇴하기까지 25회 타이틀을 방어하여 거의 12년 동안 헤비급의 왕좌를 차지했었다. 이 빛나는 실적과 모범적인 사회적 태도는 대전 후의 차별 철폐로의 움직임을 추진하는 커다란 힘으로 되었었다. (3)무하마드 알리무하마드 알리는 아마 1960-1970데의 미국에서 가장 유명한 흑인 스포츠 선수라고 할 수 있을 것이다. 그는, 미국이 베트남 군대를 파견하기 시작한 1960년에, 캐시어스 클레이라는 이름으로 올림픽의 라이트로 헤비급에서 금메달을 획득했다. 이때 그는 다른 흑인 선수와 마찬가지로 '겸허한 맨트'를 가진 인물이었다. 예를 들면, 올림픽에서 소련 기자가 미국에서의 인종차별에 대한 질문을 받았을 때, "그것에 대해서는 유능한 인간이 열심히 하고 있으므로 우리는 결과에 대해서는 염려하지 않는다." 라고, 답해 그때까지 백인에게 받아들여져 온 흑인들과 마찬가지로 이 문제에 관한 무관심을 장식하고 있었다. 그렇지만 4년 후인 1964년 그는 22세로 헤비급 타이틀을 차지하면 그때까지의 클레이라는 '노예의 이름' 대신 알리라는 이름으로 개명함과 동시에 블랙 모슬렘(Black Muslem)이라는 흑인의 우월성을 주장하는 종파로 개종했다. 그리고 이 블랙 모슬렘의 종교적 신조에서 그는 베트남 전쟁으로의 병역 소환을 거부했다. 이 알리의 행위는 '종교상의 신념에 의한 양심적 병역 거부'라고는 인정되지 않고, 연방정부는 그를 병역 기피자로 소환했다.

뉴욕 아슬래틱 커밋션은 알리의 선수 자격을 말소하고, 그 몇 시간 후에는 세계 복싱 협회(WBA)가 왕좌를 박탈했다. 그러므로 그는 최고재판소에 공소되어 그 후 3년 이상 동안 이 문제를 다투었다. 다음과 같은 증언에서 그의 신념을 간파할 수 있다.

"당신은 내가 백인이 시키는대로 해서, 전혀 알지 못하는 사람들과의 싸움으로 나아가길 바라고 있다. 나와 같은 인종이 이 땅에서 자신의 자유를 얻지 못하는데 누가 다른 사람을 자유롭게 하기 위해 싸우러 나가려고 할 것인가. 우리들과 같은 인종은 베트남에서 매일 어떠한 이유도 없이 죽어가고 있다. 그것 보다는 나는 오히려 여기서 무엇을 위해 죽는 것이 낫다고 생각하고 있다."

1971년 최고재판소는 결국 유죄판결을 파기하고 알리는 복싱계로의 복귀를 인정했다. 그리고 3년 후, 그는 32세의 나이였지만, 불패의 죠오지 포맨을 물리치고, 헤비급 챔피온의 자리에 올라 부당하게 박탈당한 타이틀을 다시 손에 거머쥐었다. 이때에는 베트남 전쟁도 종결되었으며, 흑인의 시민권 운동도 일단락을 지은 듯이 보였다. "1960년대에 알리가 유명한 지위에 있는 것에 우려를 가지고 있던 많은 사람들이 1970년대 중반에는 알리의 승리를 10년 전에 사회가 알리에게 범한 악에 대한 정의의 승리라고 느끼게 되었다." 라는 지적이 있듯이, 무하마드 알리는 백인에게는 반감과 원한을 사면서도 한쪽에서 흑인의 시민권 운동에는 어떤 종류의 승리를 가져왔다 는 점에서 판단하면, 전 두 사람의 복서와 마찬가지로 이 시대를 상징하는 인물로 파악할 수 있을 것이다.

위에서 말한 3사람의 복서는 각각 특징적 이었지만 시대의 추이와 함께 흑인이지만 나름대로 자기 방어책을 강구하게 된다. 그것은 인종차별 대우를 회피하기 위해 '겸허한 매너'를 가졌던 점이다. 사회 일반에 있어서 겸허한 것은 미덕으로 되고 있다. 그러나 흑인이기 때문에 이 매너가 필요하다면 확실히 인종 차별로 문제시되지 않으면 안 된다. '겸허 매너'라는 자기 방어적인 허위의 행위는 말하자면 생활의 지혜라고 해야 할 행위일지도 모르지만 인종차별 회피의 산물이라면 어쩐지 서글프다. 실력 나름인 프로 복서계에서 까지도 인종차별의 역사는 사회의 추세를 반영하고 있다.

3) 아메리컨 축구와 골프에서의 흑인 차별

(1) 아메리컨 축구

아메리컨 축구계에서는 1890년부터 1900년 초에 걸쳐 프로, 아마추어를 막론하고 흑인 차별은 없었다. 그렇지만, 1933년에 NFL(National Foot-ball League)가 비공식적으로 '인종의 경계선'을 설정함으로써, 흑인 선수는 아메리컨 축구계에서 배제되었다. 그렇지만 제 2차 세계대전 후, 제일 먼저 인종차별의 철저히 단행해온 것은 미국 축구계였다.

1945년, 클리블랜드 럼스의 오너는 케니 워싱톤과 우디 스트로우드 두 사람의 흑인 선수와 계약했다. 그렇지만, 이것도 야구의 경우와 마찬가지로 흑인 선수의 등용에 따르는 관객동원수의 증가를 예견한 것으로 인종차별 철폐라고하기 보다 오히려 수익면에서 의 결단이라고 일컬어지고 있다.

야구와 마찬가지고 미국 축구에 있어서도 스태킹의 사실은 존재한다. 그림 4(1974년),그림 5(1984년)는 프로 미국 축구에 있어서 공격 팀과 수비팀의 흑인 선수와 백인 선수의 비율이다. 흑인 선수의 비율을 검게 표시하고 있는데 여기서도 쿼터 백이라는 중심적 공격위치에 흑인 선수가 적음을 잘 알 수 있고, 10년 경과하더라도 그 상황에 그다지 변화는 없다.

그러나 1989년 휴스톤 대학의 안드레 웨어는 흑인 쿼터 백 선수로 처음으로 하인즈맨이 트로피를 수상했다. 이 유서깊은 하인즈 상을 흑인의 그것도 중심적 포지션인 쿼터 백 선수가 획득한 것은 매우 중요한 의미를 가지고 있다. 또한 1990년 4월호 미국 풋볼 히거진을 보면, NFL팀의 구성 멤버인 6할 이상은 흑인 선수라든가 NFL은 흑인 선수에 게 있어서 가장 차별 의식이 없는 직장으로 판명되었다. 라는 기술이 있다.

미국 축구계에서의 이 몇 년 동안의 동향이 인종에 기인하는 차별 철폐로 단서가 되어 다른 스포츠 종목이나 경기 레벨에 있어서 흑인 차별 철폐로의 움직임으로 파급하는게 바람직하다.

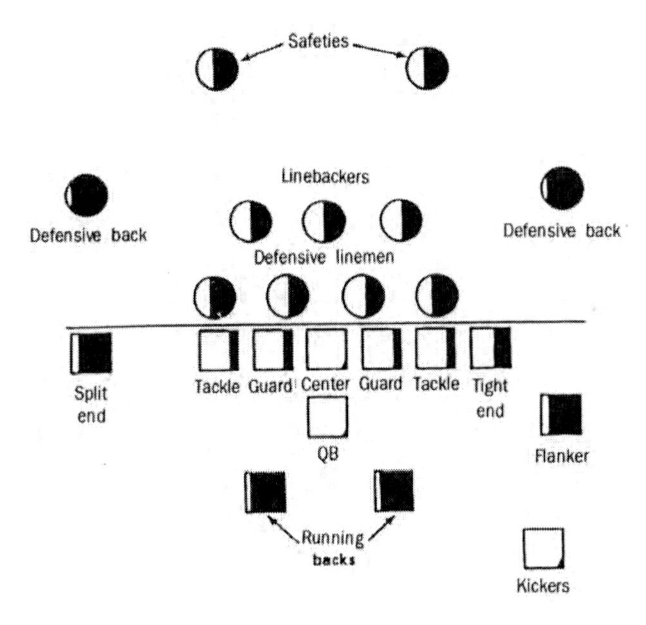

[그림 5] 미국 축구에서의 공격, 수비위치별 흑인 선수 대 백인 선수 비율(1984년)

(2) 골프

골프계에서는 인종 차별뿐만 아니라 성차별도 전형적으로 존재하고 있다고 일컬어진다. 1916년 설립된 프로 골프 협회(PGA)는 그 규약에 있어서 "백인, 코카사스 인종"만으로 정해서 흑인을 배제했지만 1950년대에 들어서서야 겨우 흑인 선수의 등장을 인정했다. 그렇지만 많은 골프 토너먼트는 남부에서 개최되었기 때문에 노골적인 차별 행위가 행해졌다고 하고 있다.

예를 들면, 찰리 시포드라는 흑인 선수가 1960년에 그린 스보로 오픈에 참가했을 때에는 "어떤 백인 그룹이 맥주 깡통을 던지거나 크게 떠들썩하거나 또는 그의 주변을 뛰어 돌아다니거나 하여 그의 게임을 엉망진창으로 만들어 버렸다." 라고 전해지고 있다. 현재에는 이와 같은 노골적인 행위는 없다고 하더라도 미국에서 가장 권위가 있고 골퍼의 동경인 마스터스도너먼트에 초대되는 흑인은 극히 적었다는 현실에서 보아 골프계에서 흑인이 성공하기 어려움을 잘 알 수 있다.

3. 인종차별과 앞으로의 과제

루커스와 스미스는 "20세기에 있어서의 스포츠 발전의 가장 중요한 요인은 흑인을 미국 스포츠의 주류로 통합했었던 운동일 것이다." 라고 말하고 있지만 현재 미국의 프로 스포츠계나 대학 스포츠계를 전망했을 때, 종목에 따라 완전히 '흑인 스포츠' 라고조차 할 수 있는 것이 있다. 이와 같은 상황에 있어서 '미국 프로스포츠계에는 왜 흑인 선수가 많은가' 라는 의문이 1970년대 이후, 관심사로 되고 있다. 그리고 'Sports Illustrated지' 편집위원, 마틴 케인 주장하는 "흑인은 특정한 스포츠에서는 백인보다도 결정적으로 유리한 현저한 신체적 특성을 가지고 있다." 라는, 대표적인 '유전설' 은 차별적 감정을 포함하여 때로는 '그들은 노예시대의 심한훈련을 견디며 살아남은 자손으로 그 유전자를 계속 이었기 때문'이라든가, '선조가 정글 속에서 달렸기 때문'이라는 전혀 근거가 없는 이유에 의해 설명되어 왔다.

한편, 흑인의 사회학자 하리 에드워즈는 이 '유전설'을 부정하여 '흑인과 백인의 문화적 원인에 의한 것', 즉, 스포츠는 사회에서의 상승 이동으로 분별없는 찬스를 주어 왔다고 믿고 있기 때문이다. 라고, 반격하여 또한 백인들은 교활하다, 야구, 풋볼, 농구, 댄스에서 백인 프로선수가 성공하면, 그것은 노력의 결과라고 말하고, 흑인 선수가 성공하면 그것은 유전이다. 선천적이라고 말한다. 흑인 선수의 성공 이면에는 엄청난 노력이 있다고 말하는 흑인 학생의 비판적 커멘트는 차별의 실태를 부각시키고 있다.

미국 프로 스포츠계, 특히 프로야구, 프로 복싱, 미식축구, 골프를 사례로 들어 흑인차별의 역사적 추이나 현상 분석을 해왔다. 각 스포츠 종목에서 공통하는 역사적 경위는 흑인 선수의 대두1백인세계에서의 압력1흑인선수만의 팀, 리그 결성」흑인 선수의 활약에 의한 수익 면에서의 공격1흑인 선수의 받아들임, 이라는 흐름을 밟는다.

인종 차별이 일면에서 해소의 경향에 있는 한 원인은 프로 스포츠계 독자의 가치체계, 즉 최고의 퍼포먼스에 따르는 고수익이라는 가치가 최우선시 되고 있기 때문일 것이다.

일반적으로는 프로 스포츠계는 수익우선주의에 얽힌 인간부재가 비난되지만, 한편, 견해를 바꾸면 프로 스포츠계의 이념과 방법론은 간접적이든 흑인 차별, 나아가서는 인종 차별의 해소에 기여할 가능성이 있다고 할 수 있겠다. 당연히 이 프로스포츠계의 이념과 방법론은 다른 폐해를 부르고 있지만, 프로 스포츠라는 세계인 이상, 인종의 범위를 초월한 실력의 세계의 실현이 가능해질 것이다.

그렇다고 하나, 프로 스포츠계뿐만 아니라, 스포츠계 전반, 사회전반을 전망하면, 흑인 차별을 포함하여 다양한 차별이 존재한다. 인종 차별에 관해서 미국의 노벨상 작가 스타인백이 "우리들이 지금 길에서 얘기하고 있는 사람이 흑인이든 백인이든 상기하기 않기 까지는 북부에서나 남부에서나 노예제도가 우리들의 사회에 남긴 쓰라림으로 극복되지 않았을 것이다." 라고, 말했듯이 현실적으로는 지금 만난 사람이 흑인이었던 백인이었던 신경 쓰지 않는 상태에 이르기까지는 아직 먼 기로에 있다. 그렇지만, 상술했듯이 스포츠계, 특히 프로 스포츠계는 상대적으로는 인종에 대한 편견이 적은 실력의 세계이다.

키넌이 지적하는 '사회문제의 스포츠계로의 투영'은 부정할 수 없지만, 반대로' 스포츠계에서의 사회문제에 대한 충격'의 가능성도 잔존해 있다. 본론의 결론으로 스포츠계에서의 흑인 차별을 포함한 모든 차별 철폐의 이념과 방법론이 사회 전체의 차별 철폐로의 활로를 걷는데 일조할 가능성이었고, 또한 현실적으로 그것이 바람하다고 결론지을 수 있을 것이다.

금후의 문제로는 많은 문제가 산적되어 있다. 이 장에서 언급한 문제는 프로 스포츠계에서의 흑인 차별의 극히 일부를 본 데 지나지 않는다. 프로 스포츠계 중에서도 다른 경기 수준에 있어서도 많은 차별적 상황은 존재한다. 그렇지만, 차이 = 차별이라는 도식으로는 되지 않는다. 인간은 무엇보다 다른 사람과의 차이를 가지고 존재하고 있다.

중요한 것은 차이를 차별로 확대시켜 가는 시스템 해명인 한편, 일반 사회에서의 차별 상황의 분석 및 차별 철폐 방책의 모색이 필요하며, 한편 스포츠계라는 특수 영역에서 역시 노력을 하지 않으면 안 된다. 일반(일반 사회)과 특수(스포츠계) 영역의 상호보완적 연관이 더욱 중요해질 것이며, 특수 영역에서 일반 영역으로의 충격의 가능성 모색이 스포츠 철학, 스포츠 윤리학이 담당해야 할 문제가 될 것이다.

09 현대사회와 스포츠 윤리

1. 스포츠 변화와 스포츠 윤리

현대 스포츠에 대해서는 위기적인면과 황폐하고 있는 비뚤어짐이 있는 등의 이루 형언할 수 없는 상당한 시간이 흘렀지만, 현재도 마찬가지 상황에 있다고 할 수 있겠다.

윤리학은 그 체계를 상실함으로써 모든 과학에 윤리적 의문을 재생시키고 있지만, 현대 스포츠에 있어서도 이것과 같은 상황에 있는 것이 아닐까?

스포츠는 두드러진 대중화 속에서 평면적인 단단한 바위로 파악하는 법은 설명이 곤란하며 정치, 경제, 민족성 등을 기초로 입체적으로 다면체적인 양상을 보다 선명하게 하고 있다.

이전 스포츠의 위기를 호소한 미케너(J. A. Michener)는 “오늘날 우리들을 둘러싼 스포츠 환경을 보면, 확실히 ‘보는 스포츠’나 ‘참가하는 스포츠’가 이상적이리만치 붐을 조성하고 있다. 그러나 그 바탕에는 어린이 스포츠의 제도화, 교육과 스포츠의 관계, 중·장년층의 스포츠 참가, 또는 올림픽이나 프로 스포츠라는 고도의 경기 스포츠 등, 어떤 하나를 보더라도 현대사회의 왜곡된 현상을 반영한 문제가 다양한 형태로 가로놓여져 있다.”

라고, 지적하고 있지만 오늘날 스포츠의 현상과 그 가치의 다양화를 두드러짐이 있어 '스포츠란 무엇인가'라는 질문은 늘 신선하고, 그 대답은 늘 다양하다.

스포츠는 사회의 다른 여러 양상에서 독립되어 존재하는 것이 아니라 오히려 사회적 여러 양상의 변화에 따라 스포츠도 변화되어 왔다는 견해가 가능하다. 그곳에 내재하는 윤리도 또한 옳다.

이와 같은 점에서 현대 사회의 스포츠 윤리로서의 정리나 체계화는 몹시 난해한 것이다. 여기서는 주로 엘리트 스포츠의 존재 방식을 예로 스포츠에서의 윤리를 어떻게 생각하면 좋은가 그 방향의 일단을 찾아보았으면 한다.

2. 엘리트 스포츠와 스포츠 윤리

오늘날, 엘리트 스포츠를 보면 경제활동과 밀접하게 결부되어 있고, 스포츠 기술의 첨단성이 일체화되어 있다고 해도 과언이 아니다. 엘리트 스포츠는 국위선양으로 국가 발전의 기수로서의 역할을 오랫동안 맡아왔는데 오늘날도 그 일면을 특히 자본주의적 경제 활동과의 결부를 강화래 왔다. 이 경향은 '승리자가 사용한 스포츠 용품은 상품가치로서의 인기를 보인다.'라는 전제가 존재하는 한 계속 될 것이며 기업전시화하는 스포츠맨은 앞날이 없을 것이다.

일찍이 엘리트 스포츠는 스포츠계 전체적 구도로서의 피라미트형의 정점으로 자리 잡는 존재였다. 우리나라에서는 오늘날도 대부분은 그러하다.

그리나 R. 토마스가 스포츠의 대중화와 고도화의 모델에서 지적하듯이 또는 오늘날까지의 사회주의 제국의 일부가 그러했듯이 스포츠의 출발 단계에서 스포츠 과학의 조사를 받아 스포츠 적성 또는 스포츠 종목적 적성 등을 혹독하게 음미되어 종래의 피라미트형 범위에서 깨어난 초보 단계에서의 엘리트 집단을 형성하고 있다.

스포츠 과학은 형편 참작없이 밀려온다. 예를 들면, 근섬유에 빠른 근섬유와 느린 근섬유가 있음이 알려져 있는데, 보통 사람은 약 50%씩 조성되어 있는데 비해 사람에 따라서는 어떤쪽이 70% 가까이 침이 흔들리고 있는 경우가 있다고 한다. 이것은 선천적인 것으로 조직 검사 기법으로 인해 발견할 수 있다.

이것을 전술한 스포츠 출발 단계에 적용하여 각각 근성(筋性)과 합치한 경기로 할당한다고 한다면, 보통 사람은 도저히 따라잡을 수 없는 특종 스포츠 집단이 형성된다. 이것은 이미 어린이의 심금을 울려, 언젠가는 이와 같이 되고 싶다고 바라던 스포츠는 아니다. 일찍이 피라미트형을 형성하고 있던 대중 스포츠의 별로서의 엘리트 스포츠는 아니다. 대형 화면에 묘사되는 다른 세계의 일이다.

그런데 스포츠에 대한 경제 활동은 현저하게 합리적이어서 엘리트 스포츠 그것은 선수의 자란 과정을 사상(捨象)한다. 장래 유망하다고 보여지는 선수와 계약한다는 결합을 통해 자사의 제품을 물쓰듯이 사용하게 하는 많은 재력을 집중하는 선수의 랭킹 상승에 비례하는 것처럼 기업 측 제품의 광고가 확대된다.

스포츠에 밀접한 기업의 윤리는 스포츠의 본래성을 흘려보내 버리고 있다.

엘리트 스포츠가 스포츠 과학을 배경으로 경제적으로도 정 설화되어 가는 동안에 인간성도 상실할지도 모르는 문제는 스포츠에서의 약물사용의 문제이다.

엘리트 스포츠 세계에서 도핑에 관한 사례를 든 것에는 모자람이 만지만 서울 올림픽의 벤 존슨의 사례는 세계의 사람들에게 스포츠 선수의 금지 약물 사용의 존재를 결정 지웠다. 이전에 "소련의 메달리스트 59인은 왜 죽었는가"(소련지하출판)에서 정원(定垣)은 "미국에서는 선수가 자기 자신의 승리와 영광을 위해 약물 사용을 선택하여 몸을 망치고 있다."

"한편, 구소련의 선수는 국가 계획, 국가 전략과 불가분의 구성요소로 그 목표는 수단의 여하에 달려있지 않고 국가의 영예와 위신을 획득하는 것이다" 라고 말해, 알면서 약물을 사용한 경우와 알지 못하고 약물을 사용한 경우를 비교하여 그 책임의 차이를 지적하고 있다.

그러나 개인의 수준에서 자각적으로 관여했다고 하더라도 스포츠 윤리에 대한 책임은 지울 수 없는 또한, 알지 못하고 사용했다고 해도 그것에 관한 당신의 윤리의 발생이 있다.

금지 약물의 사용은 윤리적으로도 스포츠 본질에서도 절대로 존재해서는 안 되는 것이다. 이것은 모두가 인정하는 입장일 것이다. 그러나 실은 일언지하에 좋다고 할 수 없는 상황이 존재하는 것도 사실이다.

오늘날, 사람들의 약에 대한 일반적인 견해는 상당히 변화하고 있다. 약은 원래 질병이나 상해를 받은 마이너스 경우를 제로 기점까지 끌어올린다는 목적에서 존재하고 있어, 사람들도 그처럼 양해하고 있다. 그러나 오늘날 의학의 진전이 치료 의학에서 예방의학으로 방향을 향하고 있듯이 개개인의 인간도 보통의 상태이면서 자신의 신체를 보다 좋게 컨트롤하고 싶다는 의지가 강해져 왔다.

예를 들면 영양제에 관한 의식, 스포츠 드링크라 칭하는 것을 선별하는 법, 성실한 다이어트에 대한 약의 사용 등은 문제로 되지 않고 있다. 이와 같은 약물에 대한 일반적 변화가 스포츠 경우에 있어서 도정에도 적잖히 영향을 미치고 있는 것은 아닐까 라는 염려이다. 약물의 사용 목적이 치료에서 조정, 강화로 변용하는 동안에, 그것에 대한 윤리성도 변화하고 스포츠 경우에도 변화한다. 스포츠 규칙이 당초, 선수는 규칙을 비키고 페어플레이 정신으로 플레이할 것을 전제로 금지 사항만이었던 것이 벌칙 규정이 가해져 결국에는 처치규정까지 가해져 온 것이다. 또한 엘리트 스포츠 집단이라든가 그 과정에 있는 선수, 코치 등의 의식에 소재에 대해서도 이 일반 사회적 변용은 영향을 미치고 있다. 예측적으로 보아 금후 올림픽이나 세계 선수권 대회 등의 도핑 체크는 일단 엄중함을 가해 갈 것이다. 왜냐 하면 경기자측의 금지 약물 사용은 그 후에도 예측되기 때문이다. 현재 이 문제의 해결은 선수 개인의 윤리성 문제를 초월하여 검사를 엄중히 하여 위반자를 처벌한다는 방법으로 밖에 처리할 수 없게 되어지고 있다.

당시 사람에게는 도핑은 윤리적인 문제로 체크 포인트를 롤에 첨부한 형태에서 어떻게 통과할까와 같이 스포츠에서의 근본적인 윤리성에서 단순한 참가 규정의 하나로 받아들이고 있는 경우가 간간히 있다.

엘리트 스포츠 분야는 스포츠계 중에서도 극심한 경제 원리에 의거하고 있기 때문에, 모든 점에서 합리성이 추구된다. 합리성의 뒷받침이 스포츠 과학이고, 그 또한 일부에 약물이 존재하고 있다.

종래, 스포츠는 사회적인 경제 활동과는 선을 긋고 있다. 그곳에서는 봉사, 기부(경제적 원조도 포함하여), 아마추어 등의 개념이 지배적이었다. 물론, 그곳에 내재하는 윤리는 스포츠의 독자성을 확보하면서 기능하고 있다.

그러나 오늘날의 엘리트 스포츠를 경제의 측면에서 파악하면, 투자, 업무의 위탁(선전모체로 하는), 이윤(스폰서나 운영자로 가담함으로써 결과적으로는 자사 제품 시장의 확대)등, 모든 것이 경제 활동에 관계하고, 경제 현상의 하나로서 스포츠가 보여진다.

이와 같은 엘리트 스포츠와 경제활동의 관계를 어떠한 입장에 서서 인식할지는 그 윤리성에도 크게 영향을 미치고 있다. 그러나 오늘날 엘리트 스포츠 세계가 경제적 배경 없이는 존립하지 않는 상황에서 보면 경제 활동을 포함한 스포츠로서의 윤리관을 모색해야 한다고 생각된다.

3. 스포츠 자체의 윤리

스포츠의 다양화와 함께 경제나 징치 듯의 분야와 융합화에 따라 스포츠에서의 윤리도 변용되어 확실히 개별성 속에서 재생을 기대하고 있는 윤리 자체의 양상과 마찬가지로 스포츠도 그 체계를 상실하면서 개개인의 가치와 존재감을 확립하여 그 다양성에 대응한 윤리가 추구되어지는 것이다.

그러나 스포츠와 다른 관계상의 문제는 우선 두고서 윤리를 조금 더 상세히 보아 스포츠 자체의 윤리에 되돌아와서 생각해보지 않으면 안 된다. 윤리는 인간이 한 모든 인간의 상활과 함께 있고, 사회에서의 사람과 사람의 관계를 정하는 것의 규범, 원리, 규칙으로 나타난다.

스포츠를 하나의 사회적 공동체로 보면, '개개의 성원이 공동체에 대해 신뢰와 정애라는 친밀한 심정에 따라 유기적으로 융합하고 있다. 정신의 공동에 의거한 문화공동체' 라는 것이 가능하다. 또한, "공동체는 그 성원에 패해서는 공공성을 나타내고 있지만 보다 넓은 공공성에 대해서는 사적 성격을 가진다." 이지만 이 입장에서 스포츠에서의 윤리는 성원 한사람한사람(경기자, 코치, 심판원, 운영자, 조직자)이 서로 윤리적으로 조화되어 스포츠 사회를 형성하는 내사회적 윤리가 확립되어 그 위에서 스포츠에서 외부로 향하여 즉, 일반 사회에 대하서 스포츠로서의 사적 생활을 가지고 역시 또한 스포츠를 사회에 존립시킨다는 윤리가 있다고 생각된다.

또한, 스포츠는 일시적으로 인간 사회의 법률을 정지한 상태 중에서 생기하는 현상으로 되지만, 개개인의 행위가사회의 규법에 합치하여 함께 살아간다는 것일 것이다. 이러한 의미에서는 스포츠는 덕이나 선을 배경으로 한 행위의 되풀이에 의해 만들어지는 습관으로 볼 수도 있을 것이다.

그 내실은 규범에 의거한 행동의 요구되어 '가치'나 '의무'나 '행위' 등 'b 깊이 관계하여 스포츠 성취라는 목표에 자타(상호 스포츠내 존재자)가 일치하는 것이다. 그리고 또한, 그 스포츠가 사회 전반에 또는 인간성 그것에 타당하는 것이 아니면 안 된다.

스포츠의 보편적 가치는 경기상의 페어플레이 정신, 경기장면에서의 공정함의 확립, 개개인의 능력을 최대한으로 발휘할 수 있는 자유(인간사회의 보통의 굴레에서 개방된 상태)의 확립 등일 것이다. 번데르반트에 의하면 "문화가치는 사회구성원 공동의 의식 규범이 되어야 할 것이다. 각각의 사회는 인 규범에 따라 고유의 문화 체계를 낳을 것이다. 개인의 의무는 사회에 대한 봉사에 있는 것이 아니라, 사회 속에 문화체계를 창조하는 것에 대한 봉사에 있다" 고도 되지만, 스포츠의 가치를 이것으로 전환해 보는 것도 좋다.

스포츠 맨도 스포츠가 가지는 가치에 의거하면서 스스로를 확립함과 동시에 그 가치를 보다 더욱 높이 창조하는 의무를 함께 가지고 있다. 스포츠의 하나의 현상이 그것에 내재하는 가치를 기준으로 칭찬받거나 비난받거나 할 때에 그것은 윤리적일 수 있다. 따라서 스포츠맨이 관계하는 룰이나 스포츠 운영, 조직이란 것 까지 스포츠를 구성하는 가치임과 동시에 윤리를 발생시키는 원천으로 되는 것이다.

다음에 윤리의 문제를 '의무'와 '행위'의 관점에서 보면, 의무란 인간의 '이루어야할 행위'이다. 그때 '이루어야 함'에 요구되는 객관적 규범을 윤리학에서는 '도덕법칙'이라 한다. 그리고 의무의 개념에는 그 계기로 '도덕법칙'과 '행위'라는 두 가지 개념이 포함된다.

도덕 법칙이란 인간 행위 및 행위를 결정하는 의지에서의 객관적 규범으로 되는 것이다. 사람은 늘 스스로의 의지에 의거하여 행동함과 동시에 다른 사람과의 관계에 있어서 객관적으로 책임있는 행동이 추구되고 있다.

이 도덕 법칙의 모태는 관습이다. 관습은 공동체의 다년 동안 실제 생활을 통해 공동체의 질서 및 성원의 생존을 유지하기 위해 저절로 형성되어온 것으로 이 중에는 정치, 경제, 법, 예술, 종교 등 인간 생활의 모든 존재 방식이 미분화된 채어울어져 있다.

그러나 관습은 지성에 따라 반성되고 질서지워진 것은 아니기 때문에 여러 관습 사이에는 정합성이 모자라고 비합리적인 모순이 있거나 고정적으로 폐쇄적이거나 한다. 따라서 이것을 초월한려고 할 때에 도덕법칙이 자각된다.

행위란 일반적으로 말하면 관상적, 이론적 태도에 대한 실천을 의미한다.

따라서 실천은 신체의 동작을 동반한다.

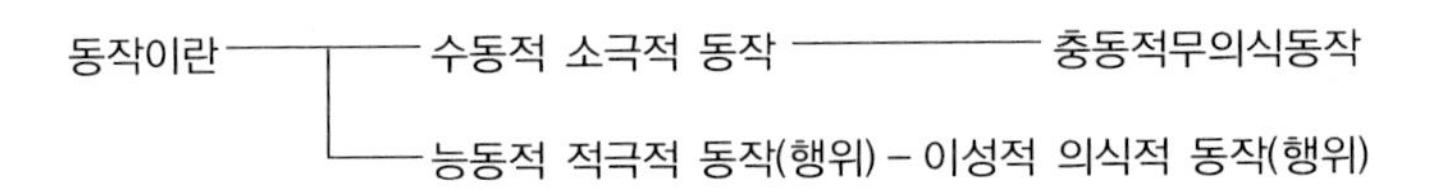

처럼 나눌 수 있다.

의식적 이성적 동작 속에는 제작 즉 기술적 동작도 포함되지만 단순한 제작은 윤리적인 행위는 아니다. 제작에서는 동작 결과의 좋고 나쁨이 문제로 되는데 비해, 행위란 동작 그 자신의 좋고 나쁨이 문제이다.

스포츠는 정치, 경제, 법, 예술, 종교 등과 같이 인간 생활에 직접 관여하여 그것을 고차의 정신의 영역에서 움직인다는 측면은 적다. 스포츠는 사회적인 다른 장르와 조화적으로 관계하고, 또한 때로는 그것에서 의식적으로 독립의 입장을 확보하여 인간생활의 또는 사회의 대중 문화적 의미를 강조하면서 추이하는 것이다.

스포츠에 도덕법칙적인 자각이 일어난다고 한다면, 그것은 스포츠가 카피는 근원적인 의미로서의 '상대를 다치지 않겠하고 페어하게 경쟁한다.'라는 정신을 가지고 다음에 그 정신을 인간 사회의 다른 장르로 환류시킨다는 의미에서 일 것이다. 또한 스포츠를 '행위'의 점에서 살펴보면, 능동적 적극적 동작이라는 것은 납득할 수 있는 짓이 아닐까. 그러나 다음의 이성적 의식적 동작속에서 윤리적 행위인지 또는 제작인가라는 점에서는 그 사례에 따라 분석적으로 정리를 요한다고 생각된다.

앞에서 스포츠에서의 윤리는 경기자, 심판원, 운영자, 조직자 등이 서로의 설정, 경기 조건의 설정, 경기 룰의 개폐 등이라는 점은 윤리적 행위의 범위라고 생각된다. 그러나 경기자가 룰에 다라 경기를 하는 경우에는 반드시 윤리적 행위로는 되지 않고 제작과 유사한 동작도 포함된다고 생각된다.

4. 스포츠의 근본 윤리

스포츠 세계는 그것에 가치를 인정하는 사람들의 집합으로 연맹이나 협회라는 형태로 형성되어 있다. 동시에 그것은 스포츠 정신의 집합이기 대문에 스포츠 조직은 문화적 공동체라고 할 수 있다. "문화 활동은 과거의 공동생활에서 태어난 지식이나 기술이나 세계관을 전제로 가능하다"라고 하는데, 스포츠도 스포츠재로서의 기술, 제도, 조직 등을 영속적으로 확립하여 그 정신을 추진하고 그것을 향수하려고 하는 사람들의 모임이므로 문화적 활동이라고 할 수 있다.

그런데 사람은 늘 스스로의 만족과 함께 다른 사람과의 관계성에 있어서도 즐김을 노리고 있다고 일컬어진다. 즉, '잘 살아가려고 하는 것은 동시에 함께 살아가려고 하는 것도 있다.' 함께 살아가려고 노리는 것은 공동사회에 대한 개인의 입장에서 윤리성을 제거하는 것이다.

따라서 스포츠맨이 자기의 입장에서 스포츠 사회를 영속적으로 확립하면서 좋은 스포츠맨으로 좋은 스포츠 사회의 담당자이려고 하는 점에 윤리성을 가지고 있다.

스포츠를 가치라는 점에서 보더라도 이 관계는 마차가지이다. 즉, 스포츠 가치는 조직내에서의 관습, 법률(mores), 법칙 등 규범의 체계. '상대를 다치지 않고 페어하게 경쟁한'라는 근원적인 정신 등이다. 가치는 '영속적, 비분할적 가치일수록 넣다'라고 일컬어지는데, 스포츠의 정신은 올바르고 영속적이며, 얼마나 많은 사람들이 이것에 참가하더라도 손해갈일이 없는만인 공유의 가치이다.

이러한 가치는 스포츠 사회라는 공동체의 윤리적 규범으로 작용하고 있다. 따라서 가치에 충성하는 것은 윤리적 이다.

의무는 자기 자신, 타인, 전체에 대해서 이지만, 이간이 이루어야할 행위이고, 자타의 관계성에서의 윤리적 행위이다.

스포츠 맨인 이상은 스포츠의 가치나 정신에 따르는 것은 의무이다. 따라서 스포츠맨의 스포츠 정신에 대한 '사고'는 윤리적 의무이다.

이 윤리적이고 의무적인 행위가 독선적이거나, 개인의 범주로 매몰되어서는 안 된다. 개개인의 입장과 동시에 다른 것으로 부터의 비판에도 견디고 스포츠 사회적으로도 책임있는 행위일 때에 도덕법칙에 기인한 행위일 수 있다. 이것은 올바르게 윤리적 인 행위 이다.

"현대사회는 특히 제 1차 세계 대전(1914-1918) 후에 생산력의 비약적 발전, 독점과 집중 과정의 진행에 따라 자본주의가 독점자본 단계로 들어서고 있어, 경제, 정치, 사회 구조나 문화, 생활면 등 광범위한 변화를 낳았다라고 하는데, 스포츠계도 이러한 변화와 시기를 하나로 하여 경기단체의 세계적인 조직화가 행해진다. 이 조직화는 올림픽이나 세계선수권 등 세계 규모의 경기회 운영과 동시에 진행되어 스포츠 엘리트화가 진행되고 세계 사람들의 눈을 여기로 향하도록 했다."

이것은 스포츠의 집중화이고, 스포츠 정신의 통일화나 사치의 공유화이기다 하다. 그러나 사회의 변화는 스포츠에 조직화나 통일화만을 허락하지 않고 오늘날에는 대중, 레저스포츠와 경기 엘리트 스포츠라는 커다란 방향성을 핵으로 다른 분야에도 관계하고 있으면서 다양한 발전을 보여왔다.

그곳에는 스포츠 고유의 윤리성을 근거로 경제성이나 문화성을 포함한다중 구조 하에서의 윤리성을 추구하고 있다. 예를 들면, 스포츠와 경제적 관계에서의 윤리란 스포츠와 문화적 관계에서의 윤리란 스포츠와 정치적 관계에서의 윤리라는 것이다

그러나 근본의 '상대를 다치게하지 않고 페어하게 경쟁한다'라는 정신은 스포츠에서의 최대의 가치이자, 이것을 중심으로 다른 주변 가치도 포함하여 그 가치를 향해 스포츠맨이 스스로의 입장과 스포츠 맨 상호 관계성 또는 스포츠 사회와 타사회와의 관계성에 있어서 합치하는 것으로 스포츠에서의 근본적인 윤리가 존재하는 것이다.

【참고문헌】

1. 體育元原理專門分科 會, Ethics of sport(スかーッの倫理), 不味堂出版, 1993.
2. Robert L. Simon, Fair play(Sports, Values, & Society), Wesrviw Press. Inc., 1991.
3. Simon, R. L. Sports and social Vaiues, Prentice-Hall, 1985.
4. 今野敏彥, 差別の浪座, 未來談, 1984.
5. 近藏良亨·友流秀則 譯, スポーッ倫理學入門, 不味堂出版, 1994.
6. 오진구, 체육칠학, 보경출판사, 1987
7. 이래엽, 체육의 철학적 기초, 형설출판사, 1992.
8. 김대식 · 김영환 · 신현군, 체육철학, 나남. 1993.
9. 松田義之, 體育美學, 道和書院, 1971.

▪ 편저자 약력

- **김상용**
- 경희대학교 체육학과 졸업
- 경희대학교 대학원 졸업
- 미국 텍사스주립대학교 객원교수
- 미국 Concordia Luthern College 객원교수
- 미국연방체육대학원 박사과정 수료
- 현 부산교육대학교 체육교육학과 교수

스포츠 철학과 윤리학

초판 인쇄 2021년 4월 15일
초판 발행 2021년 4월 20일

지은이 김상용
펴낸이 진수진
펴낸곳 청풍출판사

주소 경기도 고양시 일산서구 대산로 53
출판등록 2013년 5월 30일 제2013-000078호
전화 031-911-3416
팩스 031-911-3417
전자우편 meko7@paran.com